改正民法と新収益認識基準に基づく契約書作成・見直しの実務

弁護士法人 L&A
Law & Accounting

弁護士・公認会計士 横張清威
伊勢田篤史
和田雄太 共著

日本法令

はしがき

　2020年4月1日に施行される改正民法は、契約実務に大きな影響を与えることになります。改正の内容は多岐にわたりますが、従前どおりの契約書を用いていると、解除や損害賠償等の点で不利になるおそれがあるからです。そのため、これまで用いていた契約書の雛形を修正する必要性は極めて高いといえます。

　一方で、民法改正の翌年にあたる2021年4月1日以後に開始する事業年度からは、収益認識基準が強制適用になります。改正民法についてはご存知でも、収益認識基準については耳にしたことがないかもしれません。しかし、収益認識基準の制定は、我が国の企業に重大な影響を与えます。収益認識基準は、PLのトップラインである収益（売上高等）を計上する金額とタイミングを定める基準だからです。そして、収益認識基準は、これまで実現主義に基づき曖昧に行われていた収益認識につき、**契約書の内容を考慮して**収益認識を行うこととされています。つまり、契約書の内容次第では、これまで企業が行っていた収益認識が認められなくなるおそれがあるのです。そのため、収益認識基準の観点からも、これまで用いていた契約書の雛形を修正する必要性は極めて高いといえます。

　このように、近接したタイミングで契約書の修正が必要になることからすれば、改正民法に際して契約書を修正するタイミングで、収益認識基準をも考慮に入れて契約書の修正を行うべきでしょう。契約書の修正作業というビッグプロジェクトを毎年行うほど不効率なことはないからです。

　本書は、このようなコンセプトに基づき執筆されました。

　本書の内容が皆様の契約実務に少しでもお役立ちできれば光栄です。

2018年10月

弁護士法人Ｌ＆Ａ

弁護士・公認会計士　横張　清威

弁護士・公認会計士　伊勢田篤史

弁護士・公認会計士　和田　雄太

目　　次

第 1 章　民法改正と収益認識基準適用に向けて

第 1 節　はじめに　　　12

■ 民法改正と収益認識基準制定／12
② 契約書修正のプロセス／13

第 2 節　影響度分析プロセス　　　14

■ 改正民法の理解／16
② 自社の契約状況の棚卸し＆類型化／17
③ 契約類型ごとの影響度分析／22

第 3 節　契約書・覚書起案　　　26

■ 改正民法を踏まえた契約書・覚書雛形の起案／26
② 相手方への提示案と妥協案を検討／32

第 4 節　交　　渉　　　34

■ 社内交渉／34
② 社外交渉／35

第 5 節　改正民法における契約書修正のスケジュール　　　36

第6節 収益認識基準特有の修正プロセス　　37

- **1** 財務部との調整／37
- **2** 監査法人との調整／38
- **3** 改正民法における契約書修正プロセスとの共通事項／38

第2章 改正民法による契約書への影響

第1節 改正民法の概要　　42

第2節 共通項目　　44

第1項 契約の成立 ──────────── 44
- **1** 契約自由の原則／44
- **2** 契約の成立／45
- **3** 隔地者間の契約成立時期／46

第2項 代　理 ──────────── 48
- **1** 代理行為の瑕疵／48
- **2** 代理権の濫用／49
- **3** 代理人の行為能力／51
- **4** 任意代理人の責任／52

第3項 消滅時効 ──────────── 55
- **1** 時効期間と起算点に関する修正／55
- **2** 生命・身体の侵害による損害賠償請求権の時効期間の特則／57
- **3** 時効の「完成猶予」と「更新」／60

4 協議による時効の完成猶予／64

第4項　解　　除 ——————————————— 66

1 改正民法下での解除制度の概要／66

2 帰責事由要件の撤廃／69

3 解除権の消滅／70

4 契約実務への影響／71

第5項　危険負担 ——————————————— 75

1 債権者主義の廃止／75

2 危険負担の効果の修正／76

第6項　損害賠償請求 —————————————— 78

1 帰責事由の判断基準の明確化／78

2 損害賠償請求の範囲（特別損害）／79

3 損害賠償額の予定／80

4 原始的不能の場合の損害賠償請求／81

第7項　瑕疵担保責任（契約不適合責任）—————— 82

1 「隠れた瑕疵」から「契約不適合」への変更／82

2 追完請求権及び代金減額請求権／83

3 解除及び損害賠償請求権／88

4 権利の期間制限及び権利保存の方法／89

第8項　債権譲渡 ——————————————— 91

1 債権譲渡制限特約／91

2 将来債権譲渡／94

3 債務者の抗弁／96

4 債権譲渡と相殺／97

第9項　遅延損害金（法定利率）————————— 99

1 制度概要（適用される利率）／100

2 契約実務への影響／101

第10項　保　　証 ——————————————— 102

1 個人根保証契約における改正／102

目　次

2 一定の場合の保証契約の要式契約化／106

3 情報提供義務の規定／109

第11項　債務者の責任保全のための制度 ─────── 113

1 債権者代位権／114

2 詐害行為取消権／117

第12項　定型約款 ──────────────────── 121

1 定型約款の定義／121

2 定型約款と契約内容／123

3 定型約款の変更／124

第13項　債務引受 ──────────────────── 127

1 併存的債務引受／127

2 免責的債務引受／129

第14項　相殺禁止 ──────────────────── 132

1 相殺禁止の意思表示／132

2 不法行為により生じた債権を受働債権とする相殺の禁止
／133

第3節　各契約類型　　　　　　　　　　　　135

第1項　消費貸借契約 ───────────────── 135

1 諾成的消費貸借契約の明文化／135

2 目的物引き渡し前の借主の解除権／136

3 借主の期限前弁済と損害賠償／137

第2項　賃貸借契約 ──────────────────── 138

1 敷金に関する規定／138

2 原状回復に関する規定／140

3 賃貸不動産が譲渡された場合の処理／141

第3項　請負契約 ──────────────────── 143

1 請負報酬請求権／143

5

- **2** 契約不適合責任（瑕疵担保責任）／147
- **3** 契約解除／150

第4項　委任契約 ———————————————— 151
- **1** 受任者の自己執行義務／151
- **2** 報酬の規律／152
- **3** 任意解除権／154

 第3章　収益認識基準による契約書への影響

第1節　企業会計基準第29号「収益認識に関する会計基準」　158
- **1** 制定の背景／158
- **2** 適用時期／158
- **3** 適用対象／158
- **4** 従前の取扱い／159
- **5** IFRS（国際会計基準）との関係／160
- **6** 収益認識基準の概要（5つのステップ）／160

第2節　契約の識別（ステップ1）　163
- **1** 概　　要／163
- **2** 「契約」の要件／164
- **3** 契約の結合／167
- **4** 契約変更／169

第3節 履行義務の識別（ステップ2） 173

1 履行義務の要件／173
2 財又はサービス／174
3 「別個」の財又はサービス／175
4 「一連の別個」の財又はサービス／178

第4節 取引価格の算定（ステップ3） 181

1 変動対価／181
2 契約における重要な金融要素／182
3 現金以外の対価／184
4 顧客に支払われる対価／184

第5節 取引価格の配分（ステップ4） 186

1 原則：独立販売価格による配分／186
2 例外1：値引きの配分／187
3 例外2：変動対価の配分／188
4 例外3：取引価格の事後的な変動／189

第6節 履行義務の充足（ステップ5） 191

1 履行義務の充足の判断／191
2 資産に対する支配／191
3 履行義務の充足の時点と収益認識時点／192
4 一定期間にわたり充足される履行義務／192
5 一時点で充足される履行義務／195

第7節 本人と代理人の区別 205

1 総　　論／205
2 本人と代理人の区別の判断／206

第4章 契約書　雛形及び解説

雛形1 継続的売買取引基本契約書 212

1 概　　要／222
2 収入印紙／222
3 改正民法の影響／222
4 収益認識基準の影響／223
5 各条項の修正ポイント／224

雛形2 諾成的金銭消費貸借契約書 265

1 概　　要／271
2 収入印紙／272
3 改正民法の影響／272
4 収益認識基準の影響／273
5 各条項の修正ポイント／273

雛形3 不動産賃貸借契約書 290

1 概　　要／297

2 収入印紙／297

3 改正民法の影響／298

4 収益認識基準の影響／298

5 各条項の修正ポイント／298

雛形4 業務委託契約書 311

1 概　　要／321

2 収入印紙／321

3 改正民法の影響／321

4 収益認識基準の影響／322

5 各条項の修正ポイント／323

雛形5 ソフトウェア開発委託契約書 346

1 概　　要／361

2 収入印紙／361

3 改正民法の影響／362

4 収益認識基準の影響／362

5 各条項の修正ポイント／363

雛形6 基本約款 406

1 概　　要／423

2 収入印紙／423

3 改正民法の影響／423

4 収益認識基準の影響／424

5 各条項の修正ポイント／425

凡　例

現行民法	民法（明治29年法律第89号）
改正民法	民法の一部を改正する法律（平成29年法律第44号）による改正後の民法
収益認識基準	企業会計基準第29号「収益認識に関する会計基準」
適用指針	企業会計基準適用指針第30号「収益認識に関する会計基準の適用指針」
最判	最高裁判所判決
大判	大審院判決

第1章

民法改正と収益認識基準適用に向けて

第1章 民法改正と収益認識
基準適用に向けて

第2章 改正民法による
契約書への影響

第3章 収益認識基準による
契約書への影響

第4章 契約書
雛形及び解説

第1節　はじめに
第2節　影響度分析プロセス
第3節　契約書起案
第4節　交　　渉
第5節　改正民法における契約書修正のスケジュール
第6節　収益認識基準特有の修正プロセス

第1節

はじめに

プロセス

1 民法改正と収益認識基準適用

　改正民法の施行が2020年4月1日と迫ってきました。施行日が決まってから民法改正に向けた書籍が多く出版される一方で、改正民法に関するセミナー等もさかんに行われるようになりました。

　しかし、改正により今までの民法がどう変わるのかといった議論や従前の契約実務にどう影響するのかといった議論はよく目にするものの、いったいどうやって契約書を修正していくのか、そのプロセスの議論はあまりされていないように思われます。

　一方で、収益認識基準が強制適用されるのは、2021年4月1日以降に開始する事業年度になります。収益認識基準は、収益（売上高等）を認識する金額と時期を定める、企業にとって極めて重要な基準となります。そして、収益認識基準においては、契約書の内容を考慮に入れて収益認識を行うことが明らかにされています。

　仮に、改正民法のみに配慮して契約書の修正作業を進めてしまうと、また翌年に収益認識基準を踏まえて契約書の修正作業を行うことになりかねません。契約書修正は、相手方があることですので、何度も頻繁に行うことができません。また、契約書修正は、非常に労力がかかる作業ですので、企業としても何度も行いたくないのが実情でしょう。そのため、改正民法を踏まえて契約書の修正作業を行う際に、収益認識基準にも同時に配慮して修正してしまうのが効率的です。

　以下、第1章では、民法改正に向けた契約書修正のプロセスについ

て考えます。多くのプロセスは、収益認識基準制定における契約書修正プロセスと一致します。そのため、はじめに改正民法における修正プロセスを解説し、その後、収益認識基準制定に伴い相違する修正プロセスについて解説します。

❷ 契約書修正のプロセス

民法改正に向けた契約書修正については、おおまかにいうと、以下のようなプロセスで対応するとスムーズになると思われます。

◾ 民法改正に向けた契約書修正のプロセス ◾

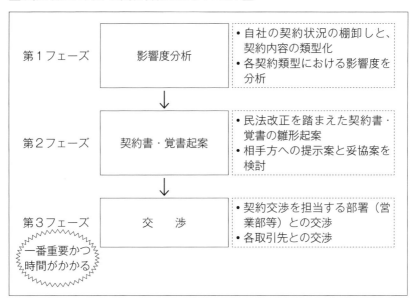

それでは、各プロセスについてみていきましょう。

第2節 影響度分析プロセス

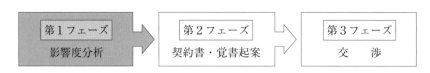

■ 〈要点〉■

❶ 自社における契約関係を各契約類型に分類する
❷ 影響度を契約類型ごとに評価する
❸ 影響度の大きい契約類型から先に着手する
❹ 影響度の小さい契約類型については、後回しにする

　民法改正にあたり、分厚い解説書を全部理解しなくては…と気が重い方、何百・何千とある会社の契約書を全部修正しなくては…と考え

■ 影響度分析プロセス ■

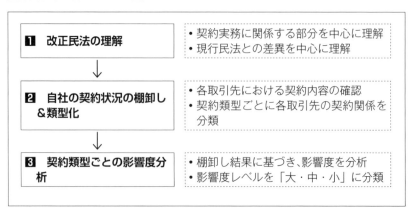

第1章　民法改正と収益認識基準適用に向けて
第2節　影響度分析プロセス

て途方に暮れる方など、民法改正を厄介な問題と捉えている方も多いかと思われます。しかし、すべての契約書を一斉に修正する必要はありません。会計監査でも用いられているリスク・アプローチ[*1]の概念を用いて、リスク（影響度）の大きい契約類型を優先し、メリハリをつけて対応するとよいでしょう。

[*1] リスク・アプローチ

　リスク・アプローチとは、公認会計士が会計監査等で用いる手法であり、経済環境、会社の特性などを勘案して、財務諸表の重要な虚偽記載に繋がるリスクの高い項目に対してより重点的に会計監査手続を行う手法をいいます。

　たしかに、社内のすべての契約書を変更できる方が望ましいといえます。しかし、改正民法における契約書修正の社内プロジェクトに対し、投入できる人的資源、時間的資源等は限られており、すべての契約書を変更するのに十分な経営資源を投入することは難しいものといえます。

　そのため、限界のある資源を最大限生かし、最大のパフォーマンスを発揮するため、リスクの高いところから重点的かつ効果的に対応するというリスク・アプローチの考えを用いて、契約書修正のプロジェクトに対応するとよいでしょう。

1　改正民法の理解

1　改正民法の理解	2　自社の契約状況の棚卸し&類型化	3　契約類型ごとの影響度分析

〈要点〉

❶　改正民法を細部まで理解する必要はない
❷　契約実務に関係する部分を中心に理解する
❸　現行民法との差異を中心に理解する
❹　時間をかけすぎないことに注意する

改正民法の改正項目は多岐にわたり、すべてを把握しようとすると非常に大変です。

もちろん、改正民法をすべて把握した上で、契約書を検討することが望ましいことは確かですが、自社の契約実務に関係する部分を中心に把握するだけでも、契約書の修正は十分に対応が可能です。そのため、まずは契約実務に関係する部分を中心に理解していくことにしましょう。契約実務に関連する改正民法の改正項目をまとめた**第２章**を参考にしてください。

なお、改正民法の改正項目の中には、現行民法における判例実務等を明文化しただけのものも多く含まれております。改正民法の理解にあたっては、このような現行民法における実務の運用と変わらない部分については、軽く触れるだけでよいでしょう。

また、改正民法の理解にとらわれて、このフェーズに多くの時間を割くことは控えた方がよいでしょう。後述しますが、**第３フェーズ**の「交渉」が一番重要かつ時間がかかるフェーズとなっており、目標のゴールまでに時間切れとなってしまっては元も子もないからです。

❷ 自社の契約状況の棚卸し＆類型化

```
❶ 改正民法の理解 → ❷ 自社の契約状況の棚卸し＆類型化 → ❸ 契約類型ごとの影響度分析
```

■〈要点〉■

❶ 自社の契約書を確認し、契約内容を棚卸しする
❷ 棚卸しした契約内容から、各社との契約内容を契約類型に分類し、類型化する

(1) 契約内容の棚卸し

| (1)契約内容の棚卸し | → | (2)契約内容の類型化 |

　改正民法をざっくりと理解した後は、いよいよ契約書修正のプロセスに入ります。

　まずは、自社における取引先との契約関係の棚卸しをしましょう。

　契約関係の棚卸しについては、以下の３段階のステップで行います。

■ 契約関係の棚卸しのステップ ■

① 取引先リストを作成する

② 契約書・覚書等の有無を確認する

③ 口頭契約の有無を確認する

① 取引先リストを作成する

　まずは、取引先リストを作成します。得意先、仕入先のみならず、リース契約、業務委託契約等、自社が取引を行っているすべての取引先の洗い出しを行ってください。

　基本的には、現時点において取引がある Active な取引先だけでかまいませんが、余裕があれば、過去に取引関係があり、将来再度取引関係が発生する見込みのある取引先も含めるとよいでしょう。後述の契約内容類型化にあたっては、同じビジネスモデルや商流ごとに管理を行うこととなりますので、得意先、仕入先、外注先、リース先、借入先等、領域ごとに区分したリストを作成しておくと、管理が楽になるでしょう。

② 契約書・覚書等の有無を確認する

　続いて、作成した取引先リストを元に、契約書の有無を確認します。

　契約書がある場合には、別途各契約書の内容を修正するような覚書や口頭契約の有無を確認します。基本的には、各取引先との現状の契約関係を正確に棚卸しするため、各契約書類については網羅的に取りそろえる必要があります。確認対象の契約書に関する覚書や口頭による変更契約に漏れがあると、正確な分析を行うことができません。歴代の取引担当者からヒアリング等を行う等、可能な限り網羅的に把握できるように対応してください。

③ 口頭契約の有無を確認する

　また、そもそも契約書がない場合には、口頭契約の有無、取引にかかる取り決めを行ったメール等の存在を別途確認の上、契約書がない類型として処理を行うこととなります。

以上①～③のフローをまとめると、以下のとおりとなります。

◪ 契約関係の棚卸しのフロー ◪

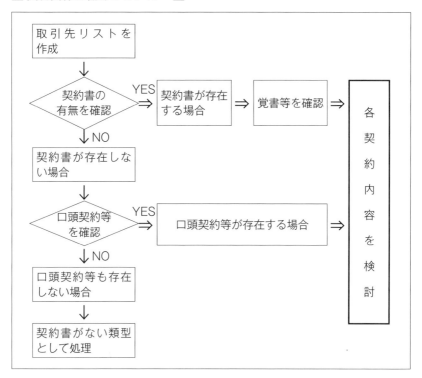

(2) 契約内容の類型化

| (1)契約内容の棚卸し | → | (2)契約内容の類型化 |

　次に、上記プロセス(1)にて認識した各取引先との契約内容を、改正民法により影響を受ける項目ごとにパターン化し、契約類型として分析していきます。

■ 例（自社の取引先）■

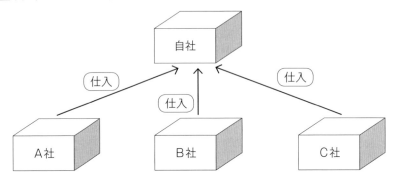

　例えば、自社の取引先（仕入先）として、A社、B社、C社の3社が存在し、A～C社との間で、A～C社それぞれの契約書雛形を使用していたとしましょう。

■ 例（各社との契約内容）■

	A社	B社	C社
目　的	記載なし	記載なし	当方有利な記載あり
瑕疵担保責任	あり（修理可）	あり（修理可）	あり（代金減額可）
解　除	あり（帰責事由あり）	あり（帰責事由あり）	あり
遅延損害金	利率 14.6%	規定なし	利率 14.6%
…	…	…	…
契約更新	自動更新	自動更新	自動更新

　仕入先との取引において、改正民法により影響を受ける項目が、例えば、①目的条項、②瑕疵担保責任条項、③解除条項、④契約更新条項であると判断したとしましょう。
　各①～④の項目について、各社においてどのような契約内容となっているかを確認していきます。そして、以下のような形で、同じ類型のものをグルーピング化していき、各社における各項目の契約内容を類型化していきます。

第1章　民法改正と収益認識基準適用に向けて

第2節　影響度分析プロセス

■ 例（契約内容の類型化後）■

	A社	B社	C社
目　的	記載なし	記載なし	当方有利な記載あり
瑕疵担保責任	あり（修理可）	あり（修理可）	なし
解　除	あり（帰責事由あり）	あり（帰責事由あり）	あり
契約更新	自動更新	自動更新	自動更新
契約類型	①	①	②

　さらに、各項目において、類型が同じパターンになった取引先同士を同じ契約類型としてグルーピング化していき、分類していきます。

　上記の事例では、A社とB社が各項目につき、まったく同様のパターンであったことから、契約類型①として分類し、C社はA社、B社と目的条項、瑕疵担保責任条項の契約内容が異なっていることから、別途契約類型②として分類しました。

　以上のような形で、改正民法により影響を受ける項目を特定した上で、各取引先につき、契約書上どのような契約内容となっているかを分類していくとよいでしょう。

ポイント

　自社の統一雛形を使用している場合には、統一雛形を使用して契約締結を行っている取引先群については、同じ契約類型となりますので、上記分類は非常に楽になるでしょう。一方で、上記の例のとおり、取引先の契約書を使用している場合には、各社の取引内容が異なるため、分類が非常に煩雑になるでしょう。後者の場合には、この段階で取引先の取引量、重要性に鑑み、そもそも検討対象としない取引先を作ってしまってもよいでしょう。例えば、取引金額上位5位だけ分析するという手も考えられます。

3 契約類型ごとの影響度分析

1. 改正民法の理解 → 2. 自社の契約状況の棚卸し＆類型化 → 3. 契約類型ごとの影響度分析

2のとおり、自社の契約関係を契約類型ごとに分類した後は、契約類型ごとの影響度分析を行います。

影響度分析においては、会社に与える影響度を分析し、会社に与える影響度が大きいものから対応をしていくことになります。

会社に与える影響度については、以下の数式により評価を行うとよいでしょう。

◾ 会社に与える影響度の数式 ◾

会社に与える影響度＝
（改正民法により各契約類型が受ける影響度×各契約類型の取引先群の影響度）

以下、それぞれの項目について説明します。

(1) 改正民法により各契約類型が受ける影響度

民法改正により各契約類型が受ける影響度（以下、「改正民法による影響度」といいます）については、各契約類型における各項目が改正民法によりどれだけ影響を受けるかを集計することによって算定することが可能となります。

◾ 改正民法による影響度 ◾

第1章　民法改正と収益認識基準適用に向けて

第2節　影響度分析プロセス

　上記の事例で使用した契約類型①につき、項目ごとに改正民法による影響度を分析します。おおまかに、「大、中、小」という形で分析するとよいでしょう。

■ 改正民法による影響度 ■

> **大**：改正民法により、自社にとって大きな影響があり、対応が求められる状況
>
> **中**：改正民法により、自社にとって影響があり、対応を検討する必要がある状況
>
> **小**：改正民法により、自社にとって影響が小さく、早急な対応は不要な状況

　各項目で分析した影響度を集計し、契約類型全体の影響度を評価します。当該評価については、各社ごとのケースバイケースになりますが、中が全体の半数を占めるようであれば、全体として改正民法により当該契約類型が受ける影響度は「大」としてよいでしょう。

■ 例）契約類型① ■

	契約類型①	改正民法による影響度	摘　要
目　的	記載なし	大	契約不適合責任等に影響
瑕疵担保責任	あり（修理可）	大	契約不適合責任等に影響
解　除	あり（帰責事由あり）	中	解除の難易度に影響
契約更新	自動更新	中	適用される民法選択に影響

改正民法による影響度 ➡ 大

■ 例) 契約類型② ■

	契約類型②	改正民法による影響度	摘　要
目　的	当方有利な記載あり	小	契約不適合責任等に影響
瑕疵担保責任	なし	中	契約不適合責任等に影響
解　除	あり	中	解除の難易度に影響
契約更新	自動更新	中	適用される民法選択に影響

改正民法による影響度 ➡ 中

(2)　各契約類型の取引先群の影響度

契約類型の取引先群の影響度については、各契約類型の取引先群の取引量（売上高、仕入高等）等の量的重要性や、自社の事業活動における質的重要性を考慮して、検討することとなります。

■ 契約類型の取引先群の影響度の数式 ■

契約類型の取引先群の影響度＝量的重要性×質的重要性

ア）量的重要性

同一契約類型に含まれる取引先全体の取引量（売上高、仕入高等）により重要性を評価します。

例えば、原則として自社雛形を使用して取引先と契約を締結している場合には、ほとんどの取引先が同一の契約類型に含まれるといえ、量的重要性は容易に認められるものといえるでしょう。なぜなら、当該契約類型を修正することで多数の取引に影響があるといえるからです。また、各領域（得意先別、仕入先別等）における上位5社が含まれる契約類型においては、量的重要性が高いといえるでしょう。

イ）質的重要性

　一方で、同一契約類型に含まれる取引先の質的重要性も重要なファクターとなります。

　例えば、自社の事業活動に欠かせない仕入先ないし外注先であれば、たとえ取引量ベースで他社と比較して低い取引量であっても、重要性は高まるものといえます。

　そのため、量的な要素のみならず、質的な要素も十分に考慮する必要があります。

第3節 契約書・覚書起案

プロセス

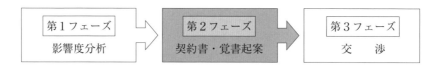

1 改正民法を踏まえた契約書・覚書雛形の起案

(1) はじめに

　第1フェーズである影響度分析にて、影響度が大きいと判断された契約類型について、**第2フェーズ**である契約書・覚書起案に進むことになります。

　契約内容の修正については、①新規に契約書を作り直す方法、②覚書で修正を行う方法の2つが考えられます。①②それぞれのメリット・デメリットを踏まえ、自社にとって、より良い方法を採用するとよいでしょう。

　また、契約書又は覚書を作成する段階にて、相手方との交渉をにらみ、最初に提示する案（ファーストドラフト）とともに、各項目についてどこまで譲歩することができるのかという妥協案を検討しておくとよいでしょう。

(2) 契約書か覚書か？

　各契約類型の影響度分析を踏まえ、契約内容の修正案を検討するこ

とになります。既存の契約を修正する際は、主に新規契約書を締結する方法と覚書を締結する方法の２つの方法が考えられます。

まずは、それぞれのメリットとデメリットを検討してみましょう。

■ 新規契約書の作成と覚書修正のメリット・デメリット ■

	ア）新規契約書を締結する方法	イ）覚書で修正する方法
メリット	①契約書が複数にまたがらない ②統一的な契約書を締結できる ③改正民法以外の点もまとめて修正できる	①変更点のみ指摘するので簡便 ②審査手続が簡便になる ③印紙を貼らなくてよい場合がある
デメリット	①確認対象となる文書量が増える ②契約書審査が厳格になる	①契約書が複数にまたがり管理困難 ②統一的な契約書の締結ができない ③印紙の要否につき覚書ごとに検討しなければならない

ア）新規契約書を締結する方法

新規契約書を締結する方法のメリットとしては、以下の３つが考えられます。

まず、①契約書が複数にまたがらないという点があげられます。仮に、覚書等により契約を修正した場合には、複数の書面をすべて参照しないと現在の契約内容を特定することができなくなり、非常に煩雑になります。

次に、②統一的な契約書を締結できるという点もあげられます。後述のコラムにて、覚書の雛形を掲載しておりますが、仮に既存契約書の条文を変更する場合、条文番号が異なれば各覚書にすべて影響してくることとなります。一方で、新規契約書を締結する場合には、相手方からの反論がない限りはすべて統一した雛形で対応することができ、管理が非常にスムーズになります。

最後に、③改正民法以外の点もまとめて修正できる点があげられます。実は、これが一番のメリットなのではないかと思われま

す。なぜなら、この改正民法による契約修正のタイミングは、既存の契約内容を見直す絶好の機会といえるからです。既存契約書においては、自社にとって不利益な条項等修正したいという条項は少なからず存在するものと思います。これらの条文についても、改正民法による修正における見直しの中で、一気に修正することができるチャンスといえます。

一方で、以下のようなデメリットもあります。

① 確認対象となる文書量が増える

② 契約書審査が厳格になる

ただし、新規契約書を作成する場合であれ、覚書にて修正する場合であれ、上記のような影響度分析を行うことは必要となりますので、両者の間で大きな差異があるとはいいがたいでしょう。

イ）覚書で修正する方法

覚書で修正する方法のメリットとしては、以下の３つが考えられます。

まず、①変更点のみ指摘するので簡便という点があげられます。新規契約書を作成する方法により契約を修正した場合には、改正民法による修正部分のみならず、すべての項目を網羅する必要があり、新規契約書作成に非常に労力を要することとなります。一方で、覚書にて修正する場合には、改正民法による修正部分のみを指摘すればよいため、簡便に行うことが可能です。

次に、②審査手続が簡便になる点もあげられます。上記①と連動し、ピンポイントで改正民法による修正箇所のみを指摘するにとどまるため、審査手続は比較的簡便となります。

最後に、③印紙を貼らなくてよい場合があるという点が大きいでしょう。例えば、何百社、何千社と印紙税法上の第７号文書にあたる契約書を再締結することとなれば、１通あたりの契約書作成に印紙税コストが4,000円かかり、かなりの負担となります（実際に印紙税がかかるかどうかについては、次のコラムをご参照く

ださい)。

一方で、以下のようなデメリットもあります。
① 契約書が複数にまたがり管理困難
② 統一的な契約書の締結ができない
③ 印紙の要否につき覚書ごとに検討しなければならない

①②は、上記新規契約書を作成する方法におけるメリットの裏返しといえるでしょう。③については、印紙が必要かどうかは覚書ごとに判断を行う必要があり、専門的な判断も絡むため、煩雑であるといえます。

印紙税がかかる？かからない？

契約書や覚書に印紙税がかかるかどうかについては、各文書が印紙税法上の何号文書に該当するかを検討の上、「印紙税法基本通達別表第2 重要な事項の一覧表」に記載されている各号文書における重要事項が、契約書や覚書に記載されているかどうかにより判断することができます。

この重要事項には、おおむね「契約に付される停止条件又は解除条件」や「債務不履行の場合の損害賠償の方法」があげられています。そして、改正民法における修正では、多くの場合、解除や損害賠償規定を修正することが想定されます。そのため、実際には覚書により契約書を修正したとしても、印紙が必要になることは多いと考えられます。

もちろん、印紙税が必要かどうかについては、細かな判断が求められるケースもありますので、自社の顧問税理士に確認するとよいでしょう。なお、わかりやすい資料として、国税庁のホームページ等でダウンロードできる「印紙税の手引」を参照するとよいでしょう。

■ 契約書を修正する覚書の雛形 ■

収入印紙

覚　書

　○○○○（以下「甲」という。）及び○○○○（以下「乙」という。）は、甲乙間の○年○月○日付○○契約（以下「原契約」という。）に関して、民法改正に伴い、次のとおり原契約の加筆及び修正を行うため、覚書（以下「本覚書」という。）を締結する。なお略語は原契約で用いたものをそのまま使用する。

【加筆】原契約に以下の内容を加筆する。

第１条　（目的）
　　本契約は、乙が第三者に本件物品を転売することを目的として、甲から本件物品を買い受けるものである。

第２条　（品質）
　　甲及び乙は、本件物品が引渡時において、別紙仕様書に定める品質（以下「本件品質」という。）に適合するものであることを確認する。

第３条　（遅延損害金）
　　乙が本契約又は個別契約に基づく金銭債務の支払を遅延したときは、支払期日の翌日から支払済みに至るまで、年14.6%の割合による遅延損害金を支払うものとする。

【修正】原契約を以下のとおり修正する。

※原契約第10条（瑕疵担保責任）を以下のとおり修正。
第10条　（不具合）
　(1)　乙は、本件物品に不具合（隠れた瑕疵を含む。）がある場合又は、本件品質に反する場合など、本件物品が本契約の内容に適合しない場合（以下「不具合」という。）は、自ら指定した方法により、甲に対して、本件物品の修補、代替物の引渡又は不足分の引渡による追完を請求することができるものとする。
　(2)　乙は、本件物品に不具合があることにより、本契約の目的が達成できないと判断する場合、甲に対して前項に定める追完の催告

30

第1章　民法改正と収益認識基準適用に向けて

第3節　契約書・覚書起案

を行うことなく、自らの選択により、直ちに売買代金の減額請求又は本契約の解除を行うことができるものとする。

⑶　乙が不具合を知ったときから6ヶ月以内にその不具合を甲に通知しないときは、乙は、その不具合に基づく追完請求権、解除権、損害賠償請求権及び代金減額請求権を行使することができない。但し、甲が本件物品引渡時において、その不具合を知り又は重大な過失により知らなかったときはこの限りでない。

※原契約第12条（権利の譲渡禁止等）を以下のとおり修正。
第12条　（権利の譲渡禁止等）
　　　乙は、あらかじめ甲の書面による承諾を得ないで、本契約に基づく権利、義務又は財産の全部もしくは一部を第三者に譲渡し、承継させ又は担保に供してはならない。

【通則】

第4条　（原契約維持）
　　　甲及び乙は、本覚書に記載なき事項は、原契約に定めるところによることを確認する。

第5条　（改正民法）
　　　甲及び乙は、民法の一部を改正する法律（平成29年法律第44号、以下「改正民法」という。）の施行日以後は、原契約及び原契約に付随する全ての合意につき、本覚書及び改正民法を適用する。但し、改正民法の性質上許されないものはこの限りでない。

　本覚書締結の証として、本覚書2通を作成し、甲乙相互に署名又は記名・捺印の上、各1通を保有することとする。

　　　　年　　　月　　　日

　　　　　　　　　　　　　甲　　　　　　　　　　　　㊞

　　　　　　　　　　　　　乙　　　　　　　　　　　　㊞

ウ）改正民法における対応

　上記のとおり、ア）新規契約書を作成する方法やイ）覚書で修正する方法には、それぞれメリットとデメリットが存在します。実際には、各社の状況等を踏まえ、適宜新規契約書ないし覚書を使用し、契約内容の修正を行うことになるでしょう。

　ただ、改正民法による契約内容の修正については、多くの場合、新規契約書を締結する方法が望ましいものと考えられます。なぜなら、覚書修正を採用する一番大きなメリットとして、印紙税を節約することができる点をあげることができるところ、改正民法による契約修正の覚書には、結局のところ印紙がかかることが多く、メリットを享受することができないからです（29頁参照）。

② 相手方への提示案と妥協案を検討

　契約内容の修正方法として、新規契約書又は覚書を選択した後は、実際に修正案について検討していきます。修正案については、色々な方法や考え方がありますが、まずは自社にとって最大限有利な修正案を作成するとよいでしょう。そして、相手方への第1提示案（ファーストドラフト）を検討するとともに、仮に相手方からの反論がきた場合に、どこまでを許容するかの妥協案を検討しておくとよいでしょう。

　第1提示案については、もちろん最大限有利な修正案を使用することもできますが、自社にとって最大限有利ということは、相手方にとっては最大限不利な内容ということになります。相手方との関係等にも考慮しながら、実際に提出する提示案を検討するとよいでしょう。くれぐれも、自社にとって最大限有利な契約書を突きつけ、相手方との関係が悪化することは避けてください。

　相手方からの反論処理についても、このタイミングで考えておくとよいでしょう。後述のとおり、ファーストドラフトを各取引先に提出した後、五月雨式に提示される各取引先からの反論に対していちいち

第1章　民法改正と収益認識基準適用に向けて

第3節　契約書・覚書起案

検討していたのでは、時間がなくなるとともに、統一的な判断ができなくなるおそれがあるからです。具体的には、各項目（例：目的条項、解除条項等）に対し、ここまでの内容については認め、それ以上の内容については認めない等の対応を事前に決めておくとよいでしょう。

◼ 例：契約不適合責任 ◼

	第1提案	相手方からの反論	妥協案
内容	追完請求につき、①目的物の修補、②代替物の引渡し、につき買主側に選択権を留保する内容	追完請求につき、①目的物の修補、②代替物の引渡しのいずれかを売主側において選択できる内容	追完請求につき、代替物の引渡しのみを認める内容

　一例として、契約不適合責任について考えてみましょう（詳細は82頁参照）。

　契約不適合責任の追完請求においては、民法上、①目的物の修補、②代替物の引渡し、③不足分の引渡しの3つの選択肢が与えられています。例えば、取引の性質上①と②のみが争点となる場合において、買主側としては①②両方を選択権として持っていたいと考える場合には、第1提案として、上記のような契約内容になると思われます。ただ、この点につき相手方が反論してきた場合に、最低限代替物の引渡しさえしてくれればよいと考えていた場合には、上記のとおりの妥協案になります。

33

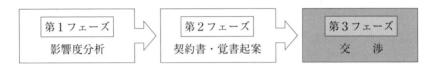

　前節までのプロセスで、契約書案まで作成しました。最後は、交渉となります。

　交渉において注意すべき点は、交渉相手は取引先だけではなく、社内における交渉も必要になる可能性があるという点になります。

1　社内交渉

　契約書作成までの上記のプロセスは、基本的には、すべて各社の法務部内で完結するものでした。しかし、契約内容の修正を取引先に依頼する際に、その交渉を実際に行うのは、法務部ではないケースの方が多いのではないでしょうか。もちろん、法務部の社員が契約交渉まですべて担当するというのであれば、社内交渉としては、上長による決済以外ほとんど必要ないでしょう。一方で、法務部以外の部署（例えば、営業部）の社員が契約交渉を担当する場合においては、これらの部署の社員に対する社内交渉が求められます。具体的には、担当部署に改正民法による契約修正の必要性を理解してもらうとともに、契約交渉のやり方等も共有する必要があるでしょう。担当部署向けの説明会や社内研修等を、なるべく早いタイミングで導入しておくことが肝要といえます。

第1章　民法改正と収益認識基準適用に向けて

第4節　交　渉

　また、改正民法による契約内容変更についての一連の対応（上長決済を含む）について、場合によっては、役員レベルでの同意を取っておく必要があります。

　最後のプロセスである社外交渉をスムーズに行うためにも、契約内容修正にかかる内部統制をしっかりと構築しておくことが肝要です。営業部の担当社員と法務部の担当社員がともに連携しながら対応していくことが求められます。

❷　社外交渉

　影響度分析から契約書案を作成し、社内交渉を経て、社内での内部統制等を整えたら、いよいよ取引先との交渉をスタートさせましょう。交渉経過については、逐一進捗管理を担当部署のみならず法務部もケアをする必要があります。

　進捗管理については、以下のような表を使用しながら、取引先ごとにどのようなステータスにあるのかを把握できるようにするとよいでしょう。

■ 例 ■

	会社担当者		ステータス			
	法務部	営業部	第1提示案	相手方第1反論	協　議	締　結
A社	X氏	M氏	4月15日			5月11日
B社	X氏	N氏	4月15日	4月25日	5月6日〜	
C社	Y氏	O氏	4月15日	4月28日		5月28日

35

第5節 改正民法における契約書修正のスケジュール

プロセス

　各企業において、企業を取り巻く状況は様々であり、一概に改正民法における契約書修正のタイムスケジュールを提示することはできません。

　以下のようなシートを使用しながら、各自、①いつまでに、どこまで達成するのか（ゴールセッティング）を検討し、②ゴールと現状の間のプロセスを検討し、③プロセスの締切りを設けることで、進捗管理を客観的に行うとよいでしょう。

◼ 契約書修正スケジュール例 ◼

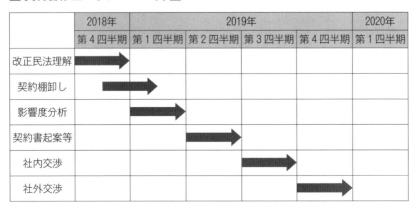

第6節 収益認識基準特有の修正プロセス

プロセス

1 財務部との調整

　改正民法における契約書修正プロセスと、収益認識基準における契約書修正プロセスは、収益認識基準により一番影響を受ける部署が財務部であるという点で異なります。

　法務部では、通常具体的な取引において、財務部がどのタイミングで収益認識しているのかを把握していないことが通常だと思われます。そのため、まずは契約書ごとに、どのタイミングで会社が収益計上しているのかを財務部にヒアリングを行い、把握しなければなりません。

　一般的に、財務部では現在収益認識しているタイミングを変更したいとは考えていないはずです。そのため、契約書を起案する際にも、財務部から聴取した結果を踏まえ、契約書の各条項が現在収益認識しているタイミングに沿うように配慮する必要があります。

　その際には、契約書内に、別個の履行義務（173頁参照）が存在しないかという点にも配慮する必要があります。例えば、別個の履行義務として把握される保守サービスが契約書内に存在し、現状では財務部において保守サービスにおける収益認識を独立して行っていない場合では、当該保守サービスを残存させるべきかにつき、財務部と共に協議する必要があります。

　このように、収益認識基準における契約書修正プロセスでは、至るところで財務部との連携をとる必要があるという点で改正民法における契約書修正プロセスと異なります。

37

② 監査法人との調整

　中小企業においては、従前の企業会計原則に基づく会計処理が許されているため、収益認識基準の対応が必要になる会社は、上場企業、大会社及びこれらの子会社や関連会社になるものと考えられます。このような会社は、監査法人（会計監査人）の監査を受けていることが通常です。

　会社が収益認識基準を踏まえて契約書修正作業を行ったとしても、監査法人の監査において、会社が意図していた収益認識が認められないと判断された場合には、非常に重大な問題となります。売上高の修正が生じることにより、当期の利益が大きく変動するおそれがあるからです。

　そのため、収益認識基準を踏まえて契約書の修正を行う際には、契約当事者の署名押印をもらう前に、収益認識が会社の意図したタイミングで行われることにつき、監査法人の内諾を得ておく必要があると考えます。

　このように、契約当事者との社外交渉に加え、監査法人との調整が必要になるという点で改正民法における契約書修正プロセスと異なります。

③ 改正民法における契約書修正プロセスとの共通事項

　上述した財務部との調整作業と監査法人との調整作業を除けば、収益認識基準における契約書修正プロセスは、改正民法における契約書修正プロセスとおおむね共通します。

　影響度分析プロセスも契約書起案プロセスも、改正民法における対応とパラレルに実施することで問題ありません。ただ、契約書の各条項がどの程度の影響度を有しているのかを判断するには、収益認識基準についての深い理解が必要となります。また、収益認識基準に関す

第1章　民法改正と収益認識基準適用に向けて

第6節　収益認識基準特有の修正プロセス

る理解が深くないと、財務部や監査法人との調整も難航することが予測されます。そのため、この点については、専門家の助力を得ることも検討すべきでしょう。

第 2 章

改正民法による
契約書への影響

第1章 民法改正と収益認識
基準適用に向けて

第2章 改正民法による
契約書への影響

第3章 収益認識基準による
契約書への影響

第4章 契約書
雛形及び解説

第1節　改正民法の概要
第2節　共通項目
第3節　各契約類型

第1節

改正民法の概要

改正民法

　民法が約120年ぶりに、大幅に改正されることになりました。

　法務省民事局が公開している「民法（債権関係）の改正に関する説明資料―主な改正事項―」では、以下の項目が改正事項としてあげられており、非常に多岐にわたる改正となることがわかります。

◼ 主な改正事項 ◼

1. 消滅時効に関する見直し	定の新設
2. 法定利率に関する見直し	13. 債務者の責任財産の保全のための制度
3. 保証に関する見直し	
4. 債権譲渡に関する見直し	14. 連帯債務に関する見直し
5. 約款（定型約款）に関する規定の新設	15. 債務引受に関する見直し
	16. 相殺禁止に関する見直し
6. 意思能力制度の明文化	17. 弁済に関する見直し（第三者弁済）
7. 意思表示に関する見直し	
8. 代理に関する見直し	18. 契約に関する基本原則の明記
9. 債務不履行による損害賠償の帰責事由の明確化	19. 契約の成立に関する見直し
	20. 危険負担に関する見直し
10. 契約解除の要件に関する見直し	21. 消費貸借に関する見直し
11. 売主の瑕疵担保責任に関する見直し	22. 賃貸借に関する見直し
	23. 請負に関する見直し
12. 原始的不能の場合の損害賠償規	24. 寄託に関する見直し

　　　（法務省「民法（債権関係）の改正に関する説明資料―主な改正事項―」）

しかし、契約書の修正にあたって、今回の民法改正の内容をすべて網羅的に理解しなければならないわけではありません。契約書の修正に関し、必要となる部分を要領よく理解していくことが求められます。

そこで第2章では、契約書修正に関わる改正項目を中心に、「契約書修正における重要性」を示しながら解説していきます。契約書修正の観点から重要でない改正点については触れていないため、全ての改正項目を解説したものではない点につきご留意ください。

改正項目の分類

今回の民法改正における改正項目は、以下の3つに大きく分類することができます。
① 従前の判例実務の明文化
② 新制度の導入（①を除く）
③ 既存制度の修正（①を除く）

もちろん、②③については、契約実務に影響のある項目については、しっかりとした対応が求められるものといえます。

一方で、今回の民法改正においては、①がかなりの割合を占めています。従前の判例実務を明文化しただけでは、契約実務にまったく影響がないと思う方も多いかもしれませんが、明文化されたことで制度の利用がより活発化することが想定され、契約実務でも対応が求められるケースがありますので注意が必要です。

| 第2節 | 共通項目 | 重要度 ★☆☆ |

第1項　契約の成立

改正民法

　契約書の修正に直接影響を与えるものではありませんが、「契約の成立」に関し、契約自由の原則が明文化されるとともに（改正521条、522条2項）、「申込み」に対して相手方が承諾したときに契約が成立する旨の契約成立に関する一般条項が規定されました（改正522条1項）。また、隔地者間の契約成立時期について、発信主義から到達主義へと変更される（改正97条）こととなりました。

■〈本項目における解説事項〉■

1　契約自由の原則（改正521条、522条2項）
2　契約の成立（改正522条1項）
3　隔地者間の契約成立時期（改正97条）

1　契約自由の原則

　近代私法の基本原則である契約自由の原則が、改正民法において明文化されました。

　なお、契約自由の原則には、①契約締結の自由、②相手方選択の自由、③内容決定の自由、④方式の自由が含まれていると解されていますが、各条項との対応関係は以下のとおりです。

◨ 契約自由の原則と各条項 ◨

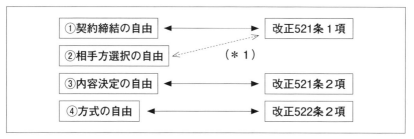

（＊１）　相手方選択の自由は、「誰を相手方当事者として」契約締結するかという問題（契約締結の自由）に整理することができることから、改正521条1項に包含されます。

（契約の締結及び内容の自由）

改正第521条　何人も、法令に特別の定めがある場合を除き、契約をするかどうかを自由に決定することができる。

2　契約の当事者は、法令の制限内において、契約の内容を自由に決定することができる。

（契約の成立と方式）

改正第522条　（略）

2　契約の成立には、法令に特別の定めがある場合を除き、書面の作成その他の方式を具備することを要しない。

❷　契約の成立

現行民法においては、契約成立に関する一般条項は存在しませんでした。しかし、改正522条1項において、以下のとおり規定され、初めて契約成立に関する一般条項が規定されました。

（契約の成立と方式）

改正第522条 契約は、契約の内容を示してその締結を申し入れる意思
表示（以下「申込み」という。）に対して相手方が承諾をしたときに
成立する。

　なお、「契約の内容を示して」という点には、注意が必要です。契
約内容を示さないで契約締結の意思表示を行っても、「申込み」とみ
なされず、「申込みの誘因」にすぎないものと評価される可能性があ
るためです。

❸　隔地者間の契約成立時期

　遠隔者間の契約成立時期について、現行民法においては「承諾の通
知を発した時に成立する」（現行526条）と規定されており、発信主義
（相手方に発信されたときに、意思表示等の効力が生ずるとする原則）
が採用されています。これは、遠隔者に対する意思表示における到達
主義（相手方に到達されたときに、意思表示等の効力が生ずるとする
原則。現行97条）の例外とされています。

　これに対し、通信手段の発達や申込者に不測の損害を与える可能性
があることから、改正民法においては、上記現行526条が削除され、
現行97条の到達主義の原則が遠隔者間の契約成立においても適用され
ることとなりました。そのため、遠隔者に対する意思表示が到達しな
かった場合には、そもそも契約が成立しないこととなります。遠隔者
に対する意思表示が、相手方に対し到達しているかどうかを確認する
必要が生ずるため、注意が必要です。

第2章　改正民法による契約書への影響
第2節　共通項目

◼ 新旧対照表 ◼

現行民法	改正民法
（隔地者間の契約の成立時期） **第526条**　隔地者間の契約は、承諾の通知を発した時に成立する。	削除
（意思表示の効力発生時期等） **第97条**　意思表示は、その通知が相手方に到達した時からその効力を生ずる。	同左

47

　契約書の修正に直接影響を与えるものではありませんが、代理行為の瑕疵（改正101条）、代理権に関する濫用（改正107条）について改正される一方で、判例法理を明文化する改正が多く行われました。判例法理を明文化するにとどまる改正項目については割愛し、実務に影響のある項目を中心に説明します。

■〈本項目における解説事項〉■

1　代理行為の瑕疵（改正101条）
2　代理権の濫用（改正107条）
3　代理人の行為能力（改正120条）
4　任意代理人の責任（改正105条）

1　代理行為の瑕疵

　現行民法においては、代理行為（意思表示）の瑕疵につき「代理人について決する」（現行101条1項）と規定するのみで、「誰の、誰に対する」意思表示について規定しているのか不明瞭でした。そこで、改正民法においては、「代理人が相手方に対してした意思表示」（改正101条1項）と限定した上で、代理行為の瑕疵については、代理人が意思表示を行った場合のみを対象とすることとしました。つまり、代理人が相手方に対してした意思表示の効力は、意思の不存在や錯誤等

の事情の有無につき、代理人を基準として判断するものとなります。

　なお、従前現行101条1項が、代理人が相手方に対して詐欺や強迫を行った場合にも適用されるとする判例（大判明治39年3月31日）がありましたが、今回の民法改正を機に、当該判例の取扱いが変わり、改正民法101条1項は適用されないこととなるため注意が必要です（改正96条の問題となります）。

◼ 新旧対照表 ◼

現行民法	改正民法
（代理行為の瑕疵）	（代理行為の瑕疵）
第101条　意思表示の効力が意思の不存在、詐欺、強迫又はある事情を知っていたこと若しくは知らなかったことにつき過失があったことによって影響を受けるべき場合には、その事実の有無は、代理人について決するものとする。	**第101条**　代理人が相手方に対してした意思表示の効力が意思の不存在、錯誤、詐欺、強迫又はある事情を知っていたこと若しくは知らなかったことにつき過失があったことによって影響を受けるべき場合には、その事実の有無は、代理人について決するものとする。

❷　代理権の濫用

　代理人が、自己又は第三者の利益を図る目的で代理権の範囲内の行為をした場合（いわゆる代理権の濫用）、現行民法においては直接これを規律する条文は存在せず、心裡留保における現行93条但書の規定を類推適用し、本人は責任を負わないよう手当てされてきました。

　改正民法においては、代理権の濫用について、取引の相手方がその目的（代理人が自己又は第三者の利益を図る目的）を知り、又は知ることができたときは、その行為は、代理権を有しない者がした行為（無権代理行為）とみなすと規定されました（改正107条）。

無権代理行為とみなされることにより、本人による追認の余地が認められるとともに（改正113条）、一定の要件を満たす場合には代理人に対する責任追及（改正117条）も可能となりました。

（代理権の濫用）

改正第107条　代理人が自己又は第三者の利益を図る目的で代理権の範囲内の行為をした場合において、相手方がその目的を知り、又は知ることができたときは、その行為は、代理権を有しない者がした行為とみなす。

（無権代理）

改正第113条　代理権を有しない者が他人の代理人としてした契約は、本人がその追認をしなければ、本人に対してその効力を生じない。

（無権代理人の責任）

改正第117条　他人の代理人として契約をした者は、自己の代理権を証明したとき、又は本人の追認を得たときを除き、相手方の選択に従い、相手方に対して履行又は損害賠償の責任を負う。

2　前項の規定は、次に掲げる場合には、適用しない。

　一　他人の代理人として契約をした者が代理権を有しないことを相手方が知っていたとき。

　二　他人の代理人として契約をした者が代理権を有しないことを相手方が過失によって知らなかったとき。ただし、他人の代理人として契約をした者が自己に代理権がないことを知っていたときは、この限りでない。

　三　他人の代理人として契約をした者が行為能力の制限を受けていたとき。

❸ 代理人の行為能力

　現行民法においては、制限行為能力者の代理行為は、行為能力の制限の規定により取り消すことができないものとされていました（現行102条）。これは、代理行為による効果が、①制限行為能力者である代理人には帰属しないこと、②任意代理については、自らが制限行為能力者を代理人に選任した責任があることの2点が理由として考慮されていたためです。

◨ 制限行為能力者の代理行為 ◨

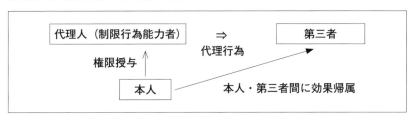

　一方で、任意代理ではなく法定代理人として制限行為能力者が、他の制限行為能力者の代理人となった場合には、上記②の理由が妥当しないものの、現行102条に則り、取消しができないものとされていました。

◨ 制限行為能力者の代理行為（他の制限行為能力者の代理）◨

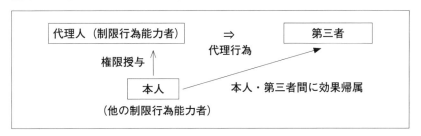

そこで、改正民法においては、制限行為能力者が他の制限行為能力者の法定代理人としてした行為は、行為能力の制限の規定（改正120条）により取り消すことができるようになりました。

契約相手として制限行為能力者が代理人として登場した場合、当該制限行為能力者が他の制限行為能力者の法定代理人である場合には、契約自体が取り消されるリスクがあることになります。そのため、契約相手が制限行為能力者であるときは、事前に本人との関係を明確にしておく必要があるものといえます。

（取消権者）

改正第120条 行為能力の制限によって取り消すことができる行為は、制限行為能力者（他の制限行為能力者の法定代理人としてした行為にあっては、当該他の制限行為能力者を含む。）又はその代理人、承継人若しくは同意をすることができる者に限り、取り消すことができる。

---

４ 任意代理人の責任

復代理人を選任した代理人の責任につき、現行民法においては、選任及び監督責任に限定されていました（現行105条１項）。しかし、復代理人を選任する以外の方法で第三者を利用する場合には責任が限定されないこととのバランスを欠くため、本条項は削除されました。

そのため、改正民法施行後、任意代理人が復代理人を選任したケースにおいて、責任が限定されることなく、一般の債務不履行責任を負うこととなり、責任の範囲が拡大するおそれがあるため、注意が必要です。

第2章　改正民法による契約書への影響
第2節　共通項目

◨ 新旧対照表 ◨

現行民法	改正民法
（任意代理人による復代理人の選任） 第104条　委任による代理人は、本人の許諾を得たとき、又はやむを得ない事由があるときでなければ、復代理人を選任することができない。	同左
（復代理人を選任した代理人の責任） 第105条　代理人は、前条の規定により復代理人を選任したときは、その選任及び監督について、本人に対してその責任を負う。 2　代理人は、本人の指名に従って復代理人を選任したときは、前項の責任を負わない。ただし、その代理人が、復代理人が不適任又は不誠実であることを知りながら、その旨を本人に通知し又は復代理人を解任することを怠ったときは、この限りでない。	削除

53

改正民法の適用時期（代理権）

```
                    2020年4月1日
                         ↓
─────────────────────────┼──────────────────────────→
① 代理権発生 ⇒ 代理行為発生                     …現行民法適用
② 代理権発生          ⇒ 代理行為発生            …現行民法適用
③                       代理権発生 ⇒ 代理行為発生 …改正民法適用
```

　上記の図のとおり、代理権が改正民法施行日（2020年4月1日）よりも前に発生した場合には、代理行為自体が改正民法施行後であっても、現行民法が適用されます。

　一方で、代理権が改正民法施行日後に発生した場合には、改正民法が適用されます。

| 第2節 | 共通項目 | 重要度 ★★☆ |

第3項　消滅時効

改正民法

　契約書の修正に直接影響を与えるものではありませんが、消滅時効に関し、今回の民法改正において大幅な改正がありました。消滅時効制度自体は、強行法規であり、契約書において修正することはできませんが、債権管理実務に対する影響は大きいものと思われますので、改正の内容については十分に注意する必要があります。

■〈本項目における解説事項〉■

1　時効期間と起算点に関する修正（改正166条）
2　生命・身体の侵害による損害賠償請求権の時効期間の特則（改正167条）
3　時効の「完成猶予」と「更新」（改正147〜150条、152条）
4　協議による時効の完成猶予（改正151条）

1　時効期間と起算点に関する修正

(1)　原則的取扱い

　現行民法においては、権利を行使することができる時から10年で時効消滅すると規定されていました（現行166条1項、167条1項）。

　しかし、職業別短期消滅時効と商事時効の廃止に伴う影響を、後述の理由から極力抑える必要がある一方で、単純に時効を短期化したのでは、権利行使できることをまったく知らないまま時効期間が経過し

55

てしまうおそれがあるとして、新たに「知った時」(主観的起算点)から5年という消滅時効規定が設定されました。

なお、「知った時」というためには、①権利の発生原因とともに②権利行使の相手方を認識する必要があるものとされています。なぜなら、①及び②を認識し得ない限り、権利行使自体を期待することができないからです。

◨ **新たな消滅時効規定** ◨

	起算点	時効期間
原則	権利を行使することができる時	10年

起算点	時効期間
知った時から（主観的起算点）	5年
権利を行使することができる時（客観的起算点）	10年

◨ **新旧対照表** ◨

現行民法	改正民法
(消滅時効の進行等) 第166条　消滅時効は、権利を行使することができる時から進行する。 (債権等の消滅時効) 第167条　債権は、10年間行使しないときは、消滅する。	(債権等の消滅時効) 第166条　債権は、次に掲げる場合には、時効によって消滅する。 一　債権者が権利を行使することができることを知った時から5年間行使しないとき。 二　権利を行使することができる時から10年間行使しないとき。

(2)　職業別短期消滅時効と商事時効の廃止

現行民法上は、職業別短期消滅時効が別途規定されています（現行170条～174条）。しかし、各債権にどの時効期間が適用されるかが複雑でわかりにくく、また1～3年の区別も合理性に乏しいとの批判も

第2章　改正民法による契約書への影響

第2節　共通項目

ありました。

　そこで、職業別消滅時効については、今回の民法改正を機に廃止されることとなりました。また、商法522条において定められていた商事時効（5年）についても廃止されることとなりました。

　そのため、消滅時効については、原則的な処理に一元化されることとなりました。

■ 職業別消滅時効と商事事項 ■

分類	起算点	時効期間	根拠条文	具体例
職業別	権利を行使することができる時	1年	現行174条	旅館の宿泊料、飲食店の飲食料等
		2年	現行172条、173条	弁護士又は公証人の報酬等
		3年	現行170条、171条	医師、助産師又は薬剤師の診療報酬等
商事		5年	商法522条	商行為によって生じた債権

2　生命・身体の侵害による損害賠償請求権の時効期間の特則

(1)　はじめに

　人の生命又は身体の侵害による損害賠償請求権については、他の財産的な権利と比べて保護の必要性が高いといえ、権利確保の機会を保障する必要があります。一方で、人の生命又は身体の侵害については、治療等により速やかな権利行使を期待することが難しいといえます。

　そこで、他の財産的な権利についてよりも長い消滅時効期間とするのが合理的と判断され、以下のように改正がなされました。

(2)　現行民法における消滅時効制度

　まず、人の生命又は身体の侵害による損害賠償請求権については、

①債務不履行に基づくケースと②不法行為に基づくケースの2パターンが考えられます。現行民法においては、各ケースにおける消滅時効は以下のとおりとされていました。

■ 現行民法における消滅時効 ■

	起算点	期　間	条　文
①のケース （債務不履行に基づく 損害賠償請求の場合）	権利を行使すること ができる時	10年間	現行166条1項、 167条1項
②のケース （不法行為に基づく損 害賠償請求の場合）	被害者又はその法定 代理人が損害及び加 害者を知った時	3年間	現行724条
	不法行為の時	20年間 [*1]	現行724条

（＊1）　判例上は、除斥期間と解釈されており、時効制度における「中断」や「停止」が認められず、期間の経過により当然に権利が消滅するものとされています。

(3)　改正民法における消滅時効制度

　今回の民法改正により、債務不履行に基づく損害賠償請求権及び不法行為に基づく損害賠償請求権に関する消滅時効については、以下のように整備されました。

■ 改正民法における消滅時効 ■

	起算点	期　間	条　文
債務不履行に基づく 損害賠償請求の場合	債権者が権利を行使 することができるこ とを知った時	5年間	改正166条1項1 号
	権利を行使すること ができる時	10年間	改正166条1項2 号
不法行為に基づく 損害賠償請求の場合	被害者又はその法定 代理人が損害及び加 害者を知った時	3年間	改正724条1号
	不法行為の時	20年間 [*1]	改正724条2号

第2章　改正民法による契約書への影響

第2節　共通項目

（＊1）　今回の改正により、除斥期間から時効期間になりました。

　一方で、人の生命又は身体の侵害による損害賠償請求権については特則が設けられ、以下のように、債務不履行に基づく損害賠償請求の場合でも不法行為に基づく損害賠償請求の場合でも、一律となるように整備されました。

■ 改正民法における消滅時効 ■

		起算点	期　　間	条　　文
人の生命又は身体の侵害による損害賠償請求権	債務不履行に基づく損害賠償請求の場合	債権者が権利を行使することができることを知った時	5年間	改正166条1項1号
		権利を行使することができる時	20年間	改正166条1項2号
	不法行為に基づく損害賠償請求の場合	被害者又はその法定代理人が損害及び加害者を知った時	5年	改正724条1号、724条の2
		不法行為の時	20年	改正724条2号

（債権等の消滅時効）

改正第166条　債権は、次に掲げる場合には、時効によって消滅する。

　一　（略）

　二　権利を行使することができる時から10年間行使しないとき。

（人の生命又は身体の侵害による損害賠償請求権の消滅時効）

改正第167条　人の生命又は身体の侵害による損害賠償請求権の消滅時効についての前条第一項第二号の規定の適用については、同号中「10年間」とあるのは、「20年間」とする。

（不法行為による損害賠償請求権の消滅時効）

改正第724条 不法行為による損害賠償の請求権は、次に掲げる場合には、時効によって消滅する。

一 被害者又はその法定代理人が損害及び加害者を知った時から３年間行使しないとき。

二 不法行為の時から20年間行使しないとき。

（人の生命又は身体を害する不法行為による損害賠償請求権の消滅時効）

改正第724条の２ 人の生命又は身体を害する不法行為による損害賠償請求権の消滅時効についての前条第１号の規定の適用については、同号中「３年間」とあるのは、「５年間」とする。

❸ 時効の「完成猶予」と「更新」

⑴ 現行民法における消滅時効の完成を防ぐ方法

　現行民法における消滅時効の完成を防ぐ方法として、「時効の中断」と「時効の停止」の２つの制度が存在していました。

　「時効の中断」とは、中断時点までの時効期間がリセットされ、また０（ゼロ）から時効期間がカウントされることをいいます。一方で、「時効の停止」とは、時効が完成する間際に一定の事情が発生した場合に、その事情が消滅した後一定期間が経過するまで事項の完成を猶予されることをいいます。

⑵ 改正民法における「完成猶予」と「更新」

　「時効の中断」の効果を精査すると、時効の完成が猶予されるという「完成猶予」の部分と０（ゼロ）から時効期間がカウントされる「更新」の部分の２つに分けることができますが、両者が発生するものや片方のみが発生する場合等、中断の概念の理解は難しいものと

なっていました。

◧ 具体例 ◨

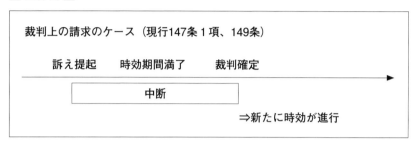

また、「時効の停止」という用語自体も、「停止」という表現から、あたかも時効期間の進行が一時的に停止し、停止事由が消滅後に残りの期間が再度進行していくような誤解が生じがちであり、用語自体から制度内容を理解しにくいという問題がありました。

そこで、改正民法において、「時効の中断」を、その効果によって、以下のとおり「完成猶予」と「更新」という２つの概念によって再構成することとなりました。また、「時効の停止」についても、「完成猶予」という概念で再構成することとなりました。

◧ 完成猶予と更新 ◨

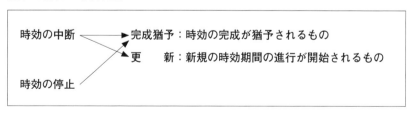

■ 具体例 ■

裁判上の請求のケース（改正147条1項、2項）

訴え提起	時効期間満了	裁判確定

現行民法	中断	

⇒新たに時効が進行

改正民法	完成猶予（改正147条1項）	⇒ 更新（改正147条2項）

　例えば、裁判上の請求のケースであれば、現行民法においては、「時効の中断」として、裁判が確定するまで「中断」の状況が継続し、判決が確定することで、時効期間が新たに進行するものと解されていました。

　一方で、改正民法においては、上記のとおり、本来の時効期間満了後から「裁判上の請求」が継続している限り、「完成猶予」状態となり（改正147条1項1号）、裁判が確定したときに「更新」となるものと整理されました。

　なお、「裁判上の請求」以外の事由についても、「完成猶予」や「更新」に関する規定が新設されています。

（裁判上の請求等による時効の完成猶予及び更新）

改正第147条　次に掲げる事由がある場合には、その事由が終了する（確定判決又は確定判決と同一の効力を有するものによって権利が確定することなくその事由が終了した場合にあっては、その終了の時から6箇月を経過する）までの間は、時効は、完成しない。

一　裁判上の請求

二　支払督促

三　民事訴訟法第275条第1項の和解又は民事調停法（昭和26年法律第222号）若しくは家事事件手続法（平成23年法律第52号）による

調停

四　破産手続参加、再生手続参加又は更生手続参加

2　前項の場合において、確定判決又は確定判決と同一の効力を有する
ものによって権利が確定したときは、時効は、同項各号に掲げる事由
が終了した時から新たにその進行を始める。

（強制執行等による時効の完成猶予及び更新）

改正第148条　次に掲げる事由がある場合には、その事由が終了する（申
立ての取下げ又は法律の規定に従わないことによる取消しによってそ
の事由が終了した場合にあっては、その終了の時から6箇月を経過す
る）までの間は、時効は、完成しない。

一　強制執行

二　担保権の実行

三　民事執行法（昭和54年法律第4号）第195条に規定する担保権の
実行としての競売の例による競売

四　民事執行法第196条に規定する財産開示手続

2　前項の場合には、時効は、同項各号に掲げる事由が終了した時から
新たにその進行を始める。ただし、申立ての取下げ又は法律の規定に
従わないことによる取消しによってその事由が終了した場合は、この
限りでない。

（仮差押え等による時効の完成猶予）

改正第149条　次に掲げる事由がある場合には、その事由が終了した時
から6箇月を経過するまでの間は、時効は、完成しない。

一　仮差押え

二　仮処分

（催告による時効の完成猶予）

改正第150条 催告があったときは、その時から6箇月を経過するまでの間は、時効は、完成しない。

2 催告によって時効の完成が猶予されている間にされた再度の催告は、前項の規定による時効の完成猶予の効力を有しない。

（承認による時効の更新）

改正第152条 時効は、権利の承認があったときは、その時から新たにその進行を始める。

2 前項の承認をするには、相手方の権利についての処分につき行為能力の制限を受けていないこと又は権限があることを要しない。

４　協議による時効の完成猶予

　現行民法下では、時効の完成が迫ってくると、時効完成を防ぐために訴訟提起等の手法を取らざるを得ず、当事者間の協議といった柔軟な解決の妨げとなっていました。

　そこで、改正民法においては、「権利についての協議を行う旨の合意」が書面にてなされたときは、消滅時効の完成を猶予する制度が設けられました（改正151条）。これにより、訴訟提起等に踏み切ることなく、協議による解決の道が開かれることとなりました。

（協議を行う旨の合意による時効の完成猶予）

改正第151条 権利についての協議を行う旨の合意が書面でされたときは、次に掲げる時のいずれか早い時までの間は、時効は、完成しない。

一 その合意があった時から1年を経過した時

二 その合意において当事者が協議を行う期間（1年に満たないものに限る。）を定めたときは、その期間を経過した時

第2章　改正民法による契約書への影響

第2節　共通項目

　　三　当事者の一方から相手方に対して協議の続行を拒絶する旨の通知
　　　　が書面でされたときは、その通知の時から6箇月を経過した時
2　前項の規定により時効の完成が猶予されている間にされた再度の同
　項の合意は、同項の規定による時効の完成猶予の効力を有する。ただ
　し、その効力は、時効の完成が猶予されなかったとすれば時効が完成
　すべき時から通じて5年を超えることができない。
3　催告によって時効の完成が猶予されている間にされた第1項の合意
　は、同項の規定による時効の完成猶予の効力を有しない。同項の規定
　により時効の完成が猶予されている間にされた催告についても、同様
　とする。

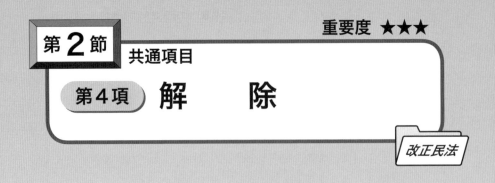

　解除においては、催告解除・無催告解除という形で条文構成が整備されるとともに、「債務者の帰責事由」という要件が廃止されました。また、不履行の程度が軽微のときは、契約を解除することができないという判例法理が明文化されました（改正541条）。

　これらの改正事項は、契約実務に大きな影響が出るものといえますので、契約書上しっかりと対応を行う必要があります。

● 〈本項目における解説事項〉●

1 改正民法下での解除制度の概要
2 帰責事由要件の撤廃
3 解除権の消滅（改正548条）
4 契約実務への影響

1　改正民法下での解除制度の概要

　現行民法においては、「履行遅滞等による解除権」「定期行為の履行遅滞による解除権」「履行不能による解除権」という条文の見出しの形で、債務不履行の態様によって条文が構成されていました。

　改正民法においては、「催告による解除」「催告によらない解除」と条文の見出しが整理され、解除における手続きにより規定が整理されることとなりました。このため、現行民法による規定と異なり、非常にわかりやすい表現となりました。

第2章 改正民法による契約書への影響
第2節 共通項目

　改正民法における解除制度をフローチャートで図表化すると、以下のとおりとなります。

◪ 解除制度〈全部解除のケース〉◪

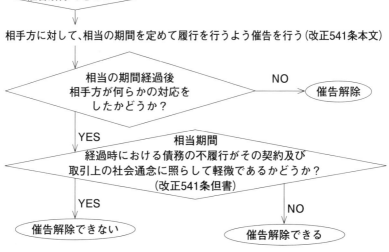

◨ 解除制度〈一部解除のケース〉◨

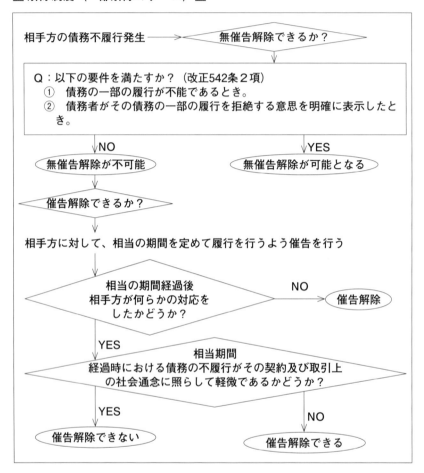

（催告による解除）
改正第541条 当事者の一方がその債務を履行しない場合において、相手方が相当の期間を定めてその履行の催告をし、その期間内に履行がないときは、相手方は、契約の解除をすることができる。ただし、その期間を経過した時における債務の不履行がその契約及び取引上の社会通念に照らして軽微であるときは、この限りでない。

> （催告によらない解除）
>
> **改正第542条**　次に掲げる場合には、債権者は、前条の催告をすることなく、直ちに契約の解除をすることができる。
> 　一　債務の全部の履行が不能であるとき。
> 　二　債務者がその債務の全部の履行を拒絶する意思を明確に表示したとき。
> 　三　債務の一部の履行が不能である場合又は債務者がその債務の一部の履行を拒絶する意思を明確に表示した場合において、残存する部分のみでは契約をした目的を達することができないとき。
> 　四　契約の性質又は当事者の意思表示により、特定の日時又は一定の期間内に履行をしなければ契約をした目的を達することができない場合において、債務者が履行をしないでその時期を経過したとき。
> 　五　前各号に掲げる場合のほか、債務者がその債務の履行をせず、債権者が前条の催告をしても契約をした目的を達するのに足りる履行がされる見込みがないことが明らかであるとき。
> 2　次に掲げる場合には、債権者は、前条の催告をすることなく、直ちに契約の一部の解除をすることができる。
> 　一　債務の一部の履行が不能であるとき。
> 　二　債務者がその債務の一部の履行を拒絶する意思を明確に表示したとき。

2　帰責事由要件の撤廃

　改正民法において、上記のとおり、契約解除における債務者側の帰責事由要件が撤廃されました。現行543条但書及び現行民法を前提とする実務においては、解除一般において債務者側の帰責事由を要求していましたが、改正民法下での解除においては、債務者側の帰責事由が不要となりました。従前の実務を大きく変える転換といえ、契約当事者に大きな影響を与えることになります。

なお、債務の不履行が債権者側に帰責事由がある場合には、債権者は催告解除も無催告解除もできない点に注意が必要です（改正543条）。

（債権者の責めに帰すべき事由による場合）

改正第543条　債務の不履行が債権者の責めに帰すべき事由によるものであるときは、債権者は、前二条の規定による契約の解除をすることができない。

---

❸　解除権の消滅

　現行548条の趣旨は、条文記載の状況においては、①解除権者が黙示に解除権を放棄したものといえること、②解除を認めると相手方との間で不公平となること、の2点にあるとされていました。

　しかし、解除権を有することを知らなかった解除権者にまで解除権を消滅させてしまうと、上記①の趣旨からも不当な結果となってしまいます。そこで、改正民法においては、但書において、「解除権を有する者がその解除権を有することを知らなかったときは、この限りでない。」と明記されることとなりました。

■ 新旧対照表 ■

現行民法	改正民法
（解除権者の<u>行為</u>等による解除権の消滅）	（解除権者の<u>故意による目的物の損傷</u>等による解除権の消滅）
第548条　解除権を有する者が自己の行為若しくは過失によって契約の目的物を著しく損傷し、若しくは返還することができなく	**第548条**　解除権を有する者が故意若しくは過失によって契約の目的物を著しく損傷し、若しくは返還することができなくなった

なったとき、又は加工若しくは改造によってこれを他の種類の物に変えたときは、解除権は、消滅する。	とき、又は加工若しくは改造によってこれを他の種類の物に変えたときは、解除権は、消滅する。ただし、解除権を有する者がその解除権を有することを知らなかったときは、この限りでない。

4　契約実務への影響

改正民法下では、債務不履行により解除を行う場合、まずは無催告解除の可否を検討し、無催告解除ができる要件にあてはまらないケースには、催告解除を検討するという流れになります。

(1)　無催告解除

まず、無催告解除におけるケースについて考えてみましょう。

無催告解除においては、以下の５つの要件のうち１つを満たす必要があります。

■ 無催告解除の要件 ■

①　債務の全部の履行が不能であるとき。
②　債務者がその債務の全部の履行を拒絶する意思を明確に表示したとき。
③　債務の一部の履行が不能である場合又は債務者がその債務の一部の履行を拒絶する意思を明確に表示した場合において、残存する部分のみでは契約をした目的を達することができないとき。
④　契約の性質又は当事者の意思表示により、特定の日時又は一定の期間内に履行をしなければ契約をした目的を達することができない場合において、債務者が履行をしないでその時期を経過したとき。
⑤　前各号に掲げる場合のほか、債務者がその債務の履行をせず、債権者が前条の催告をしても契約をした目的を達するのに足りる履行がされる見込みがないことが明らかであるとき。

ここで、問題となるのは、③～⑤のうちの以下の部分になります。

③ 債務の一部の履行が不能である場合又は債務者がその債務の一部の履行を拒絶する意思を明確に表示した場合において、残存する部分のみでは契約をした目的を達することができないとき。

④ 契約の性質又は当事者の意思表示により、特定の日時又は一定の期間内に履行をしなければ契約をした目的を達することができない場合において、債務者が履行をしないでその時期を経過したとき。

⑤ 前各号に掲げる場合のほか、債務者がその債務の履行をせず、債権者が前条の催告をしても契約をした目的を達するのに足りる履行がされる見込みがないことが明らかであるとき。

このように、無催告解除を行うにあたり、「契約をした目的を達する」ことができるかどうかという判断が非常に重要となります。

では、この「契約をした目的」とはどのように判断されるのでしょうか。民法上明文の規定はありませんが、契約締結の経緯や内容、客観的な時系列等から判断せざるを得ないものといえます。そこで、「契約をした目的」を一義的に判断することができるよう、改正民法施行後においては、契約書において「契約の目的」といった条項を新設し、判断の予見可能性を担保する必要がでてくるものといえます。おそらく、従前の契約書においては、「契約の目的」といった条項はあまり意識されていないものと考えられますが、今後については、いかにこの条項の記載を充実させるかという点がポイントになってくるものと思われます。

(2) 催告解除

催告解除の場合、上記チャートにおける「相当期間経過時における債務の不履行がその契約及び取引上の社会通念に照らして軽微であるかどうか」という点が問題となります。

すなわち、「債務不履行の程度が軽微かどうか」という点について、

第2章 改正民法による契約書への影響
第2節 共通項目

どう判断すべきかが問題となります。改正民法においては、「その契約及び取引上の社会通念に照らして」という形で判断基準が提示されていますが、一律に判断することは難しいといえます。そのため、上記無催告解除と同様に、契約締結の経緯や契約の目的等の条項を充実させ、契約内容のみならずその背景事情まで明らかとすることで、自社にとって「軽微かどうか」の判断に対する予見可能性を担保しておく必要があるといえるでしょう。

なお、当然軽微な場合でも解除したいというニーズは存在するものと思われますので、その際は契約書に別途任意解除条項を充実させる等の対応が求められるものといえます。

契約書に既に規定している場合

　既存の契約書において、解除に関する規定が既に存在するケースは多いでしょう。解除条項がある場合には、上記改正民法における解除制度と比較し、契約書上の解除制度を使用する場合と改正民法上の解除制度を使用する場合のどちらが自社にとって有利かを判断する必要があります。

　例として、解除において帰責事由を要求する条項が存在するケースを想定してみましょう。

　まず、債務者側からすれば、現状の契約上の解除制度の方が一般的に有利となります。なぜなら、改正民法においては帰責事由が解除要件として不要となり、解除がされやすくなってしまうところ、依然として帰責事由が解除要件となることにより、帰責事由がないことを主張することをもって解除を免れることができるからです。

　一方、債権者側からすれば、改正民法上の解除制度の方が一般的に有利となります。なぜなら、解除において帰責事由が不要となるため、解除しやすい状況となるからです。

　このように、既存の契約書による契約内容と改正民法による内容を相互に比較して、どちらが自社にとって有利なのかをしっかりと検討する必要があるといえるでしょう。

第2節　共通項目

重要度　★★☆

第5項　危険負担

改正民法

改正民法においては、危険負担における債権者主義が一切廃止されることとなる一方で、契約解除にかかる改正により、危険負担の効果も改正されることとなりました。

■ 〈**本項目における解説事項**〉 ■

1 債権者主義の廃止

2 危険負担の効果の修正（改正536条）

1 債権者主義の廃止

現行民法においては、特定物に関する物権の設定又は移転を双務契約の目的とした場合等においては、債務者の帰責事由なくその物が滅失又は損傷したときでも、債権者の負う反対給付債務は存続するものとされていました（債権者主義の採用。現行534条1項）。

しかし、当該債権者主義の採用については、債権者に過大なリスクを負わせるものとして、従前より批判が強く、解釈論による結論の是正を行う対応がなされていました。

そのため、民法改正に伴い、債権者主義を定めた規定を削除し、一律で債務者主義を採用することとなりました。

75

◘ 新旧対照表 ◘

現行民法	改正民法
（債権者の危険負担） **第534条** 特定物に関する物権の設定又は移転を双務契約の目的とした場合において、その物が債務者の責めに帰することができない事由によって滅失し、又は損傷したときは、その滅失又は損傷は、債権者の負担に帰する。 2 不特定物に関する契約については、第401条第2項の規定によりその物が確定した時から、前項の規定を適用する。	削除

❷ 危険負担の効果の修正

69頁のとおり、改正民法における契約解除については、債務者の帰責事由が不要となりました。そのため、帰責事由がなくても契約解除ができることとなり、「反対給付を受ける権利」を消滅させる制度として契約解除と危険負担の効果が重複してしまう結果となりました。

そこで、改正民法においては、危険負担の効果が、「反対給付を受ける権利」の消滅から「反対給付の履行」の拒絶へと修正されました。

このため、民法改正後、債権者は、債務者に帰責事由がない場合において、以下の2つの対応が可能となります。

第2章　改正民法による契約書への影響

第2節　共通項目

◪ 債務者に帰責事由がない場合の対応 ◪

① 契約解除　……反対給付債務を確定的に消滅
② 危険負担　……反対給付債務の履行を拒絶

◪ 新旧対照表 ◪

現行民法	改正民法
（債務者の危険負担等）	（債務者の危険負担等）
第536条　前二条に規定する場合を除き、当事者双方の責めに帰することができない事由によって債務を履行することができなくなったときは、債務者は、反対給付を受ける権利を有しない。 2　債権者の責めに帰すべき事由によって債務を履行することができなくなったときは、債務者は、反対給付を受ける権利を失わない。この場合において、自己の債務を免れたことによって利益を得たときは、これを債権者に償還しなければならない。	第536条　当事者双方の責めに帰することができない事由によって債務を履行することができなくなったときは、債権者は、反対給付の履行を拒むことができる。 2　債権者の責めに帰すべき事由によって債務を履行することができなくなったときは、債権者は、反対給付の履行を拒むことができない。この場合において、債務者は、自己の債務を免れたことによって利益を得たときは、これを債権者に償還しなければならない。

77

重要度 ★★★

第**2**節　共通項目

第**6**項　損害賠償請求

改正民法

　今回の民法改正により、「帰責事由の判断基準」「損害賠償の範囲」「損害賠償額の予定額」等について改正が行われましたが、従前の判例実務を明文化したもので、現行民法の実務を特段変更するものではありません。ただし、明文化に伴い、実務上の対応がなされるため、注意が必要です。

■ 〈**本項目における解説事項**〉 ■

1 帰責事由の判断基準の明確化（改正415条）
2 損害賠償請求の範囲（特別損害）（改正416条）
3 損害賠償額の予定（改正420条）
4 原始的不能の場合の損害賠償請求（改正412条の２）

1 帰責事由の判断基準の明確化

　現行民法上、履行不能における場合の損害賠償請求についてのみ、帰責事由の不存在が免責事由として規定されておりますが（現行415条）、実務上は履行不能のみならず履行遅滞を含む債務不履行全般において適用される免責事由と解されています。そのため、実務上の運用に合わせ、改正民法においては、債務不履行に基づく損害賠償請求一般における免責事由として、債務者の帰責事由の不存在を定めました。

第2章　改正民法による契約書への影響
第2節　共通項目

　一方で、当該帰責事由について、裁判実務上、契約や社会通念に照らして判断されていますが、現行民法上は明らかとなっていませんでした。そのため、改正民法においては、当該基準が「契約その他の債務の発生原因及び取引上の社会通念に照らして」判断するものと明文化されました。

（債務不履行による損害賠償）

改正第415条　債務者がその債務の本旨に従った履行をしないとき又は債務の履行が不能であるときは、債権者は、これによって生じた損害の賠償を請求することができる。ただし、その債務の不履行が契約その他の債務の発生原因及び取引上の社会通念に照らして債務者の責めに帰することができない事由によるものであるときは、この限りでない。

　債務不履行による損害賠償請求においては、しばしば帰責事由の存否が問題となります。いかなる場合に帰責事由として評価されるのか、という点については、両当事者において予見可能性が担保される必要があります。そのため、契約締結に至る経緯や契約の目的条項を明確にすることで、帰責事由の予見可能性を担保する必要があるといえます。

2　損害賠償請求の範囲（特別損害）

　現行民法下における裁判実務においては、当事者がその事情を予見すべきであったかどうかという規範的な評価により、特別損害に該当するか否かが判断されていました。

　このような裁判実務を考慮して、改正民法において、条文上の表現が「予見し、又は予見することができたときは」から「予見すべきであったときは」に変更されました。なお、裁判実務を明文化した規定

79

にとどまり、従前の実務を変更するものではありません。

　しかし、「予見すべき」かどうかについては、契約内容等によって評価せざるを得ませんので、目的条項等を契約書において明確にしておくことを検討する必要があるといえるでしょう。

■ 新旧対照表 ■

現行民法	改正民法
（損害賠償の範囲）	（損害賠償の範囲）
第416条　（略）	第416条　（略）
2　特別の事情によって生じた損害であっても、当事者がその事情を予見し、又は予見することができたときは、債権者は、その賠償を請求することができる。	2　特別の事情によって生じた損害であっても、当事者がその事情を予見すべきであったときは、債権者は、その賠償を請求することができる。

3　損害賠償額の予定

　損害賠償額に関する予定の条項（現行420条）については、従前の裁判実務を考慮して、改正民法においては該当する文言が削除されました。もっとも、これは従前の運用を変更するものではありません。

　ただし、契約書上、損害賠償額の予定条項を挿入している場合には注意が必要です。自社に有利な予定条項を挿入している場合には、不相当な予定額として裁判上認められない可能性があるためです。

　そのため、民法改正を機に、各予定条項が実際の取引に照らし、適切な予定額となっているかどうかを確認するとよいでしょう。

第2章　改正民法による契約書への影響
第2節　共通項目

◼ 新旧対照表 ◼

現行民法	改正民法
（賠償額の予定）	（賠償額の予定）
第420条　当事者は、債務の不履行について損害賠償の額を予定することができる。この場合において、裁判所は、その額を増減することができない。	第420条　当事者は、債務の不履行について損害賠償の額を予定することができる。

❹　原始的不能の場合の損害賠償請求

　契約に基づく債務の履行がその契約の成立時において不能であった場合（原始的不能）、債権者が債務者に対し、債務不履行に基づく損害賠償請求をなし得るかどうかについては、現行民法において規定がありませんでした。

　そこで、改正民法において、原始的不能状態であっても、債務不履行に基づく損害賠償請求権を認める条文が新設されました。

（履行不能）

改正第412条の2　（略）

2　契約に基づく債務の履行がその契約の成立の時に不能であったことは、第415条の規定によりその履行の不能によって生じた損害の賠償を請求することを妨げない。

81

重要度 ★★★

第2節 共通項目

第7項 瑕疵担保責任（契約不適合責任）

改正民法

　現行民法において規定されていた「瑕疵担保責任」が、改正民法においては「契約不適合責任」と名称も変わり、「隠れた瑕疵」という要件も「契約の内容に適合していないこと」という要件に変更されました。また、現行民法においては解除、損害賠償請求しか認められていなかった買主の救済方法に、追完請求、代金減額請求という新しい救済方法も認められることとなりました。今回の民法改正における重要な改正の1つであり、契約実務に与える影響も大きいため、適切な対応を取る必要があります。

■ 〈本項目における解説事項〉 ■

- **1** 「隠れた瑕疵」から「契約不適合」への変更
- **2** 追完請求権及び代金減額請求権（改正562条、改正563条）
- **3** 解除及び損害賠償請求権（改正564条）
- **4** 権利の期間制限及び権利保存の方法（改正566条）

1 「隠れた瑕疵」から「契約不適合」への変更

　現行民法においては、瑕疵担保責任という表現のとおり、「隠れた瑕疵」の存在が、瑕疵担保責任を追及するための要件とされていました。改正民法においては、この「瑕疵担保責任」という文言自体がな

くなり、「契約不適合責任」という表記で統一化されることとなります。それに伴い、当該「隠れた瑕疵」という要件については、「契約の内容に適合しない」という要件に変更となります。

　もともと、瑕疵担保責任における「瑕疵」とは、裁判実務上「契約の内容に適合しないこと」を意味するものと解されており（最判平成22年6月1日他）、この点につき実務における変更はありません。一方で、瑕疵担保責任における「隠れた」という要件については、契約時における瑕疵に対する買主の善意無過失をいうものと解されてきましたが、改正民法における契約不適合責任において、「隠れた」の要件は撤廃されることになりました。

　要件が「隠れた瑕疵」から「契約不適合」へ変わっても、従前の運用から特段の変更があるわけではありません。しかし、契約書において「契約の内容」を特定できるように対応するとよいでしょう。

❷　追完請求権及び代金減額請求権

(1)　はじめに

　もともと、現行民法における瑕疵担保責任においては、解除と損害賠償のみが認められているだけで、追完請求や代金減額請求等は民法上の制度として認められていませんでした。

　しかし、改正民法においては、特定物か不特定物かを区別することなく、売主は売買契約の内容に適合した目的物を引き渡す義務を負うことを前提に、目的物が契約の内容に適合しない場合には債務は未履行であるとの契約責任説をベースとして、新たに追完請求権と代金減額請求権が認められました。

(2)　追完請求権

　追完請求権とは、契約不適合状態を解消するものであり、改正民法においては、以下の3つの方法が認められています（改正562条1

83

項)。

◼ 追完請求権 ◼

①**目的物の修補**
　目的物について修補すなわち修理を行うことです。目的物に、修理可能な欠陥等が存在する場合に、当該欠陥を修理等の行為により消滅させることをいいます。
②**代替物の引渡し**
　目的物に欠陥等が存在する場合に、当該欠陥のある目的物と同様の目的物たる代替物を引渡すことで、契約不適合状態を解消することをいいます。
③**不足分の引渡し**
　目的物に数量的な不足がある場合に、当該不足分を別途引き渡すことをいいます。

　上記のうち①**目的物の修補**と②**代替物の引渡し**については、代替的な関係、すなわち、修補も代替物も引き渡すことも両方を選択できるケースがあり得ます。この場合、たとえ買主が一方を指定したとしても、買主に不相当な負担を課するものではないときには、買主が請求した方法と異なる方法による履行の追完が認められている点に注意が必要です（改正562条1項但書）。

　買主側としては、追完請求における3つの手段のうち、買主側に追完請求の選択権を留保しておきたいときは、契約書において別途規定をしておく必要があります。

　一方で、売主側としても、「不相当な負担」につき買主側と争いになる可能性があるため、どのような場合に上記選択肢を自由に選ぶことができるかを明記しておくとよいでしょう。

　なお、契約不適合が買主の帰責事由により発生している場合には、買主は追完請求を行うことができない点に注意が必要です。

84

第2章　改正民法による契約書への影響

第2節　共通項目

◨ 追完請求 ◨

	買主に帰責事由	双方帰責事由なし	売主に帰責事由
追完請求	不可能	可能	可能

（買主の追完請求権）

改正第562条　引き渡された目的物が種類、品質又は数量に関して契約の内容に適合しないものであるときは、買主は、売主に対し、目的物の修補、代替物の引渡し又は不足分の引渡しによる履行の追完を請求することができる。ただし、売主は、買主に不相当な負担を課するものでないときは、買主が請求した方法と異なる方法による履行の追完をすることができる。

2　前項の不適合が買主の責めに帰すべき事由によるものであるときは、買主は、同項の規定による履行の追完の請求をすることができない。

(3)　代金減額請求権

　代金減額請求については、無催告でできる場合と催告により可能となる場合の2パターンが存在します。フローチャートで示すと以下のとおりとなります。

85

◼ 代金減額請求のケース ◼

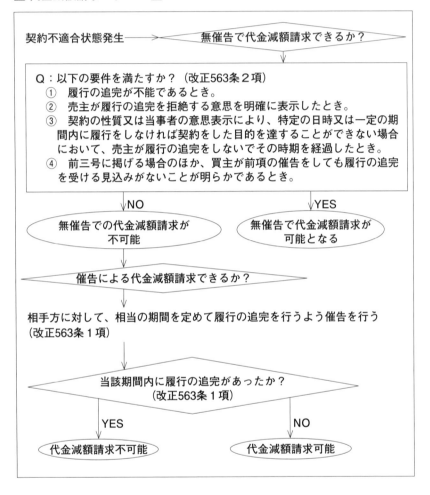

　買主側として、代金減額請求を手軽に行いたいというニーズがある場合には、契約書上、上記のような手続きを経ることなく代金減額請求を行えるよう規定を設ける必要があります。
　一方で、売主側においては、代金減額請求を拒否したいというニーズがある場合には、代金減額請求については、認めないという規定を契約書上盛り込むことも考えられるでしょう。

第2章　改正民法による契約書への影響

第2節　共通項目

　なお、上記改正563条2項3号の「特定の日時又は一定の期間内に履行をしなければ契約をした目的を達することができない場合」については、「契約をした目的」自体を明確にするとともに「特定の日時又は一定の期間内に履行しなければ、目的を達することができない」ことについても契約書において明確にしておく必要があるため注意が必要です。

　また、契約不適合状態が、買主側の帰責事由により発生した場合には、上記代金減額請求は行うことができない点に注意が必要です。

◨ 代金減額請求 ◧

	買主に帰責事由	双方帰責事由なし	売主に帰責事由
代金減額請求	不可能	可能	可能

（買主の代金減額請求権）

改正第563条　前条第1項本文に規定する場合において、買主が相当の期間を定めて履行の追完の催告をし、その期間内に履行の追完がないときは、買主は、その不適合の程度に応じて代金の減額を請求することができる。

2　前項の規定にかかわらず、次に掲げる場合には、買主は、同項の催告をすることなく、直ちに代金の減額を請求することができる。

一　履行の追完が不能であるとき。

二　売主が履行の追完を拒絶する意思を明確に表示したとき。

三　契約の性質又は当事者の意思表示により、特定の日時又は一定の期間内に履行をしなければ契約をした目的を達することができない場合において、売主が履行の追完をしないでその時期を経過したとき。

四　前三号に掲げる場合のほか、買主が前項の催告をしても履行の追完を受ける見込みがないことが明らかであるとき。

3　第1項の不適合が買主の責めに帰すべき事由によるものであるとき

は、買主は、前二項の規定による代金の減額の請求をすることができない。

❸　解除及び損害賠償請求権

(1)　解　　除

　現行民法における瑕疵担保責任において、解除は瑕疵担保独自の制度とされていました。しかし、改正民法においては、瑕疵担保責任改め契約不適合責任の法的性質が、従前の法定責任説から契約責任説へと変わり、解除についても一般的な規律（改正541条及び542条）がそのまま適用されることとなりました（解除の一般原則による処理については66頁参照）。なお、「瑕疵」に対する、買主の善意又は善意無過失や契約目的の不達成（現行570条、566条1項）等については、もはや解除の要件ではないことに注意が必要です。

◼ 解　　除 ◼

	買主に帰責事由	双方帰責事由なし	売主に帰責事由
解　　除	不可能	可能	可能

（買主の損害賠償請求及び解除権の行使）
改正第564条　前二条の規定は、第415条の規定による損害賠償の請求並びに第541条及び第542条の規定による解除権の行使を妨げない。

(2)　損害賠償請求

　現行民法上、法定責任である瑕疵担保責任の損害賠償請求においては、帰責事由は不要とされていました。しかし、改正民法における契約不適合責任においては、損害賠償請求についても一般的な規律（改正415条）がそのまま適用されることとなり、帰責事由が必要とされ

ることになりました。このため、買主側としては、損害賠償請求の
ハードルが高くなったものといえます。損害賠償請求を行いやすくす
るためにも、別途契約条項を規定することを検討する必要がありま
す。なお、損害賠償の範囲が、通常の損害賠償請求で認められる履行
利益まで認められる点については注意が必要です。

■ 損害賠償請求 ■

	買主に帰責事由	双方帰責事由なし	売主に帰責事由
損害賠償請求	不可能	不可能	可能

（買主の損害賠償請求及び解除権の行使）

改正第564条　前二条の規定は、第415条の規定による損害賠償の請求並
　びに第541条及び第542条の規定による解除権の行使を妨げない。

---

❹　権利の期間制限及び権利保存の方法

(1)　権利の期間制限

　改正民法においては、契約不適合責任における期間の制限が規定さ
れていますが、「売主が種類又は品質に関して契約の内容に適合しな
い目的物を買主に引き渡した場合」のみが期間制限の対象とされてお
り、数量や移転した権利が契約の内容に適合しない場合については期
間制限の対象外とされている点に注意が必要です。

(2)　権利保存の方法

　現行民法における瑕疵担保責任の追及については、買主が瑕疵を
知ってから、1年以内に権利行使が必要とされていました（現行570
条、566条3項)。なお、権利行使については、裁判上の権利行使まで
求められているものではないものの、少なくとも、売主に対して具体

的に瑕疵の内容とそれに基づく損害賠償請求を行う意思を表明し、請求する損害額の算定根拠を示す等、売主の担保責任を問う意思を明確に告げる必要があるものとされております。

　しかし、改正民法においては、買主の負担を軽減するという理由により、買主は契約に適合しないことを知ってから1年以内にその旨を通知するだけでよいことになりました。なお、通知としては、契約不適合が存在する旨を伝えるのみでは足らず、不適合の種類やおおよその範囲を通知する必要があるものと想定されています。

（目的物の種類又は品質に関する担保責任の期間の制限）

改正第566条　売主が種類又は品質に関して契約の内容に適合しない目的物を買主に引き渡した場合において、買主がその不適合を知った時から1年以内にその旨を売主に通知しないときは、買主は、その不適合を理由として、履行の追完の請求、代金の減額の請求、損害賠償の請求及び契約の解除をすることができない。ただし、売主が引渡しの時にその不適合を知り、又は重大な過失によって知らなかったときは、この限りでない。

重要度 ★★☆

第2節 共通項目

第8項 債権譲渡

改正民法

　譲渡禁止特約（改正民法下では「譲渡制限特約」といいます）の効力につき、見直しが行われるとともに、将来債権の譲渡が可能であることを明らかにする規定が新設されました。また、債務者の抗弁や債権譲渡における相殺権等が改正されました。

■ 〈本項目における解説事項〉 ■

1 債権譲渡制限特約（改正466条）
2 将来債権譲渡（改正466条の6、改正467条）
3 債務者の抗弁（改正468条）
4 債権譲渡と相殺（改正469条）

1 債権譲渡制限特約

　現行民法においては、譲渡禁止特約に反する債権譲渡契約については原則として無効と解されており（物権的効力説）、譲渡禁止特約につき善意無重過失の譲受人に対しては、無効を主張することができないとされてきました。

　しかし、近時、債権譲渡による資金調達（現在又は将来の売掛金等を原資とした資金調達）が、中小企業における資金調達手法として期待されていることから、現行制度が資金調達を妨げる要因となっていることが問題として認識されるようになりました。

今回の民法改正において、譲渡禁止特約に反する債権譲渡については、原則として有効とされました（改正466条2項）。
　なお、債務者は、譲渡制限の意思表示がされたことを知り、又は重大な過失によって知らなかった譲受人その他の第三者（以下、「悪意又は重過失の第三者」といいます）に対して、債務の履行を拒むことができるとともに、譲渡人に対する弁済その他の債務を消滅させる事由を譲受人に主張できることとなりました（改正466条3項）。
　一方、悪意又は重過失の第三者は、債務者が債務を履行しない場合において、相当期間を定めて譲渡人への履行を促す勧告を行うことができます。債務者が、当該履行勧告の期限内に履行をしなかった場合には、悪意又は重過失の第三者に対して債務の履行を拒むことも、譲渡人に対する弁済その他の債務を消滅させる事由を主張することもできなくなります（改正466条4項）。

◼ **債権譲渡制限特約** ◼

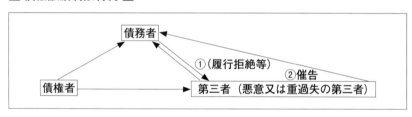

　現行民法と改正民法において、実質的な実務の対応に大きな変化があるわけではありません。
　しかし、以下のような契約書上の条項の効力が弱まる点については注意が必要です。

第2章 改正民法による契約書への影響

第2節 共通項目

第○条 （権利の譲渡禁止等）

　　甲及び乙は、あらかじめ相手方の書面による承諾を得ないで、本契約に基づく権利、義務又は財産の全部もしくは一部を第三者に譲渡し、承継させ又は担保に供してはならない。

（債権の譲渡性）

改正第466条　債権は、譲り渡すことができる。ただし、その性質がこれを許さないときは、この限りでない。

2　当事者が債権の譲渡を禁止し、又は制限する旨の意思表示（以下「譲渡制限の意思表示」という。）をしたときであっても、債権の譲渡は、その効力を妨げられない。

3　前項に規定する場合には、譲渡制限の意思表示がされたことを知り、又は重大な過失によって知らなかった譲受人その他の第三者に対しては、債務者は、その債務の履行を拒むことができ、かつ、譲渡人に対する弁済その他の債務を消滅させる事由をもってその第三者に対抗することができる。

4　前項の規定は、債務者が債務を履行しない場合において、同項に規定する第三者が相当の期間を定めて譲渡人への履行の催告をし、その期間内に履行がないときは、その債務者については、適用しない。

93

譲渡制限特約違反と契約解除

　譲渡制限特約に反する債権譲渡が有効であったとしても、特約に違反したことを理由に契約解除がされてしまうのではないかという実務上の懸念があります。

　改正民法では、債務者は基本的に元の債権者（譲渡人）に対する弁済を行えば免責される等の措置が講じられており、債権者を固定することへの債務者への期待は一応保護されているといえます。よって、譲渡禁止特約が債権者を固定することを目的としてなされた場合、債権譲渡自体は特約の趣旨に反するものではないと解釈することが可能であり、債務不履行と評価することはできないといえます。

　仮に、債務不履行に該当すると評価される場合であっても、上記のとおり債権譲渡により債務者にとって特段の不利益はなく、解除を行う合理性が存在しないため、権利濫用等に該当するものといえます。

　以上により、譲渡禁止特約に反する債権譲渡について債務不履行解除ができないと解釈することが可能となります。

❷　将来債権譲渡

　現行民法においては、将来債権（現に発生していない債権で、将来発生する債権）に関する債権譲渡については、一切規定がありません。一方で、判例においては、将来債権譲渡も有効であるとされてきました。

　上記のような中小企業の債権譲渡による資金調達を活性化させる狙いもあり、改正民法では、将来債権譲渡が有効であることを明文化されるとともに（改正466条の6第1項）、一般的な債権譲渡と同様に対抗要件を具備することができること（改正467条1項かっこ書き）等

第2章　改正民法による契約書への影響

第2節　共通項目

が明文化されました。

　今回の民法改正においては、従前の判例実務を明文化しただけで、契約実務に大きな影響を与えるものではありません。ただし、改正民法において明文化されたことにより、将来債権の譲渡がより一般的になる可能性もありますので、注意が必要です。

（将来債権の譲渡性）

改正第466条の6　債権の譲渡は、その意思表示の時に債権が現に発生していることを要しない。

2　債権が譲渡された場合において、その意思表示の時に債権が現に発生していないときは、譲受人は、発生した債権を当然に取得する。

3　前項に規定する場合において、譲渡人が次条の規定による通知をし、又は債務者が同条の規定による承諾をした時（以下「対抗要件具備時」という。）までに譲渡制限の意思表示がされたときは、譲受人その他の第三者がそのことを知っていたものとみなして、第466条第3項（譲渡制限の意思表示がされた債権が預貯金債権の場合にあっては、前条第1項）の規定を適用する。

（債権の譲渡の対抗要件）

改正第467条　債権の譲渡（現に発生していない債権の譲渡を含む。）は、譲渡人が債務者に通知をし、又は債務者が承諾をしなければ、債務者その他の第三者に対抗することができない。

95

❸ 債務者の抗弁

現行民法においては、債務者が異議をとどめないで債権譲渡の承諾をしたときは、譲渡人に対抗することができた事由があっても、これをもって譲受人には対抗することができないとされてきました（現行468条1項）。

しかし、債務者保護の観点から、民法改正により、対抗要件具備時までに譲渡人に対して生じた事由をもって譲受人に対抗することができるとされました（改正468条1項）。

債権者側としては、従前の実務から変更があるため注意が必要です。

◙ 新旧対照表 ◙

現行民法	改正民法
（指名債権の譲渡における債務者の抗弁） **第468条** 　債務者が異議をとどめないで前条の承諾をしたときは、譲渡人に対抗することができた事由があっても、これをもって譲受人に対抗することができない。	（債権の譲渡における債務者の抗弁） **第468条** 　債務者は、対抗要件具備時までに譲渡人に対して生じた事由をもって譲受人に対抗することができる。

96

第2章　改正民法による契約書への影響

第2節　共通項目

④　債権譲渡と相殺

　現行民法においては、債務者は、譲渡人から譲渡の通知を受けるまでに譲渡人に対して生じた事由をもって譲受人に対抗できると規定するにとどまり（現行468条2項）、対抗要件具備時よりも前に譲渡人に対する債権が発生している必要があるかどうか等、明確な規定は設けられていませんでした。

　改正民法では、債務者は対抗要件具備時より前に取得した譲渡人に対する債権であれば弁済期の先後を問わずに相殺できる旨規定されました（改正469条1項）。

　また、債務者が対抗要件具備時よりも後に取得した譲渡人に対する債権であっても、①対抗要件具備時より前の原因に基づいて生じた債権又は②譲受人の取得した債権の発生原因である契約に基づいて生じた債権については、同様に相殺が可能とされました（改正469条2項）。なお、債務者が対抗要件具備時より後に他人の債権を取得したときは相殺が認められない旨が別途明記されました（改正469条2項但書）。

（債権の譲渡における相殺権）

改正第469条　債務者は、対抗要件具備時より前に取得した譲渡人に対する債権による相殺をもって譲受人に対抗することができる。

2　債務者が対抗要件具備時より後に取得した譲渡人に対する債権であっても、その債権が次に掲げるものであるときは、前項と同様とする。ただし、債務者が対抗要件具備時より後に他人の債権を取得したときは、この限りでない。

　一　対抗要件具備時より前の原因に基づいて生じた債権

　二　前号に掲げるもののほか、譲受人の取得した債権の発生原因である契約に基づいて生じた債権

97

経過措置

　改正民法施行日前に、債権譲渡の原因である法律行為（売買、贈与等）された場合における債権譲渡については、現行民法が適用されます。

　一方で、改正民法施行日後に債権譲渡の原因である法律行為がされた場合における債権譲渡については、改正民法が適用されます。

契約上の地位の移転

　現行民法において、契約上の地位の移転に関する規定は存在しない一方で、契約上の地位の移転については、実務では頻繁に行われています。

　改正民法において、「契約の当事者の一方が第三者との間で契約上の地位を譲渡する旨の合意をした場合において、その契約の相手方がその譲渡を承諾したときは、契約上の地位は、その第三者に移転する。」（改正539条の2）と規定され、契約上の地位の移転に関する条文が追加されました。

　上記のとおり、譲渡する契約の相手方が承諾しない限り、契約上の地位は移転しないことに注意が必要です。なお、契約上の地位の移転がなされたときの効果については、明文の規定がありません。そのため、契約上の地位の移転後、譲渡人にはいかなる責任が残るのか等について、別途契約書を締結しておくとよいでしょう。

重要度 ★★☆

第2節 共通項目

第9項 遅延損害金（法定利率）

改正民法

遅延損害金の算定に使用される法定利率が、年５％の固定制から、年３％の変動制に変更されました。また、商事法定利率（年６％）の制度がなくなり、民法における法定利率へと統一されることとなりました。

◘〈本項目における解説事項〉◘

1 制度概要（適用される利率）
2 契約実務への影響

◘ 民事法定利率 ◘

民事法定利率	現行民法	改正民法
制　度	固定制	変動制
割　合	5％	当初3％

◘ 商事法定利率 ◘

商事法定利率	商　法	改正民法施行後
制　度	固定制	変動制
割　合	6％	当初3％

❶ 制度概要（適用される利率）

　現行民法においては、法定利率は年５％の固定制と規定されています（現行404条）。一方、商法514条においては、商事債権について年６％の固定制と規定されています。そのため、契約書上遅延損害金の算定方法を規定していない場合、民事法定利率５％又は商事法定利率６％のどちらを使用するかという点が問題になることがありました。

　一方で、改正民法に伴い、以下の２点が変更となります。

①　法定利率が年５％の固定制

　改正民法により、従前固定制であった民事法定利率が３年ごとの変動制に変更されるとともに、当初の利率が５％から３％に切り下げられることとなりました。

②　商事法定利率年６％

　従前、商法514条において、商事債権（商行為によって生じた債権）については法定利率６％と規定されていましたが、民法改正に伴い商法514条の規定は削除され、民事・商事にかかわりなく、改正民法における法定利率に統一されることとなりました（民法の一部を改正する法律の施行に伴う関係法律の整備等に関する法律３条）。

　以上により、民事法定利率又は商事法定利率のどちらを使用するかという争点から、変動制により、どの時点の民事法定利率を使用するかという争点にシフトすることとなります。

　当面の間は、現行民法における法定利率５％か改正民法における当初の法定利率３％か、どちらを使用するべきかという争点となります。将来的には、３年ごとの変動制により法定利率が変更された場合、どの時点の法定利率を使用するべきかという争点がでてくるものと考えられます。

2 契約実務への影響

(1) 遅延損害金の本来的意義

　遅延損害金は、本来、契約の履行期限までに履行をしなかった債務者に対するペナルティーとしての機能を有し、時間が経過するごとに遅延損害金として支払金額が増えていくという心理的な圧力を課すことで、債務者に対する弁済を促す効果を有するものでした。

　このため、遅延損害金の算定根拠となる利率が高ければ高いほど、上記効果は高まる一方で、利率が低くなれば、上記効果は弱まるものといえます。

(2) 契約当事者としての対応

　今回の民法改正にあたり、債権者の立場からは法定利率が低下することとなるため、望ましくない改正といえます。そのため、契約書において別途遅延損害金において使用する約定利率を別途設定する等の対応を検討する必要があるものといえます。

　一方で、債務者の立場からは、法定利率の低下により、遅延損害金の金額が減少するため、望ましい改正といえます。

改正民法においては、個人保証人の保護の観点から、極度額の設定等の個人根保証契約の要件がより厳格化され、情報提供義務も課せられることとなりました。また、一定の場合における個人保証について、公正証書の作成が義務付けられることとなりました。

適切に対応を行わなければ保証契約が無効になるリスクもあり、慎重な対応が求められるものといえます。

■〈本項目における解説事項〉■

1 個人根保証契約における改正（改正465条の2、3、4）
2 一定の場合の保証契約の要式契約化（改正465条の6）
3 情報提供義務の規定（改正465条の10、改正458条の2、3）

1 個人根保証契約における改正

(1) 極度額

平成16年の民法改正において、貸金等債務に関する根保証契約については、極度額の定めが義務付けられましたが、一方で、貸金等債務以外の根保証契約（例：不動産賃貸借契約にかかる連帯保証人の根保証契約等）については、極度額の設定は不要のままでした。一方で、貸金等債務以外の根保証契約においても、多額の保証債務等の履行を求められるケースが見受けられました。

第2章　改正民法による契約書への影響

第2節　共通項目

そこで、今回の民法改正において、貸金等債務の根保証契約にかかわらずすべての根保証契約に極度額を設定することを義務付けることとなりました（改正465条の2第2項）。

これにより、極度額を設定していない根保証契約はすべて無効となるため、注意が必要です。

(2)　元本の確定

個人根保証契約における主債務の元本は、以下の場合に確定されます。なお、貸金等債務に関する根保証の場合には、主債務者の破産手続開始決定等の場合にも主債務の元本が確定されるため注意が必要です（改正465条の3、4）。

◪ 主債務の元本が確定される場合 ◪

> ①　債権者が、保証人の財産について、金銭の支払を目的とする債権についての強制執行又は担保権の実行を申し立てたとき（強制執行又は担保権の実行の手続の開始があったときに限られる）。
> ②　保証人が破産手続開始の決定を受けたとき。
> ③　主たる債務者又は保証人が死亡したとき。

なお、元本確定期日（保証期間）について、貸金等債務の根保証契約については、原則として3年（最長5年）とされているのに対し、貸金等債務以外の根保証契約については、元本確定期日につき、改正民法上定めがありません。

保証人において、元本確定期日を設定し、保証期間を制限したい場合には、契約書において別途対応することが求められます。

◪ 平成16年民法改正 ◪

根保証契約の内容	貸金等債務含む	貸金等債務含まない
極度額	定め必要	定め不要

103

	定めあり	定めなし
元本確定事由	定めあり	定めなし
元本保証期日 （保証期間）	定めあり	定めなし

■ 今回の民法改正 ■

根保証契約の内容	貸金等債務含む	貸金等債務含まない
極度額	定め必要	定め必要
元本確定事由	定めあり	定めあり
元本保証期日 （保証期間）	定めあり	定めなし

　改正民法施行日前に締結された保証契約にかかる保証債務については、現行民法が適用されることに注意が必要です（附則21条）。

（個人根保証契約の保証人の責任等）

改正第465条の2　一定の範囲に属する不特定の債務を主たる債務とする保証契約（以下「根保証契約」という。）であって保証人が法人でないもの（以下「個人根保証契約」という。）の保証人は、主たる債務の元本、主たる債務に関する利息、違約金、損害賠償その他その債務に従たる全てのもの及びその保証債務について約定された違約金又は損害賠償の額について、その全部に係る極度額を限度として、その履行をする責任を負う。

2　個人根保証契約は、前項に規定する極度額を定めなければ、その効力を生じない。

（個人貸金等根保証契約の元本確定期日）

改正第465条の3　個人根保証契約であってその主たる債務の範囲に金銭の貸渡し又は手形の割引を受けることによって負担する債務（以下「貸金等債務」という。）が含まれるもの（以下「個人貸金等根保証契

約」という。）において主たる債務の元本の確定すべき期日（以下「元本確定期日」という。）の定めがある場合において、その元本確定期日がその個人貸金等根保証契約の締結の日から五年を経過する日より後の日と定められているときは、その元本確定期日の定めは、その効力を生じない。

2　個人貸金等根保証契約において元本確定期日の定めがない場合（前項の規定により元本確定期日の定めがその効力を生じない場合を含む。）には、その元本確定期日は、その個人貸金等根保証契約の締結の日から３年を経過する日とする。

3　個人貸金等根保証契約における元本確定期日の変更をする場合において、変更後の元本確定期日がその変更をした日から五年を経過する日より後の日となるときは、その元本確定期日の変更は、その効力を生じない。ただし、元本確定期日の前二箇月以内に元本確定期日の変更をする場合において、変更後の元本確定期日が変更前の元本確定期日から５年以内の日となるときは、この限りでない。

4　第446条第２項及び第３項の規定は、個人貸金等根保証契約における元本確定期日の定め及びその変更（その個人貸金等根保証契約の締結の日から３年以内の日を元本確定期日とする旨の定め及び元本確定期日より前の日を変更後の元本確定期日とする変更を除く。）について準用する。

（個人根保証契約の元本の確定事由）

改正第465条の４　次に掲げる場合には、個人根保証契約における主たる債務の元本は、確定する。ただし、第１号に掲げる場合にあっては、強制執行又は担保権の実行の手続の開始があったときに限る。

一　債権者が、保証人の財産について、金銭の支払を目的とする債権についての強制執行又は担保権の実行を申し立てたとき。

二　保証人が破産手続開始の決定を受けたとき。

三　主たる債務者又は保証人が死亡したとき。

2 　前項に規定する場合のほか、個人貸金等根保証契約における主たる
債務の元本は、次に掲げる場合にも確定する。ただし、第1号に掲げ
る場合にあっては、強制執行又は担保権の実行の手続の開始があった
ときに限る。
一 　債権者が、主たる債務者の財産について、金銭の支払を目的とす
る債権についての強制執行又は担保権の実行を申し立てたとき。
二 　主たる債務者が破産手続開始の決定を受けたとき。

❷ 　一定の場合の保証契約の要式契約化

　保証制度は、中小企業における融資等において、重要な役割を担う
ものではありますが、一方で、様々な事情により保証人となった者
が、想定外な事態により多額の保証債務の履行を求められるケースが
多く発生しているといえます。これらのケースにおいては、最悪の場
合、保証人が破産に追い込まれる等、重要な社会問題になっているも
のといえます。

　そこで、以下の場合において、保証契約締結に先立ち、当該締結日
の1ヶ月以内に公正証書を作成し、保証人となる者が保証債務を履行
する意思を表示しなければならないとされました（改正465条の6）。

① 　事業のために負担した貸金等債務を主たる債務とする保証契約
② 　主たる債務の範囲に事業のために負担する貸金等債務が含まれ
る根保証契約

（公正証書の作成と保証の効力）
改正第465条の6 　事業のために負担した貸金等債務を主たる債務とす
る保証契約又は主たる債務の範囲に事業のために負担する貸金等債務
が含まれる根保証契約は、その契約の締結に先立ち、その締結の日前

第2章　改正民法による契約書への影響
第2節　共通項目

> 1箇月以内に作成された公正証書で保証人になろうとする者が保証債務を履行する意思を表示していなければ、その効力を生じない。

公正証書の作成について

　保証意思宣明公正証書は、全国各地の公証役場において作成することができます（手数料は、1万1,000円程度とされています）。なお、保証契約書とは別物となりますので注意が必要です。2020年3月1日から、当該公正証書を作成することができますので、改正民法施行日より前に対応が可能です。

　保証人となろうとする者は、公証人に対して、各契約の類型に従い、以下の内容を口頭で伝えなければなりません（改正456条の6）。そのため、以下の内容については、事前に協議しておく必要があるといえるでしょう。

ア　事業のために負担した貸金等債務を主たる債務とする保証契約
　①　主たる債務の債権者及び債務者
　②　主たる債務の元本
　③　主たる債務に関する利息、違約金、損害賠償その他その債務に従たる全てのものの定めの有無及びその内容
　④　主たる債務者がその債務を履行しないときには、その債務の全額について履行する意思（保証人になろうとする者が主たる債務者と連帯して債務を負担しようとするものである場合には、債権者が主たる債務者に対して催告をしたかどうか、主たる債務者がその債務を履行することができるかどうか、又は他に保証人があるかどうかにかかわらず、その全額について履行する意思）を有していること。
イ　主たる債務の範囲に事業のために負担する貸金等債務が含まれる

107

根保証契約

① 主たる債務の債権者及び債務者

② 主たる債務の範囲

③ 根保証契約における極度額

④ 元本確定期日の定めの有無及びその内容

⑤ 主たる債務者がその債務を履行しないときには、極度額の限度において元本確定期日又は第四百六十五条の四第一項各号若しくは第二項各号に掲げる事由その他の元本を確定すべき事由が生ずる時までに生ずべき主たる債務の元本及び主たる債務に関する利息、違約金、損害賠償その他その債務に従たる全てのものの全額について履行する意思（保証人になろうとする者が主たる債務者と連帯して債務を負担しようとするものである場合には、債権者が主たる債務者に対して催告をしたかどうか、主たる債務者がその債務を履行することができるかどうか、又は他に保証人があるかどうかにかかわらず、その全額について履行する意思）を有していること。

　なお、代理人による嘱託は不可能とされており、保証人本人が出頭しなければなりません。公証人が保証債務を履行する意思を確認する際には、各保証人が後述の主債務者の財産状況等についての情報提供をどれだけ受けたかを確認し、保証人が各情報を踏まえて十分にリスクを認識しているかどうかを判断するものとされています。

　そのため、上記各項目について協議するのみならず、後述の情報提供の他、保証人が十分にリスクを判断できる状況にあるかどうかも検討する必要があります。

　一方で、保証人になろうとする者が以下の事由にあてはまる場合には、公正証書の作成は不要とされました。

第2章　改正民法による契約書への影響

第2節　共通項目

◨ 公正証書が作成不要とされる事由 ◨

① 主たる債務者が法人である場合のその理事、取締役、執行役又はこれら
　に準ずる者
② 主たる債務者が法人である場合の次に掲げる者
　イ　主たる債務者の総株主の議決権（株主総会において決議をすることが
　　できる事項の全部につき議決権を行使することができない株式について
　　の議決権を除く。以下この号において同じ。）の過半数を有する者
　ロ　主たる債務者の総株主の議決権の過半数を他の株式会社が有する場合
　　における当該他の株式会社の総株主の議決権の過半数を有する者
　ハ　主たる債務者の総株主の議決権の過半数を他の株式会社及び当該他の
　　株式会社の総株主の議決権の過半数を有する者が有する場合における当
　　該他の株式会社の総株主の議決権の過半数を有する者
　ニ　株式会社以外の法人が主たる債務者である場合におけるイ、ロ又はハ
　　に掲げる者に準ずる者
③ 主たる債務者（法人であるものを除く。以下この号において同じ。）と
　共同して事業を行う者又は主たる債務者が行う事業に現に従事している主
　たる債務者の配偶者

❸　情報提供義務の規定

　保証人は、保証契約を締結するリスクを十分に把握しないまま契約
締結を行っているケースが多く見受けられます。しかし、当該リスク
をヘッジする手段は、現行民法において規定されていません。そこ
で、改正民法においては、保証人の保護の観点から、以下の3つの場
面において情報提供を行う義務が定められました。

① 契約締結時（改正465条の10）
② 保証人からの請求があったとき（改正458条の2）
③ 主債務者が期限の利益を喪失したとき（改正458条の3）

これら①〜③の内容をまとめると以下のとおりとなります。

■ 情報提供を行う義務 ■

提供場面	①契約締結時^(＊1)	②保証人からの請求^(＊2)	③期限の利益喪失時^(＊3)
適用条文	改正465条の10	改正458条の2	改正458条の3
情報提供義務者	主債務者	債権者	債権者
情報提供先	保証人（ただし法人の場合を除く）	保証人	保証人（ただし法人の場合を除く）
提供すべき情報	① 財産及び収支の状況 ② 主たる債務以外に負担している債務の有無並びにその額及び履行状況 ③ 主たる債務の担保として他に提供し、又は提供しようとするものがあるときは、その旨及びその内容	① 主たる債務の元本及び主たる債務に関する利息、違約金、損害賠償その他その債務に従たる全てのものについての不履行の有無 ② これらの残額 ③ そのうち弁済期が到来しているものの額に関する情報	主債務者が期限の利益を喪失したこと
提供する時期	契約締結時^(＊4)	保証人からの請求後、遅滞なく	期限の利益を知った時から2ヶ月以内
義務違反	取り消すことができる^(＊5)	債務不履行となる	遅延損害金の請求ができない^(＊6)

（＊1） 主たる債務者が、保証人に対し、①事業のために負担する債務を主たる債務とする保証又は②主たる債務の範囲に事業のために負担する債務が含まれる根保証の委託をするケース

（＊2） 保証人が主たる債務者の委託を受けて保証をしたケース

（＊3） 主たる債務者が期限の利益を有するケース（なお、上記（＊1）（＊2）とは異なり、委託を受けていないケースでも可能となる）

（＊4） 上記のとおり、保証契約締結前において、公証役場にて意思確認を行う際に、情報提供の有無についても確認されるため、少なくとも公証役場にて保証意思宣明公正証書を作成する時点においては、情報提供を行う必要がある。

（＊5） 主たる債務者が上記情報を提供せず、又は事実と異なる情報を提供したために委託を受けた者がその事項について誤認をし、それによって保証契約の申込み又はその承諾の意思表示をした場合において、主たる債務者がその事項に関して情報を提供せず又は事実と異なる情報を提供したことを債権者が知り又は知ることができたときは、保証人は、保証契約を取り消

すことができる（改正465条の10第２項）。

（＊６）　債権者は、保証人に対し、主たる債務者が期限の利益を喪失した時から上記通知を現にするまでに生じた遅延損害金（期限の利益を喪失しなかったとしても生ずべきものを除く。）に係る保証債務の履行を請求することができない（改正458条の３第２項）

（契約締結時の情報の提供義務）

改正第465条の10　主たる債務者は、事業のために負担する債務を主たる債務とする保証又は主たる債務の範囲に事業のために負担する債務が含まれる根保証の委託をするときは、委託を受ける者に対し、次に掲げる事項に関する情報を提供しなければならない。

一　財産及び収支の状況

二　主たる債務以外に負担している債務の有無並びにその額及び履行状況

三　主たる債務の担保として他に提供し、又は提供しようとするものがあるときは、その旨及びその内容

２　主たる債務者が前項各号に掲げる事項に関して情報を提供せず、又は事実と異なる情報を提供したために委託を受けた者がその事項について誤認をし、それによって保証契約の申込み又はその承諾の意思表示をした場合において、主たる債務者がその事項に関して情報を提供せず又は事実と異なる情報を提供したことを債権者が知り又は知ることができたときは、保証人は、保証契約を取り消すことができる。

３　前二項の規定は、保証をする者が法人である場合には、適用しない。

（主たる債務の履行状況に関する情報の提供義務）

改正第458条の２　保証人が主たる債務者の委託を受けて保証をした場合において、保証人の請求があったときは、債権者は、保証人に対し、遅滞なく、主たる債務の元本及び主たる債務に関する利息、違約金、損害賠償その他その債務に従たる全てのものについての不履行の有無並びにこれらの残額及びそのうち弁済期が到来しているものの額に関する情報を提供しなければならない。

111

（主たる債務者が期限の利益を喪失した場合における情報の提供義務）
改正第458条の3　主たる債務者が期限の利益を有する場合において、その利益を喪失したときは、債権者は、保証人に対し、その利益の喪失を知った時から2箇月以内に、その旨を通知しなければならない。
2　前項の期間内に同項の通知をしなかったときは、債権者は、保証人に対し、主たる債務者が期限の利益を喪失した時から同項の通知を現にするまでに生じた遅延損害金（期限の利益を喪失しなかったとしても生ずべきものを除く。）に係る保証債務の履行を請求することができない。
3　前二項の規定は、保証人が法人である場合には、適用しない。

連帯保証と民法改正

　保証契約においては、連帯保証を選択する場合も多いでしょう。連帯保証とは、保証人と主債務者が連帯して債務を負担する旨の保証となります。改正民法において、連帯保証に関する大きな変更がありました。現行民法においては、連帯保証人に対する履行の請求については絶対的効力を有し、主債務者に対しても効力を有していましたが、改正民法においては、相対的効力となり、主債務者に対する効力がなくなります（改正458条、441条）。
　従前においては、連帯保証人に対して履行の請求さえしておけば、主債務者に対しても時効中断等の効力が生じていましたが、改正民法施行後は、主債務者に対してこのような効力を及ぼすことができなくなります。
　このため、改正民法施行後、連帯保証契約を締結する場合には、債権の管理には十分に注意すべきといえるでしょう。

重要度 ★☆☆

第2節 共通項目

第11項 債務者の責任保全のための制度

改正民法

債務者の責任財産を保全するための制度として、民法上、債権者代位権や詐害行為取消権が存在します。契約書の修正に直接影響を与えるものではありませんが、各制度が以下のとおり改正されました。

まず、債権者代位権については、債権者が債務者の財産管理に関与する例外的な制度であるにもかかわらず、現行423条においては骨格を定めるのみで、具体的なルールについては判例によって形成されていました。改正民法において、これらの具体的なルールについて、債務者等の利益にも考慮し、ルールの明確化を図るため、各種規定が明文化されました。

次に、詐害行為取消権についても、債権者が債務者の行った行為の取消しを裁判所に請求するという極めて複雑な利害調整を要する例外的な制度であるにもかかわらず、現行424条～426条のたった３か条のみで規定するのみで、具体的なルールは判例によって形成されていました。改正民法において、これらの具体的なルールについて、関連当事者の利益にも考慮しつつ、ルールの明確化を図るため、各種規定が明文化されました。

以上のとおり、従前の判例を明文化したものがほとんどであり、また契約実務にも影響を与えるものでもないことから、基本的な変更点を軽く確認するにとどめます。

◻〈本項目における解説事項〉◻

1 債権者代位権（要件等／行使方法）（改正423条、改正423条の２、３）

> **2** 詐害行為取消権（要件等／行使方法）（改正424条、改正424条の5、8、9）

1 債権者代位権

(1) 債権者代位権の要件等

ア）保全の必要性

債権者代位制度は責任財産保全の制度であるため、債権者代位権の行使については、債務者の責任財産が十分でなくなる等債権を保全する必要がある場合に限り認められるものと解されていました。そこで、改正民法においては、「債権者は、自己の債権を保全するため必要があるとき」と規定し、保全の必要性を債権者代位の要件として明文化しました（改正423条1項）。

イ）差押禁止債権に対する取扱い

債権者代位制度は責任財産保全の制度であり、責任財産に含まれない差押禁止債権については、債権者代位権を行使することはできないものと解されていました。このため、差押禁止債権について、債権者代位権の行使ができない旨が明文化されました（改正423条1項）。

ウ）強制執行により実現することのできない債権

債権者代位制度は責任財産保全の制度であり、強制執行により実現することのできない債権については、債権者代位権を行使することはできないものと解されていました。このため、強制執行により実現することのできない債権について、債権者代位権の行使ができない旨が明文化されました（改正423条3項）。

■ 新旧対照表 ■

現行民法	改正民法
（債権者代位権）	（債権者代位権の要件）
第423条　債権者は、自己の債権を	**第423条**　債権者は、自己の債権を

保全するため、債務者に属する権利を行使することができる。ただし、債務者の一身に専属する権利は、この限りでない。 2　債権者は、その債権の期限が到来しない間は、裁判上の代位によらなければ、前項の権利を行使することができない。ただし、保存行為は、この限りでない。	保全するため必要があるときは、債務者に属する権利（以下「被代位権利」という。）を行使することができる。ただし、債務者の一身に専属する権利及び差押えを禁じられた権利は、この限りでない。 2　債権者は、その債権の期限が到来しない間は、被代位権利を行使することができない。ただし、保存行為は、この限りでない。 3　債権者は、その債権が強制執行により実現することのできないものであるときは、被代位権利を行使することができない。

(2)　債権者代位権の行使方法

ア）裁判上の代位制度の廃止

　　現行民法においては、債権の期限が未到来の場合でも、裁判上の代位制度を利用すれば債権者代位権を行使することができるとされていました。しかし、実際に裁判上の代位制度を利用されることはほとんどなく、民事保全制度で足りることから、改正民法においては裁判上の代位制度が廃止されました（改正423条2項）。

イ）代位行使の範囲

　　現行民法においては、債権者代位権の行使が可能な範囲が明文の規定はありませんでした。

　　判例（最判昭和44年6月24日）においては、債権者代位権自体は債権者の債権を保全するために認められた制度である点に鑑み、行使し得る範囲は債権の保全に必要な限度に限られるとされていました。

改正民法においては、この点を明文化し、債権者が被代位権利を行使する場合においては、自己の債権の額の限度においてのみ、被代位権利を行使することができる旨が規定されました（改正423条の2）。

（代位行使の範囲）

改正第423条の2　債権者は、被代位権利を行使する場合において、被代位権利の目的が可分であるときは、自己の債権の額の限度においてのみ、被代位権利を行使することができる。

ウ）債権者への直接の支払又は引渡し

　債権者が第三債務者に対して債務者が有する金銭債権を代位行使する場合において、判例上（大判昭和10年3月12日）、債権者は第三債務者に対し、自らに金銭を直接支払うよう請求することができるものとされていました。

　改正民法においては、当該判例に従い、被代位権利が金銭の支払又は動産の引渡しを目的とするものであるときは、相手方に対して、直接その支払又は引渡しを自己に対して行うよう求めることができるものと規定されました（改正423条の3）。一方で、この場合には、債権者に対して相手方からその支払又は引渡しがなされたときは、被代位権利（債務者の債権）は消滅するものとされています（改正423条の3）。なお、上記判例においては、第三者から直接金銭の支払を受けた債権者が、当該金銭債権の返還債務と自己の債務者に対する債権とを相殺することができるとされており、学説からの批判も多くありました。しかし、実際に債権回収に役立っているという現状を踏まえ、このような処理を禁止するような規定が改正民法に存在していない点は非常に重要です。

> （債権者への支払又は引渡し）
>
> **改正第423条の3**　債権者は、被代位権利を行使する場合において、被
> 代位権利が金銭の支払又は動産の引渡しを目的とするものであるとき
> は、相手方に対し、その支払又は引渡しを自己に対してすることを求
> めることができる。この場合において、相手方が債権者に対してその
> 支払又は引渡しをしたときは、被代位権利は、これによって消滅する。

❷　詐害行為取消権

（1）　詐害行為取消権の要件等

ア）対象となる行為の範囲

　　　現行民法においては、債務者が債権者を害することを知ってし
た「法律行為」が詐害行為取消権の対象とされていましたが、判
例（最判昭和33年9月26日）上は、弁済等の行為も詐害行為取消
権の対象として取り扱われていました。

　　　そこで、改正民法においては、上記判例の趣旨に鑑み、「法律
行為」という文言を「行為」と変更した上で、「法律行為」以外
の「行為」についても詐害行為取消権の対象となるものと規定さ
れました（改正424条1項）。

イ）被保全債権の対象範囲

　　　改正民法において、債権者は、自身の債権が債務者の詐害行為
の前の原因に基づいて生じたものである場合に限り、詐害行為取
消請求をすることができる旨が規定されました（改正424条3項）。
これは、債権者が、自身の債権の発生前の行為にまで介入するこ
とは行き過ぎと考えられたためです。

ウ）被保全債権の内容

　　　詐害行為取消権は、責任財産保全の制度であり、強制執行によ
り実現することのできない債権に基づいて詐害行為取消権を行使

することはできないものと解されていました。このため、強制執行により実現することのできない債権に基づき詐害行為取消請求をすることができない旨が明文化されました（改正424条4項）。

■ 新旧対照表 ■

現行民法	改正民法
（詐害行為取消権）	（詐害行為取消請求）
第424条　債権者は、債務者が債権者を害することを知ってした<u>法律行為</u>の取消しを裁判所に請求することができる。ただし、その行為によって利益を受けた者又は転得者がその行為又は転得の時において債権者を害すべき事実を知らなかったときは、この限りでない。	第424条　債権者は、債務者が債権者を害することを知ってした行為の取消しを裁判所に請求することができる。ただし、その行為によって利益を受けた者（以下この款において「受益者」という。）がその行為の時において債権者を害することを知らなかったときは、この限りでない。
2　前項の規定は、財産権を目的としない<u>法律行為</u>については、適用しない。	2　前項の規定は、財産権を目的としない行為については、適用しない。
	3　債権者は、その債権が第一項に規定する行為の前の原因に基づいて生じたものである場合に限り、同項の規定による請求（以下「詐害行為取消請求」という。）をすることができる。
	4　債権者は、その債権が強制執行により実現することのできないものであるときは、詐害行為取消請求をすることができない。

118

第2章　改正民法による契約書への影響

第2節　共通項目

エ）転得者に対する詐害行為取消請求

　　改正民法においては、転得者に対して詐害行為取消請求を行う場合、①受益者に対して詐害行為取消請求をすることができること、②当該転得者が転得の当時に債務者がした行為が債権者を害することを知っていたこと（当該転得者が他の転得者から転得した場合には、当該転得者及びその前の全転得者がそれぞれ転得の当時に債務者がした行為が債権者を害することを知っていたこと）が必要となる点に注意が必要です。

（転得者に対する詐害行為取消請求）

改正第424条の5　債権者は、受益者に対して詐害行為取消請求をすることができる場合において、受益者に移転した財産を転得した者があるときは、次の各号に掲げる区分に応じ、それぞれ当該各号に定める場合に限り、その転得者に対しても、詐害行為取消請求をすることができる。

一　その転得者が受益者から転得した者である場合　その転得者が、転得の当時、債務者がした行為が債権者を害することを知っていたとき。

二　その転得者が他の転得者から転得した者である場合　その転得者及びその前に転得した全ての転得者が、それぞれの転得の当時、債務者がした行為が債権者を害することを知っていたとき。

---

(2)　詐害行為取消権の行使方法

ア）詐害行為取消権行使の範囲

　　現行民法においては、詐害行為取消権の行使が可能な範囲が明文の規定はありませんでした。

　　判例（大判明治36年12月7日）に鑑み、詐害行為の対象となる行為の目的が可分であるときは、自己の債権の額の限度においてのみ、その行為の取消しを請求することができる旨が規定されま

した（改正424条の8第1項）。

（詐害行為の取消しの範囲）

改正第424条の8　債権者は、詐害行為取消請求をする場合において、債務者がした行為の目的が可分であるときは、自己の債権の額の限度においてのみ、その行為の取消しを請求することができる。

イ）債権者への支払又は引渡し

　改正民法においては、判例（大判大正10年6月18日等）を踏まえ、受益者又は転得者に対して財産の返還を請求する場合において、その返還の請求が金銭の支払又は動産の引渡しを求めるものであるときは、受益者に対してその支払又は引渡しを、転得者に対してその引渡しを、自己に対してすることを求めることができることとしました（改正424条の9）。また、この場合において、受益者又は転得者は、債権者に対して金銭の支払又は動産の引渡しをしたときは、債務者に対してその支払又は引渡しをすることを要しない旨規定されました（改正424条の9）。

（債権者への支払又は引渡し）

改正第424条の9　債権者は、第424条の6第1項前段又は第2項前段の規定により受益者又は転得者に対して財産の返還を請求する場合において、その返還の請求が金銭の支払又は動産の引渡しを求めるものであるときは、受益者に対してその支払又は引渡しを、転得者に対してその引渡しを、自己に対してすることを求めることができる。この場合において、受益者又は転得者は、債権者に対してその支払又は引渡しをしたときは、債務者に対してその支払又は引渡しをすることを要しない。

120

| 第2節 | 共通項目 | 重要度 ★★★ |

第12項　定型約款

改正民法

　現代社会においては、迅速かつ大量に取引を行うため、約款を用いられるケースが非常に多いものといえます。しかし、現行民法においては、約款に関する規定が存在せず、解釈によって対応せざるを得ない状況でしたが、確立した解釈が存在するわけでもなく、法的には不安定な状況でした。

　そこで、今回の民法改正において、定型約款に関する規定が新設されることとなりました。

■〈本項目における解説事項〉■

■ 定型約款の定義（改正548条の2）
■ 定型約款と契約内容（改正548条の2）
■ 定型約款の変更（改正548条の4）

■ 定型約款の定義

　契約実務等で「約款」という用語は多く使用されていますが、その意味内容への理解については、千差万別です。「約款」という用語を一義的に定義し、一括して規律することは難しいといわざるを得ません。

　民法改正における当初の審議では、あらゆる約款に適用される規定を新設するという議論もありましたが、反対意見も強かったことか

121

ら、以下のような要件を満たしたものを「定型約款」として定義し、定型約款のみを規律することとなりました。

定型約款は、改正民法上、以下のように定義されています。

「定型取引において、契約の内容とすることを目的としてその特定の者により準備された条項の総体をいう」（改正548条の２第１項）。

一方で、定型取引とは、「ある特定の者が不特定多数の者を相手方として行う取引であって、その内容の全部又は一部が画一的であることがその双方にとって合理的なものをいう」（改正548条の２第１項）と定義されています。

定型約款についてまとめると、以下のとおりとなります。

◼ 定型約款 ◼

> ① ある特定の者が、不特定多数を相手方とする取引
> ② 取引内容の全部又は一部が画一的であることが双方にとって合理的
> ③ 取引契約の内容とすることを目的としてその特定の者により準備された条項の総体

具体例としては、鉄道、バス等の交通機関の運送約款、保険約款、インターネットサービスの利用規約等があげられます。

（定型約款の合意）

改正第548条の２ 定型取引（ある特定の者が不特定多数の者を相手方として行う取引であって、その内容の全部又は一部が画一的であることがその双方にとって合理的なものをいう。以下同じ。）を行うことの合意（次条において「定型取引合意」という。）をした者は、次に掲げる場合には、定型約款（定型取引において、契約の内容とすることを目的としてその特定の者により準備された条項の総体をいう。以下同じ。）の個別の条項についても合意をしたものとみなす。

第2章　改正民法による契約書への影響

第2節　共通項目

❷ 定型約款と契約内容

(1) みなし合意

　本来、民法の原則においては、契約当事者は、その契約内容を認識していなければ契約に拘束されることはありません。しかし、「定型約款」に該当する約款については、以下の要件を満たす場合には、定型約款の個別の条項について認識していなかったとしても、定型約款の個別の条項に合意したものとみなされることとなりました（改正548条の2第1項）。

　　① 定型約款を契約の内容とする旨の合意をしたとき
　　② 定型約款を準備した者（以下「定型約款準備者」という。）があらかじめその定型約款を契約の内容とする旨を相手方に表示していたとき

　なお、相手方への「表示」が難しい取引類型については、別途各業法による手当がなされることとなりました。

(2) 不当条項の取扱い

　上記のとおり、一定の条件を満たすことで定型約款についてはみなし合意が成立し、すべての条項について拘束力が生ずることとなります。しかし、一方的な不利益条項が存在する場合にまで契約の拘束力を認めてしまうこととなると、大きな問題となります。

　そこで、改正民法においては、以下のような不当条項が定型約款に含まれている場合には、当該条項についてはみなし合意が成立しないものと規定しました（改正548条の2第2項）。なお、消費者契約法10条の判断と本不当条項の判断は必ずしも一致しないものと解されており、注意が必要です[1]。

1　法制審議会民法（債権関係）部会第98回会議の部会資料86-2「民法（債権関係）の改正に関する要綱案の原案（その2）補充説明」4頁

123

◘ 不当条項 ◘

> ① 相手方の権利を制限し又は相手方の義務を加重する条項
> ② 定型取引の態様及びその実情並びに取引上の社会通念に照らして、信義則に反して相手方の利益を一方的に害すると認められるもの

（定型約款の合意）

改正第548条の2 定型取引（ある特定の者が不特定多数の者を相手方として行う取引であって、その内容の全部又は一部が画一的であることがその双方にとって合理的なものをいう。以下同じ。）を行うことの合意（次条において「定型取引合意」という。）をした者は、次に掲げる場合には、定型約款（定型取引において、契約の内容とすることを目的としてその特定の者により準備された条項の総体をいう。以下同じ。）の個別の条項についても合意をしたものとみなす。

一 定型約款を契約の内容とする旨の合意をしたとき。

二 定型約款を準備した者（以下「定型約款準備者」という。）があらかじめその定型約款を契約の内容とする旨を相手方に表示していたとき。

2 前項の規定にかかわらず、同項の条項のうち、相手方の権利を制限し、又は相手方の義務を加重する条項であって、その定型取引の態様及びその実情並びに取引上の社会通念に照らして第1条第2項に規定する基本原則に反して相手方の利益を一方的に害すると認められるものについては、合意をしなかったものとみなす。

❸ 定型約款の変更

　約款は、長期間継続する取引に適用されることも多く、法令の変更や経済環境等の変化により、定型約款の内容を変更する必要が生ずる場合があります。

　本来であれば、民法の原則に則り、契約内容を事後的に変更するた

めには、個別に各相手方当事者から承諾を得る必要があります。しかし、多数の相手方と個別に契約内容変更の合意を取ることは現実的ではありません。

そこで、改正民法においては、以下の場合においては、個別に相手方と合意をすることなく、契約の内容を変更することができることとされました（改正548条の４第１項）。なお、手続的要件として、定型約款準備者は、定型約款の変更をするときは、その効力発生時期を定め、かつ、定型約款を変更する旨及び変更後の定型約款の内容並びにその効力発生時期をインターネットの利用その他の適切な方法により周知しなければならず（改正548条の４第２項）、かつ下記②の要件に基づく変更の場合には、効力発生時期が到来するまで周知を行わなければならないものとされています（改正548条の４第３項）。

◼ 個別に合意することなく契約内容を変更できるとき ◼

> ① 定型約款の変更が、相手方の一般の利益に適合するとき
>   又は
> ② 定型約款の変更が、契約をした目的に反せず、かつ、変更の必要性、変更後の内容の相当性、この条の規定により定型約款の変更をすることがある旨の定めの有無及びその内容その他の変更に係る事情に照らして合理的なものであるとき

（定型約款の変更）

改正第548条の４ 定型約款準備者は、次に掲げる場合には、定型約款の変更をすることにより、変更後の定型約款の条項について合意があったものとみなし、個別に相手方と合意をすることなく契約の内容を変更することができる。

一 定型約款の変更が、相手方の一般の利益に適合するとき。

二 定型約款の変更が、契約をした目的に反せず、かつ、変更の必要性、変更後の内容の相当性、この条の規定により定型約款の変更をすることがある旨の定めの有無及びその内容その他の変更に係る事

情に照らして合理的なものであるとき。

2　定型約款準備者は、前項の規定による定型約款の変更をするときは、その効力発生時期を定め、かつ、定型約款を変更する旨及び変更後の定型約款の内容並びにその効力発生時期をインターネットの利用その他の適切な方法により周知しなければならない。

3　第1項第2号の規定による定型約款の変更は、前項の効力発生時期が到来するまでに同項の規定による周知をしなければ、その効力を生じない。

4　第548条の2第2項の規定は、第1項の規定による定型約款の変更については、適用しない。

| 第2節 | 共通項目 | 重要度 ★★☆ |

第13項 債務引受

改正民法

　債務引受とは、債務者が負っている債務を、契約によって引受人が負担することとする制度をいいます。従前の判例・学説において、債務引受は、①引受人が債務を負担した後、元々の債務者も債務を負担する「併存的債務引受」、②引受人が債務を負担した後、元々の債務者がその債務を免責される「免責的債務引受」の２種類に分類されていましたが、現行民法においては明文の規定が設けられていませんでした。

　そこで、従前の判例や学説等を踏襲する形で、改正民法において、併存的債務引受、免責的債務引受に関する明文の規定が新設されました。

■〈本項目における解説事項〉■

1 併存的債務引受（改正470条、改正471条）
2 免責的債務引受（改正472条、改正472条の２、３、４）

1 併存的債務引受

　まず、併存的債務引受は、以下の場合に成立するものとされています。

127

① 債権者と引受人との間における契約（改正470条2項）
② 債務者と引受人との間における契約＋引受人に対する債権者の承諾（改正470条3項）（引受人に対する債権者の承諾が、効力発生条件）

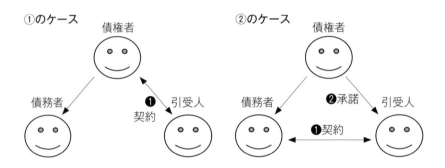

　次に、併存的債務引受が成立した場合、引受人は、債務者と連帯して、債務者が債権者に対して負担する債務と同一の内容の債務を負担することとなります（改正470条1項）。

　なお、従前においては、引受人から債務者に対し求償が認められるかどうか争いがありましたが、上記のとおり引受人は債務者と連帯して債務を負うこととなったことから、連帯債務の規定に従い、一定の範囲で求償が認められることとなりました。

　また、引受人は、上記のとおり債務者と同一の内容の債務を負担していることから、債務者が主張することができた抗弁をもって債権者に対抗することができることとされました（改正471条1項）。一方で、債務者が債権者に対して取消権や解除権を有するときは、債務者が取消権等の行使によって債務者が免れられる限度において、債権者に対する債務の履行を拒むことができる旨が明文化されました（改正471条2項）。

（併存的債務引受の要件及び効果）

改正第470条 併存的債務引受の引受人は、債務者と連帯して、債務者が債権者に対して負担する債務と同一の内容の債務を負担する。

2 併存的債務引受は、債権者と引受人となる者との契約によってすることができる。

3 併存的債務引受は、債務者と引受人となる者との契約によってもすることができる。この場合において、併存的債務引受は、債権者が引受人となる者に対して承諾をした時に、その効力を生ずる。

4 前項の規定によってする併存的債務引受は、第三者のためにする契約に関する規定に従う。

（併存的債務引受における引受人の抗弁等）

改正第471条 引受人は、併存的債務引受により負担した自己の債務について、その効力が生じた時に債務者が主張することができた抗弁をもって債権者に対抗することができる。

2 債務者が債権者に対して取消権又は解除権を有するときは、引受人は、これらの権利の行使によって債務者がその債務を免れるべき限度において、債権者に対して債務の履行を拒むことができる。

② 免責的債務引受

まず、免責的債務引受は以下の場合に成立するものとされています。

① 債権者と引受人との間における契約＋債務者に対する債権者の通知（改正472条2項）

（債務者に対する債権者の通知は、効力発生要件）

② 債務者と引受人との間における契約＋引受人に対する債権者の承諾（改正472条3項）

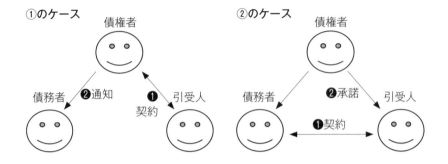

　次に、免責的債務引受が成立した場合、引受人は、債務者が債権者に対して負担する債務と同一の内容の債務を負担するとともに、債務者は自己の債務を免れることとなります（改正472条1項）。なお、債務者は自己の債務を免れることとなるため、引受人から債務者に対する求償権は認められません（改正472条の3）。

　また、引受人が債務者と同様の抗弁を利用できる点は、併存的債務引受と同様です（改正472条の2）。

　なお、元の債務に対して設定されていた担保権等については、引受人以外が担保権設定者である場合には担保権設定者の同意がない限り担保権等が消滅する点に注意が必要です（改正472条の4）。

（免責的債務引受の要件及び効果）

改正第472条　免責的債務引受の引受人は債務者が債権者に対して負担する債務と同一の内容の債務を負担し、債務者は自己の債務を免れる。

2　免責的債務引受は、債権者と引受人となる者との契約によってすることができる。この場合において、免責的債務引受は、債権者が債務者に対してその契約をした旨を通知した時に、その効力を生ずる。

3　免責的債務引受は、債務者と引受人となる者が契約をし、債権者が引受人となる者に対して承諾をすることによってもすることができる。

第2章　改正民法による契約書への影響

第2節　共通項目

（免責的債務引受における引受人の抗弁等）

改正第472条の2　引受人は、免責的債務引受により負担した自己の債務について、その効力が生じた時に債務者が主張することができた抗弁をもって債権者に対抗することができる。

2　債務者が債権者に対して取消権又は解除権を有するときは、引受人は、免責的債務引受がなければこれらの権利の行使によって債務者がその債務を免れることができた限度において、債権者に対して債務の履行を拒むことができる。

（免責的債務引受における引受人の求償権）

改正第472条の3　免責的債務引受の引受人は、債務者に対して求償権を取得しない。

（免責的債務引受による担保の移転）

改正第472条の4　債権者は、第472条第1項の規定により債務者が免れる債務の担保として設定された担保権を引受人が負担する債務に移すことができる。ただし、引受人以外の者がこれを設定した場合には、その承諾を得なければならない。

2　前項の規定による担保権の移転は、あらかじめ又は同時に引受人に対してする意思表示によってしなければならない。

3　前二項の規定は、第472条第1項の規定により債務者が免れる債務の保証をした者があるときについて準用する。

4　前項の場合において、同項において準用する第1項の承諾は、書面でしなければ、その効力を生じない。

5　前項の承諾がその内容を記録した電磁的記録によってされたときは、その承諾は、書面によってされたものとみなして、同項の規定を適用する。

131

| 第2節 | 共通項目 | 重要度 ★☆☆ |

第14項 相殺禁止

改正民法

　相殺とは、債権者と債務者が互いに同種の債権・債務を有している場合に、その債権と債務を対当額によって消滅させる一方的意思表示であり、債権消滅原因の１つとされています。

　民法改正により、相殺禁止の意思表示や不法行為により生じた債権を受働債権とする相殺の禁止等の改正がなされましたが、従前の判例法理を明文化したものが多く、実務への影響は少ないといえるでしょう。

■ 〈本項目における解説事項〉 ■

❶　相殺禁止の意思表示（改正505条）
❷　不法行為により生じた債権を受働債権とする相殺の禁止（改正509条）

❶　相殺禁止の意思表示

　改正民法において、債権譲渡において譲渡制限特約に関する改正が生じたことに鑑み（91頁参照）、同趣旨の本条項も同様に改正されました。

　そのため、改正民法施行後、たとえ契約当事者が相殺の禁止又は制限する意思表示をしていたとしても、（債権の譲受人等の）第三者が当該意思表示につき悪意又は重過失でない限り、相殺は可能となる点に注意が必要です。

第2章　改正民法による契約書への影響
第2節　共通項目

■ 新旧対照表 ■

現行民法	改正民法
（相殺の要件等）	（相殺の要件等）
第505条　二人が互いに同種の目的を有する債務を負担する場合において、双方の債務が弁済期にあるときは、各債務者は、その対当額について相殺によってその債務を免れることができる。ただし、債務の性質がこれを許さないときは、この限りでない。	第505条　二人が互いに同種の目的を有する債務を負担する場合において、双方の債務が弁済期にあるときは、各債務者は、その対当額について相殺によってその債務を免れることができる。ただし、債務の性質がこれを許さないときは、この限りでない。
2　前項の規定は、<u>当事者が反対の意思を表示した場合には、適用しない。ただし、その意思表示は、善意の第三者に対抗することができない。</u>	2　前項の規定にかかわらず、<u>当事者が相殺を禁止し、又は制限する旨の意思表示をした場合には、その意思表示は、第三者がこれを知り、又は重大な過失によって知らなかったときに限り、その第三者に対抗することができる。</u>

❷　不法行為により生じた債権を受働債権とする相殺の禁止

　現行民法において、不法行為によって生じた債権を受働債権とする相殺を禁止した趣旨は、①現実の弁償による被害者保護、②不法行為の誘発防止の2点にあります。しかし、相互に不法行為により生じた債権を有している場合に、一方が無資力であった場合には、もう一方は相殺を行うことができず、不合理な結果となりかねません。

　そこで、改正民法においては、上記趣旨に照らし、以下の債務に限定して相殺の禁止を行うこととなりました（改正509条）。

◪ 相殺禁止を行う債務 ◪

① 悪意による不法行為に基づく損害賠償の債務
② 人の生命又は身体の侵害による損害賠償の債務（前号に掲げるものを除く）

なお、債権者が債権を他人から譲り受けた場合には、上記趣旨が該当しないため、別途相殺を行うことが可能となっている点に注意が必要です（改正509条但書）。

◪ 新旧対照表 ◪

現行民法	改正民法
（不法行為により生じた債権を受働債権とする相殺の禁止）	（不法行為等により生じた債権を受働債権とする相殺の禁止）
第509条　債務が不法行為によって生じたときは、その債務者は、相殺をもって債権者に対抗することができない。	第509条　次に掲げる債務の債務者は、相殺をもって債権者に対抗することができない。ただし、その債権者がその債務に係る債権を他人から譲り受けたときは、この限りでない。 一　悪意による不法行為に基づく損害賠償の債務 二　人の生命又は身体の侵害による損害賠償の債務（前号に掲げるものを除く。）

| 第3節 | 各契約類型 | 重要度 ★★★ |

第1項 消費貸借契約

改正民法

第3節では、契約類型における民法改正による影響を解説します。

消費貸借契約特有の改正事項として、まず諾成的消費貸借契約が明文化されました（改正587条の2第1項）。また、目的物引渡し前の借主の解除権が認められました（改正587条の2第2項）。さらに、借主の期限前弁済が認められる一方で、貸主の損害賠償請求権も規定されました（改正591条2、3項）。

■ 本項目における解説事項 ■

1 諾成的消費貸借契約の明文化（改正587条の2）
2 目的物引き渡し前の借主の解除権（改正587条の2）
3 借主の期限前弁済と損害賠償（改正591条）

1 諾成的消費貸借契約の明文化

現行民法において、消費貸借契約は要物契約とされ、仮に金銭消費貸借契約について合意したとしても、実際に金銭等の交付がなされるまで契約は成立しないものとされていました。

一方で、判例実務においては、合意のみによる消費貸借契約（諾成的消費貸借契約）が認められてきましたが、不安定な運用となっていました。

そこで、今回の民法改正においては、従前判例上認められてきた諾

135

成的消費貸借契約がはじめて明文化されました。なお、消費貸借契約自体は原則として要物契約であること自体は変更ありません。

諾成的消費貸借契約については、口頭での契約を認めず、契約書等の「書面」をもって行うことが要件となっているため、注意が必要です（改正587条の2第1項）。これは安易に口約束してしまった契約当事者に拘束力を認めることが不合理であると判断されたためです。

（書面でする消費貸借等）

改正第587条の2　前条の規定にかかわらず、書面でする消費貸借は、当事者の一方が金銭その他の物を引き渡すことを約し、相手方がその受け取った物と種類、品質及び数量の同じ物をもって返還をすることを約することによって、その効力を生ずる。

---

② 目的物引き渡し前の借主の解除権

諾成的消費貸借契約が成立した場合、金銭等の目的物を受け取るまで、借主は契約の解除権を行使することが認められました。金銭等の目的物を受け取るまでにその必要性がなくなったときにまで契約拘束を認めること、すなわち借りる義務を負わせることは不合理と判断されたためです。

一方で、貸主が借主の解除権行使により損害を受けたときは、借主に対して損害賠償を請求できる旨が規定されました。一般的には、多額の調達コストがかかるような高額な融資等が想定されていますが、実際にどこまでが貸主の損害となるかは議論があるところといえます。

第2章　改正民法による契約書への影響
第3節　各契約類型

（書面でする消費貸借等）

改正第587条の2　（略）

2　書面でする消費貸借の借主は、貸主から金銭その他の物を受け取る
まで、契約の解除をすることができる。この場合において、貸主は、
その契約の解除によって損害を受けたときは、借主に対し、その賠償
を請求することができる。

---

❸　借主の期限前弁済と損害賠償

　消費貸借契約における期限前弁済について、現行民法では現行136
条2項を適用して、認められるものと解釈をしていました。一方で、
相手の利益を害することができないとされていることから、借主は貸
主に生じた損害を賠償しなければならないとされていました。

　今回の民法改正において、借主の期限前弁済を明文で認めるととも
に、損害賠償についても規定されました。なお、実際に損害額がいく
らとなるのかについては、争点となり得るため、事前に契約書におい
て規定するとよいでしょう。

（返還の時期）

改正第591条　（略）

2　借主は、返還の時期の定めの有無にかかわらず、いつでも返還をす
ることができる。

3　当事者が返還の時期を定めた場合において、貸主は、借主がその時
期の前に返還をしたことによって損害を受けたときは、借主に対し、
その賠償を請求することができる。

137

第3節 各契約類型

重要度 ★☆☆

第2項 賃貸借契約

改正民法

　賃貸借契約においては、今回の民法改正で多くの改正がなされました。しかし、そのほとんどは、判例実務の明文化されたもので、実質的に実務が変更となる改正点はそれほど多くはありません。今回の改正点のうち、契約実務上、影響が大きい以下の3点を取り上げて解説します。ただし、連帯保証人については、別に重要な改正がなされているので注意が必要です（102頁参照）。

■ **本項目における解説事項** ■

- **1** 敷金に関する規定（改正622条の2）
- **2** 原状回復に関する規定（改正621条）
- **3** 賃貸不動産が譲渡された場合の処理（改正605条の2）

1 敷金に関する規定

　敷金については、不動産における賃貸借契約実務上、非常に重要な制度となっています。しかし、現行民法においては、敷金に関する定義、返還時期、返還の範囲に関する規定は存在しませんでした（一部敷金につき言及する条文（現行316条、619条2項）は存在していました）。

　一方で、敷金に関する問題を巡る紛争は少なくなく、判例実務において解決されてきました。

138

第2章 改正民法による契約書への影響

第3節 各契約類型

　そこで、今回の民法改正においては、判例実務における運用を踏まえ、以下のとおり敷金に関する内容が規定されています。

① 敷金の定義

　敷金については、改正民法622条の2第1項において、「いかなる名目によるかを問わず、賃料債務その他の賃貸借に基づいて生ずる賃借人の賃貸人に対する金銭の給付を目的とする債務を担保する目的で、賃借人が賃貸人に交付する金銭をいう」と定義されています。敷金については、各地域にて、「礼金」「保証金」「権利金」等、「敷金」以外の名目で差し入れを要求されることもあり、「いかなる名目によるかを問わず」と定義付けられています。

② 敷金の返還時期

　敷金の返還時期については、判例実務（最判昭和48年2月2日等）に従い、賃貸借が終了し、かつ賃貸物の返還を受けたときと明文化されました。このため、賃借物の返還と敷金の返還とが同時履行の関係にはないことが明らかとなりました。

③ 敷金の返還の範囲

　敷金の返還の範囲については、従前の判例実務（最判昭和48年2月2日）が明文化され、賃借人に対し、その受け取った敷金の額から賃貸借に基づいて生じた賃借人の賃貸人に対する金銭の給付を目的とする債務の額を控除した残額を返還しなければならない（改正622条の2第1項）とされています。なお、敷金の賃料等債務への充当は、賃借人側から賃貸人側に対して認められていない点に注意が必要です（改正622条の2第1項）。

第四款　敷金

改正第622条の2　賃貸人は、敷金（いかなる名目によるかを問わず、賃料債務その他の賃貸借に基づいて生ずる賃借人の賃貸人に対する金銭の給付を目的とする債務を担保する目的で、賃借人が賃貸人に交付

する金銭をいう。以下この条において同じ。）を受け取っている場合において、次に掲げるときは、賃借人に対し、その受け取った敷金の額から賃貸借に基づいて生じた賃借人の賃貸人に対する金銭の給付を目的とする債務の額を控除した残額を返還しなければならない。

一　賃貸借が終了し、かつ、賃貸物の返還を受けたとき。

二　賃借人が適法に賃借権を譲り渡したとき。

2　賃貸人は、賃借人が賃貸借に基づいて生じた金銭の給付を目的とする債務を履行しないときは、敷金をその債務の弁済に充てることができる。この場合において、賃借人は、賃貸人に対し、敷金をその債務の弁済に充てることを請求することができない。

❷　原状回復に関する規定

　現行民法においては、原状回復に関する規定は存在するものの（現行616条、598条）、原状回復の範囲等に関する規定は存在しませんでした。

　そこで、従来の判例法理（最判平成17年12月16日等）を明文化し、賃借物受領後に生じた損傷については原則として原状回復義務を負うものの、通常損耗（通常の使用及び収益によって生じた賃借物の損耗）及び経年変化については、原状回復の範囲に含めないものとしました。

（賃借人の原状回復義務）

改正第621条　賃借人は、賃借物を受け取った後にこれに生じた損傷（通常の使用及び収益によって生じた賃借物の損耗並びに賃借物の経年変化を除く。以下この条において同じ。）がある場合において、賃貸借が終了したときは、その損傷を原状に復する義務を負う。ただし、その損傷が賃借人の責めに帰することができない事由によるものであるときは、この限りでない。

第2章　改正民法による契約書への影響

第3節　各契約類型

❸　賃貸不動産が譲渡された場合の処理

　賃貸借の目的物である不動産（以下、「賃貸不動産」といいます）の所有権が移転した場合の処理について、現行民法においては何ら規定がありませんでしたが、改正民法においては、以下のとおり、従前の判例法理が明文化されました。

(1)　賃貸人たる地位の移転

　賃貸不動産の所有権が移転した場合、判例（大判大正10年5月30日）上、旧所有者と賃借人との間の賃貸借関係は、法律上当然に新所有者と賃借人との間に移転し、新所有者は賃貸借契約における旧所有者の地位を承継するとともに、旧所有者は完全に賃貸借契約から脱退するものとされていました。当該判例を明文化し、賃貸不動産が譲渡されたときは、その不動産の賃貸人たる地位は、その譲受人に移転するものとされました（改正605の2第1項）。

　一方で、従前の判例法理に従い、賃貸不動産の所有権の移転に伴い、賃貸人たる地位を移転させる場合には、賃借人の承諾を要せず、譲渡人と譲受人との合意だけで移転させることができるものとされました（改正605条の3前段）。本来であれば、契約上の地位の移転に関しては、債務の引受を伴うため、債務者の承諾が必要とされるところですが、賃貸借契約においては、賃借人にとってもメリットが認められるため、賃借人の承諾を要しないという結論になりました。

(2)　賃貸人たる地位の移転の例外

　実際の取引においては、賃貸不動産の所有権が移転したケースでも、リースバック等旧所有者に賃貸人たる地位を継続させたい場合があります。この場合、①新旧所有者間における賃貸人たる地位を旧所有者に留保する旨の合意とともに、②旧所有者と新所有者間の賃貸借契約が必要となるため、注意が必要です（改正605条の2）。

141

（不動産の賃貸人たる地位の移転）

改正第605条の2　前条、借地借家法（平成3年法律第90号）第10条又は第31条その他の法令の規定による賃貸借の対抗要件を備えた場合において、その不動産が譲渡されたときは、その不動産の賃貸人たる地位は、その譲受人に移転する。

2　前項の規定にかかわらず、不動産の譲渡人及び譲受人が、賃貸人たる地位を譲渡人に留保する旨及びその不動産を譲受人が譲渡人に賃貸する旨の合意をしたときは、賃貸人たる地位は、譲受人に移転しない。この場合において、譲渡人と譲受人又はその承継人との間の賃貸借が終了したときは、譲渡人に留保されていた賃貸人たる地位は、譲受人又はその承継人に移転する。

| 第**3**節 | 各契約類型 | 重要度 ★★★ |

第3項 請負契約

改正民法

　請負契約においては、請負報酬に関する改正のほか、担保責任、解除権に関する改正がなされています。

■ **本項目における解説事項** ■

1 請負報酬請求権（改正634条）
2 契約不適合責任（瑕疵担保責任）（改正637条）
3 契約解除

1　請負報酬請求権

(1)　はじめに

　現行民法上、請負契約の報酬については、完成した仕事の結果に対して支払われるものとされ、原則として請負人は仕事を完成させない限り、請負報酬を請求することはできないものとされていました。しかし、一方で判例（最判昭和56年2月17日）上、一定の要件を満たす場合には、仕事が未完成であっても、既に完成した仕事の部分に対する請負報酬請求権は認められていました。

　そこで、改正民法においては、上記判例を明文化し、改正634条において、仕事が未完成であっても、一定の場合には既にした仕事の結果について部分的に請負報酬を請求できることを認めました。

143

（注文者が受ける利益の割合に応じた報酬）

改正第634条　次に掲げる場合において、請負人が既にした仕事の結果
　のうち可分な部分の給付によって注文者が利益を受けるときは、その
　部分を仕事の完成とみなす。この場合において、請負人は、注文者が
　受ける利益の割合に応じて報酬を請求することができる。
　一　注文者の責めに帰することができない事由によって仕事を完成す
　　ることができなくなったとき。
　二　請負が仕事の完成前に解除されたとき。

(2) 要　件

　請負人が、注文者に対し、仕事が未完成の場合でも請負報酬を請求
するためには、以下の要件を満たす必要があります。

■ 仕事が未完成の場合でも請負報酬を請求するための要件 ■

> ①　注文者の責めに帰することができない事由によって仕事を完成する
> 　ことができなくなったとき又は請負が仕事の完成前に解除されたとき
> ②　仕事の結果が可分であること
> ③　既にした仕事の結果のうち可分な部分の給付によって注文者が利益
> 　を受けていること

　ア）①について
　　a）注文者の責めに帰することができない事由によって仕事を完
　　　成することができなくなったとき
　　当該要件においては、帰責事由の存否が問題とされています。
　仕事の完成が阻害される帰責事由としては、以下の❶〜❸が考え
　られるでしょう。
　　❶　注文者の責めに帰する場合
　　❷　請負人の責めに帰する場合

❸　注文者・請負人双方の責めに帰することができない場合

　当該要件については、❶以外の要件すなわち❷❸の要件が該当することとなります。なお、❶の場合には、危険負担（75頁参照）により、請負報酬の全額を請求することができる点に注意が必要です（改正536条2項）。

ｂ）請負が仕事の完成前に解除されたとき

　当該要件における「解除」とは、法定解除のみならず、当事者による合意解除の場合も含むとされています。ただし、合意解除において、改正634条の適用を排除する旨の合意が包含されている場合には、請負報酬の請求ができなくなるものと考えられます。

イ）②について

　「仕事の結果が可分であること」とは、履行した部分（完成部分）と履行していない部分（未完成部分）に区分けすることができるかどうかがポイントとなります。

ウ）③について

　最後に、「既にした仕事の結果のうち可分な部分の給付によって注文者が利益を受けていること」が必要となります。なお、後述のような契約不適合が存在する場合には、「注文者が利益を受けた」と評価することができない可能性がある点に注意が必要です。

　以上ア）～ウ）の内容をチャートで表すと、以下のとおりとなります。

■ 仕事が未完成の場合でも請負報酬を請求するため要件チャート ■

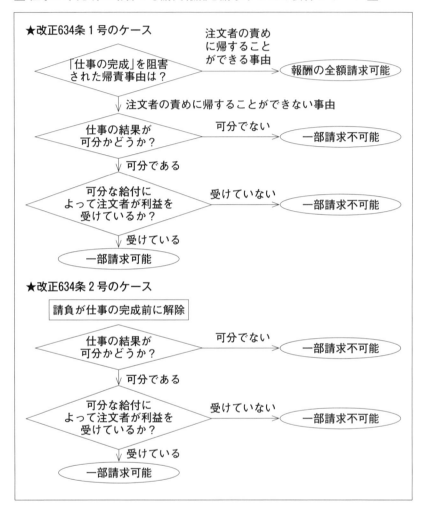

(3) 効果（割合報酬）

　上記要件を満たす場合、注文者が利益を受けている可分な部分については、部分的に「仕事の完成」とみなされ、請負人は、注文者が受ける利益の割合に応じて報酬を請求することができることとなります。

割合報酬請求権の明文化と契約実務

　改正634条による割合報酬請求権が問題となるのは、特に何らかの理由で請負契約自体が解除になったケースと思われます。しかし、契約書上においての各工程等の記載をしておかない限り、「注文者が受ける利益の割合に応じて」算定することは難しいものといえます。

　そのため、契約書上、(仕事自体を工程等に可分することができる場合には)工程等ごとに、請負報酬を割り振る等の対応により、「注文者が受ける利益の割合に応じて」計算ができるよう対処しておくとよいでしょう。

2 契約不適合責任（瑕疵担保責任）

(1) 請負契約独自の瑕疵担保責任

　現行民法においては、請負契約独自の瑕疵担保責任が規定されていました（現行634、635条）。しかし、民法改正により請負契約にも売買契約における契約不適合責任が準用されるところ（改正559条）、売買契約と請負契約とで担保責任に差異が生ずる合理的な理由も存在しないことから、現行民法における請負契約独自の瑕疵担保責任は削除されることとなりました。

　なお、現行635条但書において「建物その他の土地の工作物」につき、解除が制限されていました。しかし、重大な瑕疵により全く利用価値がない場合には現行635条但書の本来の趣旨に反するものとなり、また判例（最判平成14年9月24日）も、建物に重大な瑕疵があるため立て替えざるを得ないケースにおいて建替費用相当額の損害賠償を認めており、合理性が認められないものといえるため、同条但書も削除となりました。

■ 新旧対照表 ■

現行民法	改正民法
（請負人の担保責任） 第634条　仕事の目的物に瑕疵がある 　　ときは、注文者は、請負人に対し、 　　相当の期間を定めて、その瑕疵の 　　修補を請求することができる。ただ 　　し、瑕疵が重要でない場合において、 　　その修補に過分の費用を要するとき 　　は、この限りでない。 2　注文者は、瑕疵の修補に代えて、 　　又はその修補とともに、損害賠償の 　　請求をすることができる。この場合 　　においては、第533条の規定を準用 　　する。 第635条　仕事の目的物に瑕疵があり、 　　そのために契約をした目的を達する 　　ことができないときは、注文者は、 　　契約の解除をすることができる。た 　　だし、建物その他の土地の工作物に 　　ついては、この限りでない。	削除

(2)　請負契約の担保責任における注文者の権利の期間制限

ア）起算点

　　現行民法においては、「仕事の目的物を引き渡した時」又は「仕事が終了した時」が、請負契約の担保責任における期間制限の起算点となっていました。

　　一方で、改正民法においては、「注文者がその不適合を知った時」が、起算点となっており、注文者の負担が軽減されたものといえます。なお、「知った時」とは、注文者が請負人に対して担保責任を追及することができる程度に確実な事実関係等を認識した時と考えられます。

イ）期間内にすべき注文者の行為

　　現行民法における請負契約の担保責任の追及については、仕事

第2章　改正民法による契約書への影響

第3節　各契約類型

の目的物の引渡し又は仕事の終了時点から1年以内に権利行使が必要とされていました（現行637条）。なお、権利行使については、裁判上の権利行使まで求められているものではないものの、少なくとも、売主に対して具体的に瑕疵の内容とそれに基づく損害賠償請求を行う意思を表明し、請求する損害額の算定根拠を示す等、売主の担保責任を問う意思を明確に告げる必要があるものとされております。

　しかし、改正民法においては、注文者の負担軽減という理由により、注文者がその不適合を知ってから1年以内にその旨を通知するだけでよいことになりました。なお、通知としては、契約不適合が存在する旨を伝えるのみでは足らず、不適合の種類やおおよその範囲を通知する必要があるものと想定されています（契約不適合責任については82頁参照）。

◼ 新旧対照表 ◼

現行民法	改正民法
（請負人の担保責任の存続期間） **第637条**　前三条の規定による瑕疵の修補又は損害賠償の請求及び契約の解除は、仕事の目的物を引き渡した時から1年以内にしなければならない。 2　仕事の目的物の引渡しを要しない場合には、前項の期間は、仕事が終了した時から起算する。	（目的物の種類又は品質に関する担保責任の期間の制限） **改正第637条**　前条本文に規定する場合において、注文者がその不適合を知った時から1年以内にその旨を請負人に通知しないときは、注文者は、その不適合を理由として、履行の追完の請求、報酬の減額の請求、損害賠償の請求及び契約の解除をすることができない。 2　前項の規定は、仕事の目的物を注文者に引き渡した時（その引渡しを要しない場合にあっては、仕事が終了した時）において、請負人が同項の不適合を知り、又は重大な過失によって知らなかったときは、適用しない。

149

❸ 契約解除

　現行民法においては、「仕事の目的物に瑕疵があり、そのために契約をした目的を達することができないときは、注文者は、契約の解除をすることができる」（現行635条本文）とされ、請負人に帰責事由がなくても契約解除を認められていました。しかし、前述のとおり、改正民法においては、契約解除において帰責事由を要しないこととなったことから、上記のような特則は不要とされ、改正民法においては削除されることとなりました。

　一方で、現行民法において、仕事の目的物が「建物その他の土地の工作物」の場合には、たとえこれらに重大な瑕疵があり、そのために契約をした目的を達することができない場合でも、契約の解除をすることができないとされていました。しかし、そもそも契約目的を達することができない重大な瑕疵のある工作物等を維持したところで、社会的にも意味がなく、また判例（最判平成14年9月24日）も、このようなケースにおいては建替費用相当額の損害賠償請求が認められており、解除の制限自体に合理性が認められず、実質的な意味を失っていました。そこで、「建物その他の土地の工作物」における解除制限規定（現行635条但書）についても削除されました。

第3節 各契約類型

重要度 ★★★

第4項 委任契約

改正民法

委任契約とは、当事者の一方が法律行為をすることを相手方に委託し、相手方がこれを承諾することによって、その効力を生ずる契約です。コンサルティング契約等が具体例としてあげられます。今回、委任契約の定義自体に変更はありませんが、主に以下の3点が改正となっています。

■ **本項目における解説事項** ■

> **1** 受任者の自己執行義務（改正644条の2）
> **2** 報酬の規律（改正648条、改正648条の2）
> **3** 任意解除権（改正651条）

1 受任者の自己執行義務

委任契約において、原則として、受任者は委任事務を自ら履行しなければならないとされています。なぜなら、委任者は、受任者を信頼して委任を行うと考えられているからです。

しかし、現行民法において、受任者の自己執行義務（受任者が委任業務を自ら履行する義務）を規定する規定はありません。そこで、現行104条を類推適用し、委任者の許諾を得たとき、又はやむを得ない事由があるときのみ復受任者を選任することができるものと解されてきました。

151

> （任意代理人による復代理人の選任）
> **現行第104条**　委任による代理人は、本人の許諾を得たとき、又はやむ
> 　を得ない事由があるときでなければ、復代理人を選任することができ
> 　ない。

　改正民法においては、受任者は、委任者の許諾を得たとき、又はやむを得ない事由があるときでなければ、復受任者を選任することができない旨が規定され、自己執行義務が明文化されました。また、「代理権を付与する委任」について、受任者が代理権を有する復受任者を選任したときは、委任者に対し、その権限の範囲内にて、受任者と同一の権利を有し、義務を負う旨が明記されました。

> （復受任者の選任等）
> **改正第644条の2**　受任者は、委任者の許諾を得たとき、又はやむを得
> 　ない事由があるときでなければ、復受任者を選任することができない。
> 2　代理権を付与する委任において、受任者が代理権を有する復受任者
> 　を選任したときは、復受任者は、委任者に対して、その権限の範囲内
> 　において、受任者と同一の権利を有し、義務を負う。

2　報酬の規律

(1)　委任事務が中途で終了した時の報酬請求権

　現行民法においては、委任が受任者に帰責事由のない場合において履行の中途で終了したときは、受任者は既にした履行の割合に応じて報酬を請求することができる旨が規定されています。一方、受任者に帰責事由がある場合には、割合報酬を請求することはできませんでした。

第2章　改正民法による契約書への影響

第3節　各契約類型

　しかし、受任者に帰責事由がある場合でも、一部でも履行された委任事務があるのであれば、当該部分については既にした履行の割合に応じて報酬を認めるのが合理的といえます。そこで、改正民法においては、受任者の帰責事由の有無を問わず、既にした履行の割合に応じて報酬を請求することが認められることとなりました。

　なお、委任が履行の中途で終了した場合における、各当事者の帰責事由の有無による報酬請求権の存否は以下のとおりとなります。

◼ 帰責事由の有無による報酬請求権の存否 ◼

帰責事由の存否	現行民法	改正民法
委任者に帰責事由あり	報酬全額の請求可能 （現行536条2項）	報酬全額の請求可能 （改正536条2項）
受任者に帰責事由あり	割合報酬請求不可能 （現行648条3項）	割合報酬請求可能 （改正648条3項）
双方に帰責事由なし	割合報酬請求可能 （現行648条3項）	割合報酬請求可能 （改正648条3項）

◼ 新旧対照表 ◼

現行民法	改正民法
（受任者の報酬） 第648条　（略） 3　委任が受任者の責めに帰することができない事由によって履行の中途で終了したときは、受任者は、既にした履行の割合に応じて報酬を請求することができる。	（受任者の報酬） 第648条　（略） 3　受任者は、次に掲げる場合には、既にした履行の割合に応じて報酬を請求することができる。 一　委任者の責めに帰することができない事由によって委任事務の履行をすることができなくなったとき。 二　委任が履行の中途で終了したとき。

153

(2) 成果報酬の支払時期

　現行民法においては、成果報酬型（成果に対して報酬を支払う類型）の委任契約について、報酬の支払時期が規定されていませんでした。そこで、この点を明らかにするため、以下のとおり、新たな規定を設け、成果が引渡しを要するケースにおいては、その成果の引渡しと同時に、報酬は支払われなければならないものとされました。

　なお、成果の引渡しを要しないケースにおいては、現行民法と同様、委任事務の履行後に報酬が支払われるものとなります（改正648条2項）。

（成果等に対する報酬）

改正第648条の2　委任事務の履行により得られる成果に対して報酬を支払うことを約した場合において、その成果が引渡しを要するときは、報酬は、その成果の引渡しと同時に、支払わなければならない。

2　第634条の規定は、委任事務の履行により得られる成果に対して報酬を支払うことを約した場合について準用する。

3　任意解除権

　委任契約の解除については、各当事者がいつでもその解除をすることができるものとされています。一方で、現行民法においては、相手方に不利な時期に委任の解除をしたときは、やむを得ない事由のない限り、相手方の損害を賠償するものとされていました。

　一方で、判例（最判昭和56年1月19日）上、受任者の利益のためにも委任がなされた場合であっても、その契約において委任者が委任契約の解除権を放棄していたものと解されない事情があるときは、委任者は、やむを得ない事由がなくても、本条に則り委任契約を解除することができると判示されていました。

　改正民法では、このような判例も踏まえ、「委任者が受任者の利益

第2章　改正民法による契約書への影響

第3節　各契約類型

をも目的とする委任」を解除する場合には損害賠償を要する旨が明文化されました。

■ 新旧対照表 ■

現行民法	改正民法
（委任の解除） **第651条**　委任は、各当事者がいつでもその解除をすることができる。 2　当事者の一方が相手方に不利な時期に委任の解除をしたときは、その当事者の一方は、相手方の損害を賠償しなければならない。ただし、やむを得ない事由があったときは、この限りでない。	（委任の解除） **第651条**　委任は、各当事者がいつでもその解除をすることができる。 2　前項の規定により委任の解除をした者は、次に掲げる場合には、相手方の損害を賠償しなければならない。ただし、やむを得ない事由があったときは、この限りでない。 一　相手方に不利な時期に委任を解除したとき。 二　委任者が受任者の利益（専ら報酬を得ることによるものを除く。）をも目的とする委任を解除したとき。

155

第3章

収益認識基準による
契約書への影響

第1節　企業会計基準第29号「収益認識に関する会計基準」
第2節　契約の識別（ステップ1）
第3節　履行義務の識別（ステップ2）
第4節　取引価格の算定（ステップ3）
第5節　取引価格の配分（ステップ4）
第6節　履行義務の充足（ステップ5）
第7節　本人と代理人の区別

第1章 民法改正と収益認識
基準適用に向けて

第2章 改正民法による
契約書への影響

第3章 収益認識基準による
契約書への影響

第4章 契約書
雛形及び解説

第1節 企業会計基準第29号「収益認識に関する会計基準」

収益認識

■1 制定の背景

2018年3月30日に、企業会計基準第29号「収益認識に関する会計基準」（以下「収益認識基準」といいます。）が、適用指針等とともに公表されました。

収益認識基準は、顧客との契約から生じる収益について、どの時点でどの金額を収益として認識すべきかを定めています。なお、契約以外の取引や事象から生じる収益には適用されません。

■2 適用時期

収益認識基準の強制適用時期は、2021年4月1日以降に開始する連結会計年度及び事業年度の期首からです。

もっとも、早期に適用したい場合には2018年4月1日以後開始する連結会計年度及び事業年度の期首から（又は、翌年度の財務諸表において、早期適用した年度の期首に遡って修正適用することを条件に、2018年12月31日から2019年3月30日の間に終了する連結会計年度及び事業年度の年度末の財務諸表から）可能です（基準81-83）。

■3 適用対象

収益認識基準の適用対象は、原則として上場会社や大会社等のような監査対象会社となります。ただ、連結財務諸表のみならず、個別財

第3章　収益認識基準による契約書への影響
第1節　企業会計基準第29号「収益認識に関する会計基準」

務諸表についても同一の会計処理が求められることから、これらの監査対象会社の子会社や関連会社についても、収益認識基準が適用されるものと考えられます。そのため、収益認識基準が適用される会社は、かなりの数に上るものと考えられます。

　なお、監査対象外の中小企業については、引き続き中小企業の会計に関する指針や中小企業の会計に関する基本要領を用いることは可能ですが、収益認識基準を適用することも可能です。

4　従前の取扱い

　収益認識基準が適用されるまでは、企業会計原則に定められた実現主義に基づき、「財貨の移転又は役務の提供の完了」とそれに対する「対価の成立」がなされた時点に、その対価の額を収益として認識するという、比較的解釈の余地が広い原則に基づいた会計処理がなされていました。また、特定の取引については「ソフトウェア取引実務対応報告」（2006年3月30日公表）、「工事契約会計基準」（2007年12月27日公表）等の個別の収益認識に関する会計基準が設けられていました。

　しかしながら、事業内容の多様化・複雑化等による収益認識時期の判断の困難性や、知的財産権等における不適切な収益認識といった問題が生じていることから、「財貨の移転又は役務の提供の完了」とそれに対する「対価の成立」という要件を一般的な取引より厳格に解釈すべく、収益認識基準が制定されました。

　なお、収益認識基準の適用により、「ソフトウェア取引実務対応報告」「工事契約会計基準」「工事契約適用指針」は廃止されます（基準95）。

159

5 IFRS（国際会計基準）との関係

　IFRS との関係では、2014年5月に IASB が公表した IFRS 第15号「顧客との契約から生じる収益」に対応するものとして、IFRS 第15号の定めを基本的に全て取り入れるという方針のもとで収益認識基準は策定されています[1]（基準92）。

6 収益認識基準の概要（5つのステップ）

(1) 総　　論

　収益認識基準に書かれている内容は大まかに以下の①～③に分類されます。

◪ 収益認識基準の内容 ◪

> ①　収益認識の基本となる原則（基準16-18）
> ②　**収益の認識基準**（基準19-45）
> ③　収益の額の算定（基準46-76）

　このうち、契約書との関係では②**収益の認識基準**（収益認識のステップ）が重要となるため、以下では主に②**収益の認識基準**（収益認識のステップ）について説明します。

(2) 収益認識のステップ

　収益認識基準では、企業が「顧客との契約」から生じる収益を認識するに際し、以下の5つのステップを踏むべきことを定めています（基準17）。

1　例えば IFRS 第15号における契約コストの定め（基準109）等、収益認識基準に採用されなかった内容もあります。

第3章　収益認識基準による契約書への影響

第1節　企業会計基準第29号「収益認識に関する会計基準」

◘ 企業が踏むべき5つのステップ ◘

ステップ1：顧客との契約を識別する

　　　　　　（基準19-31、117-126）

ステップ2：契約における履行義務を識別する

　　　　　　（基準32-34、適用指針4-7、112-114）

ステップ3：取引価格を算定する

　　　　　　（基準47-64、140-145、適用指針23-30、126-128）

ステップ4：契約における履行義務に取引価格を配分する

　　　　　　（基準65-76、146-149、適用指針31-33、129-130）

ステップ5：履行義務を充足したときに又は充足するにつれて収益を認
　　　　　　識する

　　　　　　（基準35-45、132-139、適用指針8-22、115-125）

　ステップ1では、収益認識基準の対象となる契約を識別します（**第2節**）。

　ステップ2では、契約書内に含まれる、財又はサービスの内容を履行義務として識別します（**第3節**）。

　ステップ3では、財又はサービスの顧客への移転と交換に企業が得る対価の額を算定します（**第4節**）。

　ステップ4では、ステップ3で把握した取引価格を各履行義務に配分します（**第5節**）。

　ステップ5では、履行義務を充足したとき又は充足するにつれて、収益を認識する（売上高等を計上する）ことになります（**第6節**）。

161

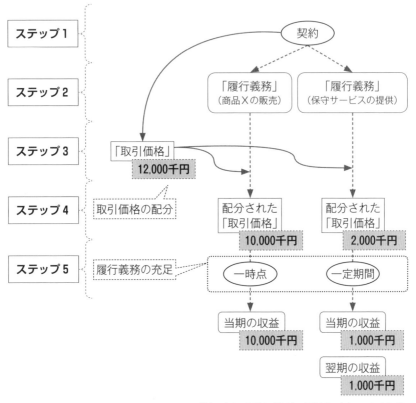

(「収益認識適用指針〔設例1〕」から引用)

　以下では、上記**ステップ1～ステップ5**を順番に概観した上で、契約書との関係で重要となる点について詳細に解説します。

第**2**節	基準 19-31、117-126

契約の識別
（ステップ 1）

収益認識

1　概　　要

⑴　最初のステップ

　収益認識基準が適用される収益とは、一部の金融取引等[2]を除く「顧客との契約」から生じる収益です（基準3）。そのため、最初のステップとして、収益認識基準の適用対象となる収益を生じさせる「顧客との契約」を識別します。

⑵　「顧客」とは

　ここで収益認識基準における「顧客」とは、「対価と交換に企業の通常の営業活動により生じたアウトプットである財又はサービスを得るために当該企業と契約した当事者」と定義されています（基準6）。企業と契約し、財又はサービスの提供を受けようとする相手方は、概ね収益認識基準における「顧客」に該当します。

　しかしここで注意すべきは、契約の対象物が、「企業の通常の営業活動」から生じたものに限定されている点です。そのため、例えば通

2　①「金融商品会計基準」が適用される金融商品に係る取引（利息も含まれます）、②「リース会計基準」が適用されるリース取引、③保険法で定義される保険契約、④顧客又は潜在的顧客への販売を用意にするための同業他社との交換取引、⑤金融商品の組成又は取得の手数料、⑥不動産流動化実務指針の対象となる不動産（信託受益権を含む）の譲渡、についてはそれぞれの取引に適用される会計基準が適用されます。それぞれの取引に適用される会計基準を適用して処理した残額については、収益認識基準が適用されます（基準3、4、103-107）。

163

常の営業活動により生じたアウトプットではない固定資産の売却については、収益認識基準の対象とはならない点に注意が必要です（基準108）。

❷ 「契約」の要件

収益認識基準の適用の対象となる「契約」とは、以下の要件[3]の全てを満たす契約とされています[4]（基準19）。

◨ 収益認識基準の適用対象となる「契約」の要件 ◨

> **要件1**：当事者が、書面、口頭、取引慣行等により契約を承認し、それぞれの義務の履行を約束している
>
> **要件2**：移転される財又はサービスに関する各当事者の権利を識別できる
>
> **要件3**：移転される財又はサービスの支払条件を識別できる
>
> **要件4**：契約に経済的実質がある（契約の結果として、企業の将来キャッシュ・フローのリスク、時期又は金額が変動すると見込まれる）
>
> **要件5**：顧客に移転する財又はサービスと交換に企業が権利を得ることとなる対価を回収する可能性が高い

3　これらの要件を満たさない場合には、これらの要件を満たしたときに収益認識基準が適用されます（基準19、24、25）

4　例外的に、「契約当事者の双方が、それぞれ、相手方への補償を要することなく未履行の契約を一方的に解約できる場合」には、収益認識基準は適用されず、契約が存在しないものとして扱われます（基準22）。「完全に未履行の契約」（基準22）とは、①企業が約束した財又はサービスを顧客に未だ移転しておらず、かつ、②企業が、約束した財又はサービスと交換に、対価を未だ受け取っておらず、対価を受け取る権利も未だ得ていない状態の契約をいいます。この規定については、例えばクーリングオフ制度については、消費者側は補償なしの解約権を有しますが、事業者側は解約権を有しないため、この規定の対象外になります。また、手付解除については、補償を要するため、同様にこの規定の対象外となります。

164

第3章　収益認識基準による契約書への影響

第2節　契約の識別（ステップ1）

　この5つの要件のうち、**要件1〜要件3**については、一般的な契約書では当然に満たしています。他方、**要件4・要件5**については、収益認識基準の目的に照らして特に定められた要件であり、当然に満たされるものではありません。

　以下では、それぞれの要件について概観します。

(1)　要件1：当事者が、書面、口頭、取引慣行等により契約を承認し、それぞれの義務の履行を約束している

　この要件は、契約が有効に成立するための前提として、当事者が契約に法的に拘束される意図があることを要求しています。

　契約が成立している以上は通常は当然にこの要件は満たされますが、注意すべき場合として、例えば法人が当事者である場合に、法人内での適切な承認手続がなされていない場合等があげられます。この場合には、**要件1**が満たされないこととなるおそれがあります。

　なお、当事者は義務の履行を約束しているが、その当事者に履行をする能力が無い場合には、**要件5**の問題となります。

(2)　要件2：移転される財又はサービスに関する各当事者の権利を識別できる

　この要件は、「契約当事者が当該契約によってどのような権利を有することになるか」が、確定しているか、確定し得ることを要求しています。

　この要件が求められている理由は、契約に基づく収益の認識時点が、後述する履行義務の充足（ひいては財又はサービスの移転）時点であるため、財又はサービスの移転がなされたか否かを判断できる程度に、各当事者の契約に基づく権利を識別できる必要があるからです。

165

(3) 要件3：移転される財又はサービスの支払条件を識別できる

　この要件は、簡潔にいえば契約の対価（取引価格）が測定され得ることを求めています。

　この要件が求められている理由は、収益の金額を算定するには、後述するように取引価格を測定することが必要であるため、取引価格を測定できる程度に支払条件が識別できる必要があるからです。

　なお、支払条件のうち支払期限については、たとえ支払期限が定められていなくとも期限の定めがない債権（民法412条3項）として扱われるため、通常はこの要件の問題とはなりません。例外的に、支払期限が長期にわたる場合等には「重大な金融要素」にあたるとして、金利相当分の影響を調整する必要が生じることがあります（基準56-58、適用指針27-29、127-128）。この場合に、調整額が測定できないくらいに支払期限の合理的な見積りが不可能な場合には、取引価格の合理的な算定ができないものと扱われる可能性があります。

(4) 要件4：契約に経済的実質がある（契約の結果として、企業の将来キャッシュ・フローのリスク、時期又は金額が変動すると見込まれる）

　この要件は、契約の結果によって将来キャッシュ・フローが変動することを要求しています。例えば、対価を金銭以外とする非貨幣性交換については、対価以外の条件等により最終的に企業の将来キャッシュ・フローに変動が生じない限り、基準の適用対象とはなりません。

　法律上は、上記の非貨幣性交換のように将来キャッシュ・フローに変動が生じない契約も問題なく認められます。それにもかかわらずこの要件が特に加えられた理由は、複数企業が相互に非貨幣性交換を繰り返して収益の水増しを行うという不正会計を防止するという会計上の目的からです。

第3章　収益認識基準による契約書への影響
第2節　契約の識別（ステップ1）

(5)　要件5：顧客に移転する財又はサービスと交換に企業が権利を得ることとなる対価を回収する可能性が高い

　この要件は、対価の回収可能性がある程度認められることを要求しています。求められる回収可能性の程度について明確な基準はありませんが、IFRSで求められている「回収できる可能性が、回収できない可能性よりも高い」という程度よりも高度の可能性を求めている、とされています（基準117）。

　法律上は、回収可能性が低い契約も問題なく契約として認められます。特別にこの要件が求められた理由は、「契約により収益を認識しつつも、多額の貸倒費用を認識することにより、純額では対価が回収されないにもかかわらず、総額では（費用とともに）収益を認識する」という不正会計（グロスアップ）を防止するという会計上の目的からです。

　なお、この要件の該当性を判断するにあたっては、対価の支払期限到来時における顧客が支払う意思と能力を考慮する必要があります（基準19⑤、118）。

❸　契約の結合

　契約の結合とは、一定の要件に該当する場合に、複数の契約を単一の契約とみなして処理することを意味します（基準27）。具体的には、同一の顧客（当該顧客の関連当事者を含む。）と同時又はほぼ同時に締結した複数の契約について、次のいずれかに該当する場合には、単一の契約とみなして処理をしなければなりません（基準27）。

◼ 契約の結合の3要件 ◼

①　当該複数の契約が同一の商業的目的を有するものとして交渉された

167

② 1つの契約において支払われる対価の額が、他の契約の価格又は履行に
より影響を受ける
③ 当該複数の契約において約束した財又はサービスが、単一の履行義務と
して識別される

　このような処理が求められる理由は、複数の契約を区分して処理す
るのか単一の契約として処理するのかによって、収益認識の時期及び
金額に違いが生じてしまうことを避けるためです（基準121）。
　具体例として、以下のような２つの契約を想定します。なお、上記
契約の結合の３要件を満たしていることを前提とします。

◼（２つの契約）例１◼

• 契約Ａ：履行義務Ａの独立販売価格[5]300、取引価格Ａが400
• 契約Ｂ：履行義務Ｂの独立販売価格500、取引価格Ｂが600

　それぞれ別の契約として処理した場合の収益認識は以下のようにな
ります。

◼（２つの契約）例２（別の契約として処理）◼

• 履行義務Ａの履行時：400
• 履行義務Ｂの履行時：600

5　独立販売価格とは、契約に含まれるそれぞれの履行義務（財又はサービスの
移転義務）について、その財又はサービスを独立して企業が顧客に販売する場
合の価格をいいます（基準９）。個々の履行義務の充足により認識される収益
の額は、契約全体の取引価格を、個々の履行義務の独立販売価格に基づき配分
した金額となります。

第3章　収益認識基準による契約書への影響

第2節　契約の識別（ステップ1）

　他方、単一の契約として処理した場合の収益認識は以下のようになります。

■（2つの契約）例3（単一の契約として処理）■

- 履行義務Aの履行時：375
  ※　(600＋400)×(300÷(300＋500))
  　＝1000×300÷800
  　＝375
- 履行義務Bの履行時：625

　このように、別個の契約とした場合と結合した単一の契約とした場合とでは、認識される収益額に差異が生じることになります。このような差異を利用した恣意的な収益認識が認められないようにするため、契約の結合を行わなければならないとされています。

4　契約変更

(1)　意　義

　契約変更とは、契約後に契約の内容に変更が生じることを意味します。収益認識基準では、一定の要件を満たす契約変更が生じたときの処理を定めています。

　収益認識基準では処理を要する契約変更として「契約の当事者が承認した契約の範囲又は価格（あるいはその両方）の変更であり、契約の当事者が、契約の当事者の強制力のある権利及び義務を新たに生じさせる変更又は既存の強制力のある権利及び義務を変化させる変更を承認した場合」と定義しています（基準28）。

　そのため、契約変更の要件は以下のようになります。

169

■ 契約変更の要件 ■

① 契約の当事者が契約の変更を承認したこと
② 契約の範囲又は価格（あるいはその両方）の変更であること

なお、ここでいう「契約の範囲の変更」にあたる場合には契約変更の会計処理を求められるため、「契約の範囲」とは、移転すべき財又はサービスの範囲や量等の、会計処理に影響を及ぼす事項を意味するものとされています。会計処理に影響を及ぼさない事項（例えば価格の変更を伴わない財又はサービスの性質、それらの提供方法、納期、契約の諸条件等）の変更は、「契約の範囲の変更」には該当しません。

また、ここで扱う「契約の価格の変更」は、契約当事者の承認によってなされるものを意味します。そのため、契約当事者の承認とは別の理由に基づく契約の価格の「変動」（為替レートの変動等）は、契約の変更ではなく、後述の「変動対価」（基準50以下）として扱われます。

(2) 契約変更の処理

契約変更の処理は、以下の①〜③に分類されます。

■ 契約変更の処理 ■

① 重要性が乏しい場合
② 独立した契約として扱うべき場合
③ 独立した契約として扱うべきでない場合

ア）①重要性が乏しい場合

まず、契約変更による財又はサービスの追加が既存の契約内容に照らして重要性が乏しい場合には、①重要性が乏しい場合とされます。この場合には、以下の②独立した契約として扱うべき場合の処理、③独立した契約として扱うべきでない場合の処理、

第3章　収益認識基準による契約書への影響

第2節　契約の識別（ステップ1）

のいずれを適用してもかまわないとされています（適用指針92、165）。

イ）②独立した契約として扱うべき場合

次に、当該契約の範囲又は価格の変更（重要性が乏しい場合を除く。③も同様）が、以下の両方の要件を満たす場合には、②変更された契約を独立した契約として処理しなければなりません（基準30）。

◘ 独立した契約として扱う要件 ◘

> ⅰ　別個の財又はサービスの追加により、契約の範囲が拡大される
> ⅱ　変更される契約の価格が、追加的に約束した財又はサービスに対する独立販売価格に特定の契約の状況に基づく適切な調整を加えた金額分だけ増額される

この場合には契約の範囲が拡大されているため、範囲が拡大した部分について新たに履行義務を識別し、それに対して増額した契約の価格を取引価格とした、独立した契約を識別することとなります。

ウ）③独立した契約として扱うべきでない場合

他方、上記の要件のいずれかを満たさない場合には、「未だ移転していない財又はサービス」が「契約変更日以前に移転した財又はサービス」と別個のものであるか否かによって、以下のいずれかによって処理します（基準31）。

◘ 独立した契約として扱う要件 ◘

> ⅰ　「未だ移転していない財又はサービス」が「契約変更日以前に移転した財又はサービス」と別個のものである場合
> →契約変更を既存の契約を解約して新しい契約を締結したものと仮定して

171

処理
(ⅱ) 「未だ移転していない財又はサービス」が「契約変更日以前に移転した財又はサービス」と別個のものではなく、契約変更日において部分的に充足されている単一の履行義務の一部を構成する場合
→契約変更を既存の契約の一部であると仮定して処理
(ⅲ) 上記の両方を含む場合
→未充足の履行義務に与える影響を、上記それぞれの方法で処理

　すなわち、**ステップ2**で識別されるそれぞれの履行義務ごとに、①充足途中ではない履行義務については、新たな契約内容に従い収益認識を行い、②充足途中に契約変更がなされた履行義務については、契約変更前に既になされた収益認識には影響を及ぼさず、契約変更後の収益認識に影響を及ぼす形で契約変更を処理することとなります。

| 第**3**節 | 基準32-34、適用指針 4－7、112-11 |

履行義務の識別
（ステップ2）

収益認識

　このステップでは、**ステップ1**で識別された契約に含まれる約束の
うち一定の要件を満たすものを、「履行義務」として識別します。こ
の**ステップ2**で識別された「履行義務」が、**ステップ5**において充足
されることで、企業が収益を認識することになります。

1　履行義務の要件

　契約に含まれる約束のうち、以下のいずれかの要件を満たすものが、
1つの「履行義務」として識別されます（基準32）。

◘ 収益認識基準の適用対象となる「契約」の要件 ◘

要件1：「別個の財又はサービス（あるいは別個の財又はサービスの束）」
　　　　の移転の約束

要件2：「一連の別個の財又はサービス」の移転の約束

　すなわち、「財又はサービス」の移転の約束であれば、その「財又
はサービス」が「別個」あるいは「一連の別個」のものである場合に
は、その約束が1つの「履行義務」として識別されることになります[6]。

173

❷ 財又はサービス

移転の対象となる「財又はサービス」については特に制限はありません。その移転について権利又は義務が観念されるならば、収益認識基準における「財又はサービス」にあたると考えられます。

収益認識基準は「財又はサービス」の例として、以下をあげています（基準129）。

◨ 「財又はサービス」の例 ◨

- 企業が製造した財の販売（例：製造業者の製品）
- 企業が購入した財の再販売（例：小売業者の商品）
- 企業が購入した財又はサービスに対する権利の再販売（例：企業が再販売するチケット）
- 契約上合意した顧客のための作業の履行
- 財又はサービスを提供できるように待機するサービス（例：利用可能となった時点で適用されるソフトウェアに対する不特定のアップデート）あるいは顧客が使用を決定した時に顧客が財又はサービスを使用できるようにするサービスの提供
- 財又はサービスが他の当事者によって顧客に提供されるように手配するサービスの提供（例：他の当事者の代理人として行動すること）
- 将来において顧客が再販売する又はその顧客に提供することができる財又はサービスに対する権利の付与（例：小売店に製品を販売する企業が、当該小売店から製品を購入する個人に追加的な財又はサービスを移転することを約束すること）
- 顧客に代わって行う資産の建設、製造又は開発
- ライセンスの供与
- 追加の財又はサービスを取得するオプションの付与（当該オプションが重要な権利を顧客に提供する場合）

6　なお、契約を履行するための活動は、当該活動により財又はサービスが顧客に移転する場合を除き、履行義務ではありません。例えば、サービスを提供する企業が契約管理活動を行う場合には、当該活動によりサービスが顧客に移転しないため、当該活動は履行義務ではありません（適用指針4）。また、約束した財又はサービスが、顧客との契約の観点で重要性が乏しい場合には、当該約束が履行義務であるのかについて評価しないことができます（適用指針93、166）。

第3章　収益認識基準による契約書への影響
第3節　履行義務の識別（ステップ2）

　以下、契約において移転の約束がなされるこれらの「財又はサービス」が、「別個」又は「一連の別個」のものであるか否かを判断することとなります。

3 「別個」の財又はサービス

(1)　総　　論

　上述のとおり、契約に含まれる「財又はサービス」の移転の約束は、「別個」の又は「一連の別個」の「財又はサービス」ごとに、1つの履行義務として識別されます[7]。ここではまず「別個」について解説し、「一連の別個」については後で解説します。

　以下の要件のいずれも満たす場合には、「財又はサービス」が「別個」であると判断されます（基準34）。

■「財又はサービス」が別個と判断される要件 ■

要件1（便益の享受）
　当該財又はサービスから単独で顧客が便益を享受することができること、あるいは、当該財又はサービスと顧客が容易に利用できる他の資源を組み合わせて顧客が便益を享受することができること（すなわち、当該財又はサービスが別個のものとなる可能性があること）
要件2（区分識別可能性）
　当該財又はサービスを顧客に移転する約束が、契約に含まれる他の約束と区分して識別できること（すなわち、当該財又はサービスを顧客に移転する約束が契約の観点において別個のものとなること）

7　約束した財又はサービスが「別個」のものではない場合には、「別個」の財又はサービスの束を識別するまで、当該財又はサービスを他の約束した財又はサービスと結合します（適用指針7）。

175

(2) 要件1（便益の享受）

ア）総　　論

　この要件は、「別個」か否かを、顧客に便益を提供するか否かという経済的価値に基づいて判断するものです。その「財又はサービス」が、顧客に便益を提供する場合に限り、その「財又はサービス」は「別個」のものと判断すべきことを意味しています。

　この要件が要求される理由は、顧客に便益を提供し得ないものまでも「財又はサービス」として識別してしまうと、契約を過度に細分化し、財務諸表利用者にとって目的適合性のない情報となるおそれがあるからです。

イ）「当該財又はサービスから単独で顧客が便益を享受することができること」

　具体例として、企業Ａが、据付が必要な機械と据付けサービスを提供している場合を想定します。その機械の据付けが、企業Ａが提供する特別な据付サービスによらなければならないような場合には、顧客は機械の引渡しから単独で便益を享受することができないため、機械の引渡しは「別個」の財又はサービスとは評価されません。他方で、契約上は企業Ａが据付けをすることとなっているものの、単に契約上、据付けを第三者に委託することを禁止しているに過ぎないような場合には、顧客は機械の引渡しから単独で便益を享受し得るため、機械の引渡しは「別個」の財又はサービスと評価されることになります。

ウ）「当該財又はサービスと顧客が容易に利用できる他の資源を組み合わせて顧客が便益を享受することができる」

　具体例として、企業Ａが、「ある設備と共に利用する場合に限り便益を有する消耗品」を提供する場合を考えます。その設備が顧客にとって容易に利用可能である場合には、消耗品の提供は「別個」の財又はサービスと評価されますが、その設備が顧客にとって容易に利用可能でない場合には、消耗品の提供は、顧客にとっ

第3章　収益認識基準による契約書への影響

第3節　履行義務の識別（ステップ2）

て便益をもたらさないため、「別個」の財又はサービスと評価することはできません。

エ）要件1の指標

なお、これら**要件1**に関する指標として、顧客が次のいずれかを行うことができる場合には、定める財又はサービスが別個のものとなる可能性があるとされています（適用指針5）。

◼ 要件1（便益の享受）の指標 ◼

① 財又はサービスの使用、消費、あるいは廃棄における回収額より高い金額による売却
② 経済的便益を生じさせる、上記①以外の方法による財又はサービスの保有

(3)　要件2（区分識別可能性）

この要件は、「別個」であるか否かを識別可能性の観点から判断するものです。

この要件を判断するにあたっては、当該約束が、「当該財又はサービスのそれぞれを個々に移転するもの」なのか「当該財又はサービスをインプットとして使用した結果生じる結合後のアウトプットを移転するもの」なのかを判断することとされています（適用指針6）。前者にあたる場合はこの要件を満たしますが、後者にあたる場合はこの要件を満たさないこととなります。

なお、この要件を満たさないこととなる指標として、次の3つがあげられています（適用指針6）[8]。

8　なお、「別個」であるか否かの判断においては、当該財又はサービスを移転する義務の履行に係るリスクが、他の約束の履行に係るリスクと区分できるかどうかが判断の基礎となるとされています（適用指針112）。

177

◪ 要件2 （区分識別可能性）を満たさないこととなる指標 ◪

- 当該財又はサービスをインプットとして使用し、契約において約束している他の財又はサービスとともに、顧客が契約した結合後のアウトプットである財又はサービスの束に統合する重要なサービス[9]を提供している
- 当該財又はサービスの1つ又は複数が、契約において約束している他の財又はサービスの1つ又は複数を著しく修正する又は顧客仕様のものとするか、あるいは他の財又はサービス[10]によって著しく修正される又は顧客仕様のものにされる
- 当該財又はサービスの相互依存性又は相互関連性が高く、当該財又はサービスのそれぞれが、契約において約束している他の財又はサービスの1つ又は複数により著しく影響を受ける[11]

❹ 「一連の別個」の財又はサービス

(1) 総　論

　上記のとおり、契約に含まれる「財又はサービス」の移転の約束は、「別個」の又は「一連の別個」の財又はサービスごとに、1つの履行義務として識別されます[12]。ここでは「一連の別個（の財又はサービス）」

9　統合する重要なサービスとは、個々の財又はサービスを、結合後のアウトプットに確実に"組み込む"ことが顧客に対する企業の約束の相当部分を占めており、個々の財又はサービスの移転に係るリスクを区分できないようなサービスを意味します。例として、著しい修正を伴わないソフトウェアの単純なインストール・サービス等は、重要な統合サービスには該当しないとされています。また、重要な統合サービスによって生じるアウトプットは、必ずしも単一のアウトプットとなるわけではなく、複数の単位を有する場合があります。例えば、新製品の開発のために複数の試作品を実験結果に応じて設計を見直しつつ製造する契約においては、アウトプットである試作品は複数生じるが、試作品の設計及び製造を統合するサービスは、すべてのアウトプットに関連するとされています（適用指針113）。この指標は主に建築業界にあてはまるとされています。

10　この指標は、主にソフトウェア業界に当てはまるとされています。具体例として、著しい修正を伴わないインストール・サービスなどがあげられます（適用指針113）。

11　例として、企業が当該財又はサービスのそれぞれを独立して移転することにより約束を履行することができないため、複数の財又はサービスが相互に著しく影響を受ける場合をいいます（適用指針114）。

178

第3章　収益認識基準による契約書への影響

第3節　履行義務の識別（ステップ2）

について解説します。

　「一連の別個」とは、簡潔にいえば、複数の「別個」の財又はサービスである（そのため、その移転の約束は複数の履行義務となり得る）場合であっても、1つの履行義務とすることが便宜であるような場合に、1つの履行義務としてまとめることを意味します。このような財又はサービスの例として、清掃契約のような反復継続的なサービスがあげられます。

　複数の「別個」の財又はサービスが以下の両方を満たす場合には、その複数の財又はサービスは、「一連の別個」の財又はサービスであると判断されます（基準32）。

■　「別個」の財又はサービスが「一連の別個」の財又はサービスと判断される要件　■

①　特性が実質的に同じである ②　「顧客への移転のパターン」が同じである

(2)　「顧客への移転のパターン」

　上述のとおり、複数の財又はサービスが、1つの履行義務として扱われる「一連の別個」の財又はサービスとして扱われるには、「顧客への移転のパターン」が同じである必要があります。

　ここで、「顧客への移転のパターン」については、以下の両方を満たす場合には、同じであるものと判断されます（基準33）。

12　約束した財又はサービスが「別個」のものではない場合には、「別個」の財又はサービスの束を識別するまで、当該財又はサービスを他の約束した財又はサービスと結合します（適用指針7）。

179

■「顧客への移転のパターン」が同じであるものと判断される要件 ■

① 一連の別個の財又はサービスのそれぞれが、一定の期間にわたり充足される履行義務の要件を満たすこと
② 履行義務の充足に係る進捗度の見積りに、同一の方法が使用されること

第4節 基準47-64、140-145、適用指針23-30、126-128

取引価格の算定
（ステップ3）

収益認識

　この**ステップ3**では、収益の基礎となる取引価格を算定します。このステップで算定した取引価格を、**ステップ4**で履行義務に配分した上で、**ステップ5**でその履行義務を充足したときに、配分した取引価格に応じた金額が収益として認識されることになります。

　取引価格とは、「財又はサービスの顧客への移転と交換に企業が権利を得ると見込む対価の額（ただし、第三者のために回収する額を除く。）」と定義されています（基準8）。この取引価格の算定には、以下の4つが影響を与えます（基準48）。

■ **取引価格の算定に影響を与えるもの** ■

1 変動対価
2 契約における重要な金融要素
3 現金以外の対価
4 顧客に支払われる対価

1 **変動対価**[13]

　「変動対価」とは、顧客と約束した対価のうち変動する可能性のある部分を意味します（基準50）。変動対価が含まれる取引の例として、値引き、リベート、返金、インセンティブ、業績に基づく割増金、ペナルティー等の形態により対価の額が変動する場合や、返品権付きの

販売等があげられています（適用指針23）。

取引に変動対価が含まれる場合の取引価格は、以下のいずれかの方法のうち、企業が権利を得ることとなる対価の額をより適切に予測できる方法（単一の方法契約を通じて首尾一貫して適用する）により見積もった額とされます（基準50、51）。

◼ 取引に変動対価が含まれる場合の予測方法 ◼

> ①　発生し得ると考えられる対価の額における最も可能性の高い単一の金額（最頻値）による方法
> ②　発生し得ると考えられる対価の額を確率で加重平均した金額（期待値）による方法

なお、企業が顧客から受け取った又は受け取る対価の一部あるいは全部を顧客に返金すると見込んでいる場合には、受け取った又は受け取る対価の額のうち、企業が権利を得ると見込まない額について、返金負債を認識することとなります（基準53）。

また、取引価格の事後的な変動については、変動対価とは区別して扱われます。

❷　契約における重要な金融要素

「契約における重要な金融要素」とは、契約の当事者が明示的又は黙示的に合意した支払時期により、財又はサービスの顧客への移転に係る信用供与についての重要な便益が顧客又は企業に提供されることを意味します（基準56）。例として、長期にわたる分割払いにより、

13　変動対価の額の見積りに使用する情報は、通常、入札や提案等の過程及び財又はサービスの価格設定において経営者が使用する情報と同様のものとされます（基準141）。

第3章　収益認識基準による契約書への影響
第4節　取引価格の算定（ステップ3）

顧客が便益を受けるような場合があげられます。

　契約に含まれる金融要素が「重要」であるか否かは、下記の事項を含む、関連する全ての事実及び状況を考慮することとされています（適用指針27）。

◼ 金融要素が「重要」であるか否か ◼

- 約束した対価の額と財又はサービスの現金販売価格との差額（適用指針28(3)参照）
- 約束した財又はサービスを顧客に移転する時点と顧客が支払を行う時点との間の予想される期間の長さ及び関連する市場金利の金融要素に対する影響

　他方、以下のいずれかに該当する場合には、契約には「重要な金融要素」が含まれないこととされます（適用指針28）。

◼「重要な金融要素」が含まれないとされる場合 ◼

① 　顧客が財又はサービスに対して前払いを行い、顧客の裁量により当該財又はサービスの顧客への移転の時期が決まる
② 　対価が売上高に基づくロイヤルティである場合等、顧客が約束した対価のうち相当の金額に変動性があり、当該対価の金額又は時期が、顧客又は企業の支配が実質的に及ばない将来の事象が発生すること又は発生しないことに基づき変動する
③ 　約束した対価の額と財又はサービスの現金販売価格との差額が、顧客又は企業に対する信用供与以外の理由（例えば、顧客又は企業が契約上の義務の一部又は全部を適切に完了できないことに対する保全を支払条件により契約の相手方に提供する場合）で生じており、当該差額がその理由に基づく金額となっている

　顧客との契約に「重要な金融要素」が含まれる場合、取引価格の算定にあたっては、約束した対価の額に含まれる金利相当分の影響を調整することとなります。また、収益は、約束した財又はサービスが顧

183

客に移転した時点で（又は移転するにつれて）、当該財又はサービスに対して顧客が支払うと見込まれる現金販売価格を反映する金額で認識します（基準57）。ただし、契約における取引開始日において、約束した財又はサービスを顧客に移転する時点と顧客が支払を行う時点の間が１年以内であると見込まれる場合には、重要な金融要素の影響について約束した対価の額を調整しないことができます（基準58）。

❸　現金以外の対価

対価が現金以外の場合には、当該対価の時価を取引価格とします（基準59）。

なお、契約の結果によって将来キャッシュ・フローが変動しない場合には、そもそも収益認識基準の対象とはならないことに注意が必要です（**ステップ１**「契約の識別」163頁参照）。

❹　顧客に支払われる対価

顧客に支払われる対価とは、例えばメーカーが小売店に製品を納入する際に、製品を販売するための棚に変更を加えるための補償金をメーカーが小売店に支払う場合の補償金や、顧客が企業に対する債務に充当するためのクーポンがあげられます（基準63、適用指針設例14）。

上記のような「顧客に支払われる対価」が存在する場合、「顧客に支払われる対価」の金額を、以下のいずれか遅い方が発生した時点で（又は発生するにつれて）、収益を減額します（基準64）。

第3章　収益認識基準による契約書への影響

第4節　取引価格の算定（ステップ3）

◪ 収益を減額する時 ◪

① 関連する財又はサービスの移転に対する収益を認識する時
② 企業が対価を支払うか又は支払を約束する時（当該支払が将来の事象を
　条件とする場合も含む。また、支払の約束は、取引慣行に基づくものも含
　む。）

　なお、「顧客に支払われる対価」には、顧客に直接支払う場合の他に、
顧客から企業の財又はサービスを購入する他の当事者に、企業が支払
う対価を含みます（基準63、145）。

第5節

基準65-76、146-149、適用指針31-33、129-130

取引価格の配分（ステップ４）

収益認識

　このステップ 4 では、ステップ 2 で識別した履行義務に、ステップ 3 で評価した取引価格を配分します。

　配分方法は以下のとおりです。

1　原則：独立販売価格による配分

　取引価格の配分は、原則として、財又はサービスを独立して企業が顧客に販売する場合の価格である独立販売価格の比率に基づいて行われます（基準 9、66）。

　独立販売価格を直接観察できない場合には、合理的に入手できる全ての情報を考慮して独立販売価格を見積ることとされていますが、その際の見積り方法の例として、下記(1)～(3)があげられています（適法指針 31）。

(1)　調整した市場評価アプローチ

　財又はサービスが販売される市場を評価して、顧客が支払うと見込まれる価格を見積る方法です。

(2)　予想コストに利益相当額を加算するアプローチ

　履行義務を充足するために発生するコストを見積り、当該財又はサービスの適切な利益相当額を加算する方法です。

186

第3章　収益認識基準による契約書への影響

第5節　取引価格の配分（ステップ4）

(3)　残余アプローチ

契約における取引価格の総額から契約において約束した他の財又はサービスについて観察可能な独立販売価格の合計額を控除して見積る方法です。

ただし、この方法は、以下のいずれかに該当する場合に限り、使用できるとされています。

◨ 残余アプローチを使用できる場合 ◨

> ①　同一の財又はサービスを異なる顧客に同時又はほぼ同時に幅広い価格帯で販売している（すなわち、典型的な独立販売価格が過去の取引又は他の観察可能な証拠から識別できないため、販売価格が大きく変動する）
> ②　当該財又はサービスの価格を企業が未だ設定しておらず、当該財又はサービスを独立して販売したことがない（すなわち、販売価格が確定していない）

❷　例外1：値引きの配分

❶原則と異なり、独立販売価格による配分がなされない例外の第1として、独立販売価格の合計額が当該契約の取引価格を超える場合があげられます。次の全てを満たす場合には、契約における財又はサービスの束について顧客に値引きを行っているものとして、当該値引きについて、契約における履行義務（ただし、全てではない）に対して比例的に配分します（基準71）[14]。

◨ 値引きの配分 ◨

> ①　契約における別個の財又はサービス（あるいは別個の財又はサービスの

14　この場合には、当該値引きを配分した後に、残余アプローチにより、財又はサービスの独立販売価格を見積ります（基準33）。

187

束）のそれぞれを、通常、単独で販売している
② 当該別個の財又はサービスのうちの一部を束にしたものについても、通常、それぞれの束に含まれる財又はサービスの独立販売価格から値引きして販売している
③ 上記②における財又はサービスの束のそれぞれに対する値引きが、当該契約の値引きとほぼ同額であり、それぞれの束に含まれる財又はサービスを評価することにより、当該契約の値引き全体がどの履行義務に対するものかについて観察可能な証拠がある

③ 例外2：変動対価の配分

　例外の第2として、対価に変動対価（**ステップ3**参照）が含まれる場合があげられます。

　次の要件をいずれも満たす場合には、変動対価及びその事後的な変動のすべてを、1つの履行義務あるいは「一連の別個の財又はサービス」に含まれる1つの別個の財又はサービスに配分します（基準72）。

◘ 変動対価の配分 ◘

① 変動性のある支払の条件が、当該履行義務を充足するための活動や当該別個の財又はサービスを移転するための活動（あるいは当該履行義務の充足による特定の結果又は当該別個の財又はサービスの移転による特定の結果）に個別に関連している
② 契約における履行義務及び支払条件のすべてを考慮した場合、変動対価の額のすべてを当該履行義務あるいは当該別個の財又はサービスに配分することが、企業が権利を得ると見込む対価の額を描写する

　もし変動対価を上記の要件に従って配分した後に残額が生じる場合には、当該残額は、通常の取引価格と同様に配分されます（基準73）。

第3章 収益認識基準による契約書への影響

第5節 取引価格の配分（ステップ4）

4 例外3：取引価格の事後的な変動

(1) 対価に事後的な変動が生じた場合の原則

例外の第3として、取引価格が事後的に変動した場合があげられます。この場合、契約における取引開始日後の独立販売価格の変動を考慮せず、契約における取引開始日と同じ基礎（配分比率）により、履行義務に配分します。なお、取引価格の事後的な変動のうち、既に充足した履行義務に配分された額については、取引価格が変動した期の収益の額を修正します。

(2) 対価に事後的な変動が生じた場合の例外1

ただし、変動対価と同様に、次の要件をいずれも満たす場合には、取引価格の変動の全てについて、1つ（又は全てではない複数）の履行義務あるいは単一の履行義務に含まれる1つ（又は全てではない複数）の別個の財又はサービスに配分します（基準75）。

■ 支払条件が個別に関連している場合の配分方法 ■

① 変動性のある支払の条件が、当該履行義務を充足するための活動や当該別個の財又はサービスを移転するための活動（あるいは当該履行義務の充足による特定の結果又は当該別個の財又はサービスの移転による特定の結果）に個別に関連している

② 契約における履行義務及び支払条件の全てを考慮した場合、変動対価の額の全てを当該履行義務あるいは当該別個の財又はサービスに配分することが、企業が権利を得ると見込む対価の額を描写する

(3) 対価に事後的な変動が生じた場合の例外2

また、契約変更によって生じる取引価格の変動は、上記「契約変更」に従い処理します。契約変更が独立した契約として処理されない場合には、当該契約変更を行った後に生じる取引価格の変動について、次のいずれかの方法で配分します（基準76）。

189

■ 契約変更が独立した契約として処理されない場合の配分方法 ■

① 契約変更につき、既存の契約を解約して新しい契約を締結したものと仮定して処理する場合には、取引価格の変動を契約変更の前に識別した履行義務に配分する

　この場合の残存履行義務に配分すべき対価の額は、⒤顧客が約束した対価（顧客から既に受け取った額を含む）のうち、取引価格の見積りに含まれているが収益として認識されていない額と、⒤契約変更の一部として約束された対価、の合計額になる

② 当該契約変更を既存の契約を解約して新しい契約を締結したものと仮定して処理しない場合には、取引価格の変動を契約変更の直後に充足されていない又は部分的に充足されていない履行義務に配分する

| 第6節 | 基準35-45, 132-139、適用指針8-22, 115-125 |

履行義務の充足
（ステップ 5 ）

収益認識

　この**ステップ5**では、**ステップ2**で識別した履行義務の充足に応じて、**ステップ4**でその履行義務に配分された取引価格の金額の収益を、会計上認識します。

1 履行義務の充足の判断

　履行義務は、企業が約束した財又はサービス（以下では収益認識基準に従い「資産」と記載されることもあります）を、顧客に「移転」したときに、充足します（基準35）。

　資産が「移転」するのは、顧客が当該「資産に対する支配」を「獲得」したとき又は獲得するにつれてとなります（基準35）。

2 資産に対する支配

　「資産に対する支配」とは、当該資産の使用を指図し、当該資産からの残りの「便益」のほとんどすべてを享受する能力（他の企業が資産の使用を指図して資産から便益を享受することを妨げる能力を含む。）と定義されています（基準37）。

　資産からの「便益」とは、例えば、次の方法により直接的又は間接的に獲得できる潜在的なキャッシュ・フロー（インフロー又はアウトフローの節減）をいいます（基準133）。

　なお、収益認識基準では、資産の移転の基準として上述のとおり

191

「支配」を用いていますが、従来の企業会計原則では「資産の所有に伴う重要なリスクと経済価値」の移転を基準とする「リスク・経済価値アプローチ」が採用されていました。収益認識基準が支配アプローチを採用した理由としては、資産の認識の基準との整合性、リスク・経済価値アプローチにおける「重要な」という基準の解釈の困難、複数要素契約における取引実態の描写、があげられています。

③ 履行義務の充足の時点と収益認識時点

履行義務を充足の時点に応じて区分すると、一定の期間にわたり充足される履行義務と、一時点で充足される履行義務とに分類されます（基準36）。それぞれの履行義務により、収益の認識時点が異なります。

以下では、それぞれについて解説します。

④ 一定期間にわたり充足される履行義務

(1) 要　件

ア) 総　論

「一定の期間にわたり充足される履行義務」は、以下の要件のいずれかを満たす場合、資産に対する支配を顧客に一定の期間にわたり移転することにより、一定の期間にわたり履行義務を充足し収益を認識します（基準38）。

■「一定の期間にわたり充足される履行義務」の要件 ■

要件1（顧客が便益を享受する）
　企業が顧客との契約における義務を履行するにつれて、顧客が便益を享受する
要件2（顧客が資産を支配する）

> 企業が顧客との契約における義務を履行することにより、資産が生じる又は資産の価値が増加し、当該資産が生じる又は当該資産の価値が増加するにつれて、顧客が当該資産を支配する
>
> **要件3** 次の要件をいずれも満たす
> ①（別の用途に転用することができない資産）
> 　企業が顧客との契約における義務を履行することにより、別の用途に転用することができない資産が生じる
> ②（対価を収受する強制力のある権利）
> 　企業が顧客との契約における義務の履行を完了した部分について、対価を収受する強制力のある権利を有している

　　上記の**要件1〜要件3**は、要件1の形で充足される類型の履行義務、**要件2**の形で充足される類型の履行義務…という形で、一定の期間にわたって充足される履行義務の類型を示したものです。

イ）　要件1「顧客が便益を享受する」類型[15]

　　この類型は、企業が履行により便益を創出すると同時に顧客がこれを受け取って消費する類型です。具体例として、清掃サービスがあげられます。

ウ）　要件2「顧客が資産を支配する」類型

　　この類型の具体例としては、顧客が支配する建物に対する内装工事があげられます。なお、顧客が支配すると同時に消費するような場合は、**要件1**の類型に該当することとなります。

15　**要件1**の判断においては、仮に他の企業が顧客に対する残存履行義務を充足する場合に、企業が現在までに完了した作業を「当該他の企業が大幅にやり直す必要がない」ときには、企業が顧客との契約における義務を履行するにつれて、顧客が便益を享受するものとされます。「他の企業が作業を大幅にやり直す必要がない」かどうかの判断においては、①企業の残存履行義務を他の企業に移転することを妨げる契約上の制限又は実務上の制限は存在しない、ⅱ残存履行義務を充足する他の企業は、企業が現在支配する資産からの便益を享受せず、また、当該他の企業は、履行義務が当該他の企業に移転した場合でも企業が支配し続けることになる当該資産の便益を享受しない、と仮定されます（適用指針9）。

エ）　要件3

　　この類型には、**要件1・要件2**のいずれの要件も適用すること
　が困難となるような類型が該当します。具体例として顧客に固有
　である可能性のあるコンサルティングサービスや、顧客が所有す
　る土地の上に建物を建築するような場合があげられます。

a）　**要件3①「別の用途に転用することができない資産」**

　　要件3にあげられている「資産を別の用途に転用することが
　できない場合」とは、企業が履行するにつれて生じる資産又は
　価値が増加する資産を、別の用途に容易に使用することが"契
　約上"制限されているか、あるいは、完成した資産を別の用途
　に容易に使用することが"実務上"制約されている場合を指し
　ます（適用指針10）。

　　この要件があげられているのは、企業が創出している資産が
　容易に別の顧客に振り向けられるような場合には、当該資産が
　創出されるにつれて、顧客がその資産を支配することとはなら
　ないためです。

　　もっとも、別の用途に転用することができないというのみで
　は、顧客が便益をも獲得したとはいえないため、「支配が移転
　する」とはいえません。そのため、次の**要件3②**の要件が求め
　られています。

b）　**要件3②「対価を収受する強制力のある権利」**[16]

16　**要件3②**の要件の判断は、契約条件及び当該契約に関連する法律を考慮して
　　行います。また、履行を完了した部分について対価を収受する強制力のある権
　　利を有している場合とは、契約期間にわたり、企業が履行しなかったこと以外
　　の理由で契約が解約される際に、少なくとも履行を完了した部分についての補
　　償を受ける権利を有している場合を意味します。この場合の補償額は、合理的
　　な利益相当額を含む、現在までに移転した財又はサービスの販売価格相当額で
　　あり、①契約に基づき履行を完了した部分について合理的に見積った利益相当
　　額の一定割合、⑩対象となる契約における利益相当額が、同様の契約から通常
　　予想される利益相当額より多額の場合には、当該同様の契約から予想される合
　　理的な利益相当額、のいずれかとされます（適用指針12）。

第3章　収益認識基準による契約書への影響

第6節　履行義務の充足（ステップ5）

　この要件は、企業がサービスを提供する場合に、その全てを提供する前に企業の債務不履行以外の理由で契約が解約される場合において、解約までの履行に対する対価を得る権利を企業が有することを意味します。

　簡潔にいえば、債務不履行以外の場合で途中解約された場合であっても、企業が対価の一部を得られることを意味しています。

(2)　収益認識

　なお、上記の「一定の期間にわたり充足される履行義務」の収益認識は、履行義務の充足に係る進捗度を見積り[17]、当該進捗度に基づいて収益を一定の期間にわたり行います（基準41）。

5　一時点で充足される履行義務

(1)　総　論

　履行義務が「一定の期間にわたり充足される履行義務」に該当しない場合には、その履行義務は「一時点で充足される履行義務」として扱われます（基準39）。

　一時点で充足される履行義務については、「資産に対する支配」が顧客に移転した時点で、履行義務が充足されたとして収益を認識します（基準39）。

(2)　「資産に対する支配」

　「資産に対する支配」が顧客に移転したか否かの判断の基準として、

17　履行義務の充足に係る進捗度を合理的に見積ることができないが、当該履行義務を充足する際に発生する費用を回収することが見込まれる場合には、履行義務の充足に係る進捗度を合理的に見積ることができる時まで、一定の期間にわたり充足される履行義務について原価回収基準により処理します（基準45）。

195

基準では以下が例示されています（基準40）。

■ 「資産に対する支配」が顧客に移転したか否かの判断基準の例 ■

- 企業が顧客に提供した資産に関する対価を収受する現在の権利を有していること
- 顧客が資産に対する法的所有権を有していること
- 企業が資産の物理的占有を移転したこと
- 顧客が資産の所有に伴う重大なリスクを負い、経済価値を享受していること
- 顧客が資産を検収したこと

　また、上記の指標を用いるにあたっては、以下の事項を考慮する必要があるとされています（適用指針14）。

■ 考慮の必要がある事項 ■

- 顧客が企業から提供された資産に関する対価を支払う現在の義務を企業に対して負っている場合には、顧客が当該資産の使用を指図し、当該資産からの残りの便益のほとんど全てを享受する能力を有していることを示す可能性がある。
- 顧客が資産に対する法的所有権を有している場合には、顧客が当該資産の使用を指図し、当該資産からの残りの便益のほとんど全てを享受する能力又は他の企業が当該便益を享受することを制限する能力を有していることを示す可能性があり、顧客が資産に対する支配を獲得していることを示す可能性がある。なお、顧客の支払不履行に対して資産の保全を行うためにのみ企業が法的所有権を有している場合には、当該権利は、顧客が資産に対する支配を獲得することを妨げない。
- 顧客が資産を物理的に占有する場合には、顧客が当該資産の使用を指図し、当該資産からの残りの便益のほとんど全てを享受する能力又は他の企業が当該便益を享受することを制限する能力を有していることを示す可能性がある。
　ただし、買戻契約（適用指針69-74参照）、委託販売契約（適用指針75-76参照）、請求済未出荷契約（適用指針77-79参照）等、物理的占有が資産に対する支配と一致しない場合がある。
- 資産の所有に伴う重大なリスクと経済価値を顧客に移転する場合には、顧客が当該資産の使用を指図し、当該資産からの残りの便益のほとんど全てを享受する能力を獲得することを示す可能性がある。
- 顧客が資産を検収した場合には、顧客が当該資産の使用を指図し、当該資産からの残りの便益のほとんど全てを享受する能力を獲得したことを示す

第3章　収益認識基準による契約書への影響

第6節　履行義務の充足（ステップ5）

可能性がある（適用指針80-83参照）。

ア）「対価を収受する現在の権利」

　上述のとおり、企業が資産に対する支払を受ける現在の権利を有している場合には、顧客に（そのような支払を行う「現在の義務」と引き換えに）「資産の支配が移転」したことの指標になると考えられています（基準40(1)、適用指針14(1)）。現在の権利としては、典型的には売掛債権があげられます。

＊　「現在の」権利又は義務

　「現在の」とは、支払期限が到来するまでに、時の経過以外は必要とされていないことを意味するとされています。逆にいえば、債務者である顧客が、債権者である企業に対し、確定期限の未到来以外の法律上の抗弁を有する場合には、ここでいう「現在の」義務にはあたらないと考えられます。そのような法律上の抗弁の例として、以下のようなものがあげられます。

▶抗弁の例1：停止条件の未成就、不確定期限の未到来

　債権の発生や履行期の到来について停止条件が付されている場合や履行期が不確定期限であるような場合において、そのような条件が未成就あるいは期限が未到来である場合には、「現在の」権利又は義務にあたらないとされています。これは、支払期限が到来するまでに時の経過以外の要件が必要となるためです。

　具体例として、検収の実施が停止条件とされている場合、継続的役務提供契約で個々の役務提供がなされていない場合（先履行義務の未提供）があげられます。

▶抗弁の例2：同時履行の抗弁

　同時履行の抗弁とは、双務契約の当事者が、相手方がその債務の履行を提供するまでは、自己の債務の履行を拒むことができる権利を意味します（民法533条）。このような同時履

197

行の抗弁も（確定期限の未到来以外の）法律上の抗弁となるため、同時履行の抗弁が存在する場合にも「現在の」権利又は義務とはなりません。

　同時履行の抗弁については、契約書の文言では（一方当事者が義務を履行される）「と同時に」「と引き換えに」（他方当事者が義務を履行する）という形で定められることが多いです。他方で、（一方当事者が義務を履行した）「ときに」（他方当事者が義務を履行する）という形で定められているような場合は、同時履行ではなく、他方当事者の義務の履行が後となります。

　そのため、契約書上で同時履行とされているかいずれかが先履行とされているかで収益の認識時点に相違が生じる可能性があります。同時履行の存在により、想定する収益認識時点とずれが生じるような場合には、契約書の文言を変更することが考えられます。

イ）「顧客が資産に対する法的所有権を有している」

　上述のとおり、顧客が当該資産に対する法的所有権を有している場合には、顧客に「資産の支配が移転」したことの指標になります（基準40（2）、適用指針14（2））。他方、法的所有権が企業に留まる場合には、いまだ顧客にその「資産の支配が移転」していないことの指標となります。これらは、法的所有権が、その対象物に対する完全支配権であり、所有者はその資産から残りの便益のほとんどすべてを獲得する能力を有すると考えられるからです。

　法的所有権の移転がどの時点で生じたかは、収益の認識時点において重大な影響を有することとなります。そのため、契約書において所有権移転時期を明らかにしておくことで、想定している収益認識時点と会計上の収益認識時点を一致させることが可能となります。

第3章　収益認識基準による契約書への影響

第6節　履行義務の充足（ステップ5）

ウ）「物理的占有」

　　上述のとおり、資産の物理的占有が移転したことも、「資産の支配が移転」したことの重要な指標となります。これは、資産から便益を享受する能力が物理的占有と紐付いていることが多いためです。

　　そのため、契約書において引渡し（物理的占有の移転）時点を明らかにしておくことで、想定している収益認識時点と会計上の収益認識時点を一致させることが可能となります。

エ）「重大なリスクと経済価値」（危険負担）

　　顧客が、資産の所有に伴う重大なリスクと経済価値を有していることも、「資産の支配が移転」の重要な指標となります。これは、顧客がリスクと経済価値を有するに至った原因が、支配の移転にあることが多いと考えられるためです。

　　なお、民法上、資産から生じるリスク（危険）を、資産の移転にかかる債権者と債務者のいずれに負担させるかという危険負担について定められています。契約書においては民法の規定と異なる危険負担の定めを置くことが可能であるため、契約書において危険負担が移転する時点を明らかにしておくことで、想定している収益認識時点と会計上の収益認識時点を一致させることが可能となります。

オ）「検収」

　　上述のとおり、顧客による財又はサービスの検収も、「資産の支配が移転」したことの重要な指標となります。もっとも、契約において合意された仕様に従っていることにより、顧客に「資産の支配が移転」したことを客観的に判断できる場合には、顧客の検収は形式的なものと考えられるため、顧客による「資産の支配」の時点に関する判断に影響を与えません（適用指針80）。例えば、顧客の検収が、所定の大きさや重量を確認するものである場合には、それらの大きさや重量は顧客の検収前に企業が判断で

199

きます。

　他方、顧客に移転する資産が契約において合意された仕様に従っていると客観的に判断することができない場合には、顧客の検収が完了するまで、顧客は当該「資産の支配の移転」は認められません（適用指針82）。

　また、商品又は製品を顧客に試用目的で引き渡し、試用期間が終了するまで顧客が対価の支払を約束していないような場合は、顧客が商品又は製品を検収するまであるいは試用期間が終了するまでは、当該商品又は製品に対する支配は顧客に移転しません（適用指針83）。

(3)　返　　品（適用指針 84-89，161）

　商品の売買契約等においては、買い手が売り手に対する返品を行う権利を買い手に留保させる場合があります。このような買い手の権利は一般に返品権と呼ばれますが、収益認識基準においては、以下のいずれかの要件を満たした権利を「返品権」と定義しています（適用指針84）。

■ **返品権の要件** ■

①　顧客が支払った対価の全額又は一部の返金
②　顧客が企業に対して負う又は負う予定の金額に適用できる値引き
③　別の商品又は製品への交換

ア）　返品権の会計処理[18]

　上記のような返品権が付された商品又は製品（及び返金条件付きで提供される一部のサービス）を販売した場合は、以下の全てについて

18　なお、返品受入期間中に返品される商品又は製品の受入れに備えるという約束は、返金を行う義務とは別の履行義務として処理されません（適用指針161）。

200

処理することとされています（適用指針85）。

■ 返品権の会計処理 ■

① 企業が権利を得ると見込む対価の額（下記の、返品されると見込まれる商品又は製品の対価を除く。）で収益を認識する。
※ 「変動対価が含まれる取引」の一種として扱われます（適用指針23）。
② 返品されると見込まれる商品又は製品については、収益を認識せず、当該商品又は製品について受け取った又は受け取る対価の額で返金負債を認識する。
③ 返金負債の決済時に顧客から商品又は製品を回収する権利について資産を認識する。

イ）事　例

例として、原価率60％、100万円の現金売上のうち、3％が返品されると見込まれる場合の会計処理を示します。

■ 具体例 ■

現　　金	100　万円	／	売　　上	97万円
			返金負債	3万円
売上原価	58.2万円	／	棚卸資産	60万円
返品資産	1.8万円※			

※60万円×3％＝1.8万円

このように契約に返品規定が存在すると、返品率の合理的な見積りを行う必要が生じることとなり、そのためのデータの集積等の負担が生じることとなります。そのため、実質的に返品が行われる可能性がほとんどないなど、返品規定の必要性に乏しい場合には、返品規定自体を削除した方が望ましい場合があります。

(4) 買戻条項（適用指針69, 153）

上述したとおり、履行義務の充足には、「支配の移転」が必要とされます。ここで、企業が商品又は製品を買い戻す義務（先渡取引）や

権利（コール・オプション）を有している場合には、顧客には当該商品又は製品に対する支配が移転していないとされます（適用指針69）。

そして、商品又は製品の（金利相当分調整後の）買戻価格が、当初の販売価格より低い場合には当該契約はリース取引として処理され、商品又は製品の買戻価格が当初の販売価格以上の場合には、当該契約は金融取引として処理されます（適用指針69）。

◾ 買戻価格と当初の販売価格 ◾

- 買戻価格＜当初の販売価格　⇒　リース取引
- 買戻価格＞当初の販売価格　⇒　金融取引

このように買戻条項についても、想定していた収益認識時点と実際の認識時点が相違するのみならず、そもそも収益を認識できない（金融取引として、支払利息のみを認識する）可能性があります。そのため、買戻条項の必要性に乏しい場合には、条項自体を削除した方が望ましい場合があります。

(5)　サポート特約

ステップ2（履行義務の識別）で述べたように、契約において約束した財又はサービスを評価し、その約束が「別個の財又はサービス（あるいは別個の財又はサービスの束）」あるいは「一連の別個の財又はサービス」の移転の約束と評価される場合には、当該約束を履行義務として識別し、取引価格を配分することになります。

そして、財又はサービスが「別個」と評価されるか否かの基準の1つとして、「当該財又はサービスから単独で顧客が便益を享受することができること」があげられており、その判断中では、「財又はサービスをインプットとして使用し、契約において約束している他の財又はサービスとともに、顧客が契約した結合後のアウトプットである財又はサービスの束に統合する重要なサービス」であるかの判断もなさ

202

れます（適用指針6（1））。

　製品の売買契約時に締結されるサポートサービスを行う旨の特約については、「サポートサービス単独で顧客が便益を享受できる」あるいは「製品という財に統合する重要なサービスである」ものと扱われる可能性があります。その場合には、サポートサービスを行う義務を、製品の引渡し義務とは別の履行義務として識別した上で、個別に収益を認識することとなります。このことは、取引対価をサポートサービスに配分する必要が生じ、当初想定していた収益認識時期と会計上の収益認識時期が異なることとなる可能性があることを意味します。そのため、サポート特約の必要性に乏しい場合には、条項自体を削除した方が望ましい場合があります。

(6)　出荷基準（適用指針98，171）

　我が国では、商品を出荷した時点で収益を認識するという出荷基準が広く用いられています。着荷を基準とすると、顧客から着荷の連絡がない場合に、いちいち着荷確認を行わざるを得ず、非常に煩雑だからです。

　ところが、この**ステップ5**で述べたように、本基準における収益の認識時点は顧客に「支配が移転」した時点とされています。そのため、いまだに顧客に「支配が移転」したとは認められない出荷時点では、原則として収益の認識は認められないこととなってしまいます。

　もっとも、上記のように多くの企業が出荷基準を採用していることから、例外的に以下の要件を満たす場合には、出荷時点で収益の認識が認められることとされました（適用指針98）。

■ 出荷時点で収益の認識が認められる場合 ■

> 　商品又は製品の国内の販売において、出荷時から当該商品又は製品の支配が顧客に移転される時までの期間が通常の期間である場合

203

ここで、注意すべき点が2点あります。

ア）　注意点1：国内における販売に限定されていること

出荷基準を適用することができるのは、国内における販売に限定されています。これは、海外との取引では、通常配達に時間がかかり、収益認識時点の差異の重要性が乏しいとはいえないからです。そのため、たとえ配送等に要する日数が数日であったとしても、海外への販売においては、出荷基準を用いることはできません。

イ）　注意点2：出荷から移転に要する期間が「通常の期間」であること

出荷基準は収益認識時点の差異が重要性に乏しいことに鑑みて例外的に認められているため、その差異の重要性が乏しいとみなせる範囲として、「通常の期間」であることを要求しています。

「通常の期間」とは、当該期間が国内における出荷及び配送に要する日数に照らして、取引慣行ごとに、合理的と考えられる日数である場合、と定義されており、国内の取引を前提とすれば、数日程度であると考えられています（適用指針98, 171）。

204

適用指針39-47、135-138

第7節 本人と代理人の区別

収益認識

1 総　論

　顧客への財又はサービスの提供に他の当事者が関与している場合、契約の本人に該当するのか、代理人に該当するのかで、収益として計上される金額が異なる場合があります。

　すなわち、①顧客との約束が、「顧客に対して財又はサービスを"自ら提供"する履行義務」と評価される場合には、企業は契約の本人に該当するとして、当該財又はサービスの提供と交換に企業が権利を得ると見込む対価の総額を収益として認識します（適用指針39）。

　これに対し、②顧客との約束が、「他の当事者に対して、他の当事者の財又はサービスを顧客に提供するための"手配"をする履行義務」と評価される場合には、企業は契約の代理人に該当するとして、"手配"することと交換に企業が権利を得ると見込む報酬又は手数料の金額（あるいは他の当事者が提供する財又はサービスと交換に受け取る額から当該他の当事者に支払う額を控除した純額）を収益として認識することとなります（適用指針40）。

　なお、本人と代理人の区分の判定は、顧客に提供する「別個の」財又はサービス（あるいは別個の財又はサービスの束）単位でなされます（適用指針41）。顧客との契約の中に、複数の「別個の」財又はサービスが含まれている場合には、企業は、その契約の中の一部の「別個の」財又はサービスについて本人に該当し、他の特定の財又はサービスについて代理人に該当する、という可能性があります（適用指針41）。

205

2　本人と代理人の区別の判断

(1)　総論：（特定の財又はサービスに対する）支配による判断

それぞれの「別個の」財又はサービスについて、本人と代理人のいずれに該当するかの判断基準は、顧客への財又はサービスの提供に他の当事者が関与している場合において、「財又はサービスが顧客に提供される前に、企業が当該財又はサービスを支配しているか否か」で判断するとされています（適用指針43）。すなわち、企業が、売り手であるＡ社と買い手となるＢ社（企業から見れば顧客にあたります）との間に入るような場合、Ｂ社に対して財又はサービスが提供される前に、企業が、当該財又はサービスを「支配」しているといえる場合は、企業は本人に該当します。他方、「支配」していると認められない場合には、企業は代理人にあたるとされます。

(2)　（特定の財又はサービスに対する）支配の判断基準

そのために次に、本人と代理人の区別の基準である「支配」をどのように判断すべきか、が問題となります。

収益認識基準では、以下のいずれかに該当する場合に、「支配」が認められ、本人に該当するとされています[19]（適用指針44）。

■ 支配が認められ、本人に該当するとされる場合 ■

① 「企業が他の当事者から受領し、その後に顧客に移転する財又は他の資産」を支配している
② 「他の当事者が履行するサービスに対する権利、他の当事者が履行する

19　企業が財に対する法的所有権を顧客に移転する前に獲得したとしても、当該法的所有権が瞬時に顧客に移転される場合には、企業は必ずしも当該財を支配していることにはならないとされています（適用指針45）。

第3章　収益認識基準による契約書への影響

第7節　本人と代理人の区別

> サービスに対する権利を企業が獲得することにより、企業が当該他の当事者に顧客にサービスを提供するよう『指図』する能力」を有している
> ③　「他の当事者から受領した財又はサービスで、企業が顧客に財又はサービスを提供する際に、他の財又はサービスと統合させるもの」を支配している（例えば、他の当事者から受領した財又はサービスを、顧客に提供する財又はサービスに"統合"する重要なサービスを企業が提供する場合には、企業は、他の当事者から受領した財又はサービスを顧客に提供する前に支配している）

　加えて、上記の「支配」の指標として、収益認識基準では以下の事情を考慮すべきとしています（適用指針47）。

■「支配」の指標として考慮すべき事情 ■

> • 企業が当該財又はサービスを提供するという約束の履行に対して「主たる責任」を有していること（これには、通常、財又はサービスの受入可能性に対する責任（例えば、財又はサービスが顧客の仕様を満たしていることについての主たる責任）が含まれる）
> 　企業が財又はサービスを提供するという約束の履行に対して主たる責任を有している場合には、当該財又はサービスの提供に関与する他の当事者が代理人として行動していることを示す可能性がある。
> • 当該財又はサービスが顧客に提供される前、あるいは当該財又はサービスに対する支配が顧客に移転した後（例えば、顧客が返品権を有している場合）において、企業が「在庫リスク」を有していること
> 　顧客との契約を獲得する前に、企業が財又はサービスを獲得する場合あるいは獲得することを約束する場合には、当該財又はサービスが顧客に提供される前に、企業が当該財又はサービスの使用を指図し、当該財又はサービスからの残りの便益のほとんど全てを享受する能力を有していることを示す可能性がある。
> • 当該財又はサービスの「価格の設定」において企業が裁量権を有していること
> 　財又はサービスに対して顧客が支払う価格を企業が設定している場合には、企業が当該財又はサービスの使用を指図し、当該財又はサービスからの残りの便益のほとんど全てを享受する能力を有していることを示す可能性がある。ただし、代理人が価格の設定における裁量権を有している場合もある。例えば、代理人は、財又はサービスが他の当事者によって提供されるように手配するサービスから追加的な収益を生み出すために、価格の設定について一定の裁量権を有している場合がある。

ア）具体例［適用指針設例17〜19参照］

本人と代理人の区別について具体例を検討します。

a）事例1

インターネット通販プラットフォームを提供するＡ社が、供給者であるＢ社との間で、Ｂ社が供給する製品がＡ社の提供するプラットフォームを通じて顧客に販売された場合には、販売価格の10％を手数料としてＡ社が受領するという内容の契約を締結したとします。

このような場合、通常、Ａ社が運営するプラットフォームにより顧客に提供される財は、Ｂ社が提供する財に限られます。また、Ｂ社がＡ社の「指図」を受けているという関係も認められないことが通常です。さらに、製品の「価格の設定」の裁量権や「在庫リスク」はＢ社に帰属することが通常です。そのため、通常、Ａ社は、顧客との間では、契約の本人ではなく、Ｂ社の代理人にあたるといえます。

この場合、Ａ社は、（顧客から収受する対価ではなく）Ｂ社から受領する対価の純額（10％の手数料）を収益として認識することになります。

b）事例2

オフィスクリーニングを行う企業Ａ社が、Ｂ社との間でオフィスクリーニング業務を提供する旨の契約を締結したが、実際のクリーニング業はＣ社に外部委託したとします。

このような場合、Ｃ社はＡ社の「指図」の下にＢ社に対してサービスの提供を行う（ＡＢ社間での契約内容に沿って、Ｃ社が提供を行う）ことになります。また、サービス提供にかかる「主たる責任」がＡ社にあると考えられます。さらに、「価格の設定」においてＡ社に裁量権が認められるのが通常であることから、Ａ社は本人にあたると考えられます。

この場合、Ａ社は、Ｂ社から受領する報酬の全額を収益とし

第3章 収益認識基準による契約書への影響

第7節 本人と代理人の区別

て認識することとなります。

c) **事例3**

格安航空券販売会社のＡ社は、Ｂ社等の複数の航空会社から、一定数の航空券をまとめて購入し、顧客に対して販売したとします。

このような場合は、Ａ社とＢ社の間の契約内容が重要となります。もしＡ社とＢ社の契約において、再販売時の「価格の設定」についてＡ社の裁量権が広く認められており、かつ、航空券が売れ残る「在庫リスク」をＡ社が負担するような場合であれば、Ａ社は顧客との関係では契約の本人にあたるのが通常であると考えられます。他方、Ａ社が「価格の設定」の裁量権を一切持たず、「在庫リスク」も負わないような場合には、Ａ社はＢ社らの代理人に該当するものと扱うべき場合が多いと考えられます。

イ）**留意点**

上記のように、企業が本人に該当するのか代理人に該当するのかは、収益を総額で認識するのか純額で認識するのかという重要な影響を及ぼすこととなります。そのため、契約書を作成する際には、本人に該当するのか代理人に該当するのか十分注意しつつ規定を設ける必要があります。

第**4**章

契約書
雛形及び解説

第1章 民法改正と収益認識
基準適用に向けて

第2章 改正民法による
契約書への影響

第3章 収益認識基準による
契約書への影響

第4章 契約書
雛形及び解説

雛形1　継続的売買取引基本契約書

雛形2　諾成的金銭消費賃借契約書

雛形3　不動産賃貸借契約書

雛形4　業務委託契約書

雛形5　ソフトウェア開発委託契約書

雛形6　基本約款

雛形 1

継続的売買取引基本契約書

契約書

収入印紙
4000円

継続的売買取引基本契約書

（売主）○○○○（以下「甲」という。）と（買主）○○○○（以下「乙」という。）は、甲乙間における以下に定める売買対象物（以下「本件物品」という。）につき、以下のとおり継続的売買取引基本契約（以下「本契約」という。）を締結する。

第１条　（目的）
　　本契約は、乙が第三者に本件物品を転売することを目的として、甲から本件物品を買い受けるものである。

第２条　（品質）
　　甲及び乙は、本件物品が引渡時において、別紙仕様書に定める品質（以下「本件品質」という。）に適合するものであることを確認する。

第３条　（売買）
　　甲は、乙に対して、本契約に従い本件物品を売り渡し、乙はこれを買い受ける。

第４条　（適用範囲）
　(1)　本契約は、次条以下に規定する全ての個別契約（本契約締結前から存在する個別契約も含む。）に適用する。
　(2)　個別契約の内容が、本契約と異なるときは、個別契約が優先される。

> 【改正民法】
> 目的条項は、解除、損害賠償、契約不適合判断等に影響を与えます。

> 【改正民法】
> 品質条項は、契約不適合判断等に影響を与えます。

第4章　契約書　雛形及び解説

雛形1　継続的売買取引基本契約書

第5条　（個別契約）
　(1)　本件物品の品名、数量、単価、代金総額、引渡期日、
　　　引渡場所及び発注日等は、甲乙協議のうえ、個別契約で
　　　定めるものとする。
　(2)　個別契約は、乙が前項の事項等を記載した注文書を甲
　　　に交付し、甲が注文請書を乙に交付することにより成立
　　　する。

第6条　（代金支払）
　　　　乙は、本件物品の代金を引渡期日の属する月の翌月末
　　　日までに、下記振込口座に振り込んで支払う（振込手数
　　　料は乙負担）。
　　　　　○○銀行○○支店　普通預金
　　　　　口座番号　○○○○○○　口座名義　○○○○○○

【改正民法】
送金時に弁済の
効力を認める規
定も可能です。

第7条　（引渡）
　　　　甲は、引渡期日に、引渡場所に本件物品を持参して引
　　　き渡す。なお、引き渡しに要する費用は甲の負担とす
　　　る。

【収益認識】
「引渡」は動産
の権利者である
ことの対抗要件
であるため、引
渡の時期や方
法について明記
しておきましょ
う。

第8条　（検査及び検収）
　(1)　甲は、乙の検査基準に従って、本件物品が別紙仕様書
　　　の仕様に沿っているか、乙又は乙が指定する責任者の検
　　　査を受けるものとする。
　(2)　乙は、前項の規定による検査を本件物品の納品後30
　　　日以内に行うものとし、必要があれば甲の立会いを求め
　　　ることができるものとする。
　(3)　前各項の検査に合格したときをもって個別契約の完了
　　　とし、検収とする。但し、本件物品が分割されて納入さ
　　　れるときは、格別の合意のない限り、全ての成果物が検
　　　査に合格したときに個別契約の完了とする。
　(4)　本件物品の梱包及び輸送等の方法等については、乙の
　　　定めるところによる。
　(5)　甲は、第1項の規定による検査の結果、本件物品が不
　　　合格となった場合、検査期限内又は別途甲乙協議して定
　　　める期限内に、本件物品の代替物又は本件物品に補修を
　　　加え、乙の再検査を受けるものとする。
　(6)　再検査の手続きについては、第1項から第4項の規定

【収益認識】
仕様書の内容に
沿っているか、
甲（売主）が客
観的に判断でき
ないときは、検
収が完了するま
では、原則とし
て収益の認識
が認められなく
なるおそれがあ
ります。

【収益認識】
検査期間が長
期で実質的な
ものであると、
検収完了しない
と収益を認識
できないと判
断されるおそれ
があります。

を準用するものとする。

(7) 乙は、本件物品について所定の検査を完了することが困難になった場合、自己の判断で相当程度、検査期限の延長を行うことができるものとする。

第9条 （所有権）
　　本件物品の所有権は、本件物品の引渡時に、甲から乙に移転する。

第10条 （不具合）
(1) 乙は、本件物品に不具合（隠れた瑕疵を含む。）がある場合又は本件品質に反する場合など、本件物品が本契約の内容に適合しない場合（以下「不具合」という。）は、自ら指定した方法により、甲に対して、本件物品の修補、代替物の引渡又は不足分の引渡による追完を請求することができるものとする。
(2) 乙は、本件物品に不具合があることにより、本契約の目的が達成できないと判断する場合、甲に対して前項に定める追完の催告を行うことなく、自らの選択により、直ちに売買代金の減額請求又は本契約の解除を行うことができるものとする。
(3) 乙が不具合を知ったときから6ヶ月以内にその不具合を甲に通知しないときは、乙は、その不具合に基づく追完請求権、解除権、損害賠償請求権及び代金減額請求権を行使することができない。但し、甲が本件物品引渡時において、その不具合を知り又は重大な過失により知らなかったときはこの限りでない。

第11条 （危険負担）
　　本件物品の乙への引渡前に、乙の責めに帰さない事由により、本件物品に生じた滅失、毀損及び価値減少等の損害は、甲の負担とする。

第12条 （権利の譲渡禁止等）
　　乙は、あらかじめ甲の書面による承諾を得ないで、本契約に基づく権利、義務又は財産の全部もしくは一部を第三者に譲渡し、承継させ又は担保に供してはならない。

【収益認識】
検収時に所有権移転すると規定した場合、検収時に収益認識されると判断されるおそれがあります。引渡時に収益認識を希望する場合には、所有権移転時期を引渡時に設定しておくべきでしょう。

【改正民法】
瑕疵担保責任が契約不適合責任に変わりました（改正562等）。但し、改正民法施行日前に契約の改定を行うのであれば、現行民法適用期間もあるため、改正民法特有の「契約不適合責任」という用語は用いない方がよいでしょう。

【改正民法】
特定物・不特定物にかかわらず、改正民法では、危険の移転時期が目的物の引渡時になりました。引渡時に危険が移転する旨の規定であれば、特に設ける必要はありませんが、注意的に規定しています。

【収益認識】
検収時に危険が移転すると規

第4章　契約書　雛形及び解説

雛形1　継続的売買取引基本契約書

第13条　（通知義務）

　　　甲及び乙は、次の各号のいずれか一つに該当するとき
　　は、相手方に対し、あらかじめその旨を書面により通知
　　しなければならない。

　　①　法人の名称又は商号の変更
　　②　振込先指定口座を変更
　　③　代表者の変更
　　④　本店、主たる事業所の所在地又は住所の変更

第14条　（製造物責任）

　(1)　甲は、本件物品の設計上、製造上及び表示上の欠陥が
　　ないよう最大限の努力を払うものとする。

　(2)　本件物品の欠陥に起因して、本件物品又は本件物品を
　　組み込んだ製品が第三者に対し損害を与えたことによ
　　り、当該第三者から乙に対して損害賠償請求がなされ、
　　乙がこれを支払った場合、乙は当該欠陥と相当因果関係
　　のある損害の賠償（弁護士費用及びその他の実費を含
　　む。）を甲に請求することができる。但し、本件物品に
　　欠陥が生じたことにつき、甲に過失が存在しない場合は
　　この限りでない。

　(3)　甲は、本契約終了後も前項の義務を負う。

第15条　（相殺）

　　　乙は、本契約又は本契約に限らないその他の契約等に
　　基づき乙が甲に対して負担する債務と、本契約又は本契
　　約に限らないその他の契約等に基づき乙が甲に対し有す
　　る債権とを、その債権債務の期限如何にかかわらず、い
　　つでもこれを対当額において相殺することができる。但
　　し、悪意による不法行為に基づく損害賠償の債務及び人
　　の生命又は身体の侵害による損害賠償の債務を受働債権
　　とすることは、この限りでない。

第16条　（任意処分）

　　　乙が引渡期日に本件物品を引き取らない等の契約の不
　　履行が生じたときは、甲は乙に対し書面により相当期間
　　を設け催告したうえで、本件物品を任意に処分し、その
　　売得金をもって乙に対する損害賠償債権を含む一切の債

定することも可
能です。ただ、
その場合、検
収時に収益認
識されると判断
されるおそれが
あります。
引渡時に収益
認識を希望する
場合には、危
険の移転時期
も引渡時に設定
しておくべきで
しょう。

【改正民法】
売主の売掛金
については、民
法の原則に沿っ
て債権譲渡自
由にしています
（改正466）。

【改正民法】
生命身体に対す
る損害賠償請
求権や悪意に
よる不法行為に
よる損害賠償
請求権について
は、相殺によ
り消滅させるこ
とはできません
（改正509）。

215

権の弁済に充当することができ、不足額があるときは、更に乙に請求することができる。

第17条　（守秘義務）
(1) 甲が業務上乙に提供又は開示する仕様及びノウハウ等の技術情報、本契約の内容並びにその他乙が本件業務を遂行するに際して知り得た甲もしくは甲の顧客に関連する情報（以下「秘密事項」という。）は、全て秘密保持の対象であり、乙は厳重に秘密事項の管理を行うとともに、当該秘密事項を本契約の遂行の目的以外に利用してはならないものとする。また、乙は、秘密事項を甲から事前に書面による承諾を受けることなく、本件業務履行中はもとより業務完了後も、本件業務遂行のために必要な乙の要員以外の第三者に開示、漏洩しないものとする。但し、秘密保持の対象に次の各号のものは含まれない。

① 甲から提供もしくは開示されたときに既に一般に公知になっている事項及びその後乙の責に帰すべからざる事由により刊行物その他により公知となった事項
② 甲から提供もしくは開示される以前に既に乙が保有していることを証明できる事項
③ 提供もしくは開示の権限のある甲以外の第三者から乙が秘密保持義務を負うことなく適法に取得した事項
④ 法令、政府機関、裁判所の命令により開示が義務付けられた事項

(2) 乙は、秘密事項を本件業務遂行のために必要な乙の要員にのみ開示し、当該要員が在職中のみならず退職後も本条を遵守するよう秘密保持誓約書を提出させる等必要かつ十分な措置を取るものとする。
(3) 乙は、秘密事項の記載される書類について取扱責任者を定め、厳重に管理するとともに、使用後直ちに甲に返却するか甲の指示に従い破棄するものとする。
(4) 乙は、甲の書面による事前承諾のない限り、秘密事項の記載された書類を複写、複製又は転載等しないものとする。乙が甲の書面による事前承諾により秘密事項の記載された書類を複写する場合、複写物の管理につき本条に準じた措置をとるものとする。

第4章　契約書　雛形及び解説

雛形1　継続的売買取引基本契約書

第18条　（解約）
　　　甲又は乙は、本契約有効期間中といえども、３ヶ月前までに書面をもって相手方に対して通知することにより、本契約を解約することができる。

第19条　（契約期間）
　　　本契約の有効期間は、○年○月○日から○年○月○日までとし、期間満了の１ヶ月前までに甲乙いずれからも書面による異議がなされないときには、本契約は期間満了の翌日から起算して、同一内容にて更に１年間延長されるものとし、それ以後も同様とする。

第20条　（解除及び期限の利益喪失）
　(1)　甲又は乙が以下の各号のいずれかに該当したときは、相手方は催告及び自己の債務の履行の提供をしないで直ちに本契約又は個別契約の全部又は一部を解除することができる。この場合でも損害賠償の請求を妨げない。但し、第１号の場合には、相手方に対し書面による催告をしたにもかかわらず、その行為が１０日以内に是正されなかった場合に本契約の全部又は一部を解除することができる。
　　①　本契約の一つにでも違反したとき（なお、甲及び乙は、本契約が甲乙間の高度な信頼関係を基礎としていることから、仮に軽微な違反であっても本号に該当することを確認する。）

> 【改正民法】
> 軽微な解除にあたりにくくなるよう規定しています。

　　②　監督官庁から営業停止又は営業免許もしくは営業登録の取消し等の処分を受けたとき
　　③　差押、仮差押、仮処分、強制執行、担保権の実行としての競売、租税滞納処分その他これらに準じる手続が開始されたとき
　　④　破産、民事再生、会社更生又は特別清算の手続開始決定等の申立がなされたとき
　　⑤　自ら振り出し又は引き受けた手形もしくは小切手が１回でも不渡りとなったとき、又は支払停止状態に至ったとき
　　⑥　合併による消滅、資本の減少、営業の廃止・変更又は解散決議がなされたとき
　　⑦　災害、労働争議等、本契約の履行を困難にする事項

217

が生じたとき

⑧　その他、資産、信用又は支払能力に重大な変更を生じたとき

⑨　相手方に対する詐術その他の背信的行為があったとき

(2)　乙が前項各号のいずれかに該当した場合、乙は当然に本契約及びその他甲との間で締結した契約から生じる一切の債務について期限の利益を失い、乙は甲に対して、その時点において乙が負担する一切の債務を直ちに一括して弁済しなければならない。

第21条　（遅延損害金）- -

乙が本契約又は個別契約に基づく金銭債務の支払を遅延したときは、支払期日の翌日から支払済みに至るまで、年14.6％の割合による遅延損害金を支払うものとする。

第22条　（損害賠償責任）- -

甲又は乙は、解除、解約又は本契約に違反することにより、相手方に損害を与えたときは、その損害の全て（弁護士費用及びその他の実費を含む。）を賠償しなければならない。

第23条　（第三者に対する損害）

(1)　乙が、本契約履行上、乙の責めに帰すべき事由により、第三者に損害を与えた場合は、乙は自らの費用及び責任において損害を賠償し、甲には何らの迷惑又は損害を及ぼさないものとする。但し、その処理については、甲乙協議のうえ行うものとする。

(2)　乙は、本契約の終了後においても、前項に定める賠償責任を免れることはできないものとする。

第24条　（反社会的勢力の排除）

(1)　甲及び乙は、自らが、暴力団、暴力団員（暴力団員でなくなった日から5年を経過しない者を含む。）、暴力団準構成員、暴力団関係企業・団体、暴力団関係者、総会屋、社会運動等標榜ゴロ、政治活動標榜ゴロ又は特殊知能暴力集団その他これらに準ずる者（以下総称して「反

> 【改正民法】
> 遅延損害金条項が存在しないと3％等の低い遅延損害利率しか認められません（改正404Ⅱ）。

> 【改正民法】
> 特別損害の判断等につき、目的条項の影響を受けます（改正416Ⅱ）。また、違約金等を定める賠償予定を行うことも可能です。

社会的勢力」という。）のいずれにも該当しないこと、及び将来にわたっても該当しないことを表明し確約する。

(2) 甲及び乙は、前項の反社会的勢力又は反社会的勢力と密接な交友関係にある者（以下総称して「反社会的勢力等」という。）との間に次の各号のいずれの関係をも有しないこと及び将来にわたっても有しないことを表明し確約する。

①　反社会的勢力等によって経営を支配される関係
②　反社会的勢力等が経営に実質的に関与している関係
③　反社会的勢力等を利用する関係
④　反社会的勢力等に対し資金等を提供し又は便宜を供与する等の関係
⑤　その他反社会的勢力等との社会的に非難される関係

(3) 甲及び乙は、自ら又は第三者を利用して次の各号のいずれの行為をも行っていないこと及び将来にわたっても行わないことを表明し確約する。

①　暴力的な要求行為又は法的責任を超えた不当な要求行為
②　脅迫的な言動をし、又は暴力を用いる行為
③　風説を流布し、偽計又は威力を用いて相手方の信用を毀損し、業務を妨害する行為

(4) 乙は、個別契約を遂行するにあたって、乙の委託先又は調達先（個人であると団体であるとを問わず、また、委託先又は調達先が数次にわたるときは、そのすべてを含み、第三者を介して用いる者を含む。以下「履行補助者」という。）にも、現在又は将来にわたって、前三項の規定を表明させ遵守させるものとする。

(5) 乙は、甲が要求した場合、履行補助者が第1項から第3項の規定に違反していないかどうか調査する義務を負う。

(6) 乙は、履行補助者が第1項から第3項の規定に違反し又は違反するおそれがある場合、甲に対し直ちに報告するものとし、甲の指示に従うものとする。なお、乙は、履行補助者が第1項から第3項の規定に違反した場合、当該履行補助者との契約を直ちに解除するものとする。

(7) 乙は、乙又は履行補助者が、個別契約の履行に関連して、反社会的勢力等から不当要求又は業務妨害等の不当

介入を受けた場合、これを拒否し又は履行補助者をして拒否させるとともに、速やかに当該事実を甲に報告し、甲の捜査機関への通報に必要な協力を行うことを表明し確約する。

⑻　甲及び乙は、自らが本条に違反している場合、相手方に対し速やかに通知しなければならない。

⑼　甲及び乙は、相手方が本条に違反していること又は本条に基づく相手方の表明確約が虚偽の申告であることが疑われる場合、合理的な根拠を示したうえで相手方に調査を申し入れることができる。

⑽　甲及び乙は、相手方が本条に違反した場合又は本条に基づく相手方の表明確約が虚偽の申告であることが判明した場合、何らの催告その他の手続きを要せず、直ちに本契約及び個別契約の全部又は一部を解除することができるものとする。この場合、相手方は、支払期限未到来の債務も含めて、全債務について当然に期限の利益を喪失し、直ちに債務の履行をしなければならない。

⑾　甲及び乙は、前項の規定により本契約又は個別契約の全部又は一部を解除した場合、相手方に損害が生じても何らこれを賠償又は補償することを要せず、また、本契約又は個別契約を解除する契約当事者に損害が生じたときは、相手方はその損害を賠償するものとする。

第25条　（協議解決）
　　本契約に定めのない事項、又は本契約の解釈について疑義が生じたときは、甲乙誠意をもって協議のうえ解決する。

第26条　（合意管轄）
　　甲及び乙は、本契約又は個別契約に関し裁判上の紛争が生じたときは、訴額等に応じ、東京地方裁判所又は東京簡易裁判所を専属的合意管轄裁判所とすることに合意する。

第27条　（準拠法）
　　本契約は日本法に準拠し、同法によって解釈されるものとする。

第4章　契約書　雛形及び解説

雛形1　継続的売買取引基本契約書

第28条　(改正民法)- -

　　　甲及び乙は、民法の一部を改正する法律（平成29年法律第44号、以下「改正民法」という。）の施行日以後は、本契約及び本契約に付随する全ての合意につき、改正民法を適用する。但し、改正民法の性質上許されないものはこの限りでない。

　　本契約締結の証として、本契約書2通を作成し、甲乙相互に署名又は記名・捺印のうえ、各1通を保有することとする。

　　　　○年○月○日

　　　　　　　　　甲

　　　　　　　　　　　　　　　　　　　　　　　　　㊞

　　　　　　　　　乙

　　　　　　　　　　　　　　　　　　　　　　　　　㊞

別紙仕様書　（略）

> **【改正民法】**
> 契約書を統一的に管理するために、改正民法施行時に全ての契約が改正民法の適用を受けるよう規定しておいた方がよいでしょう。

221

1　概　　要

　継続的売買取引基本契約書は、1回きりの売買契約ではなく、複数回にわたり取引をする相手方との間において、取引における共通事項を定めておく契約書になります。通常、継続的売買取引基本契約書は、商取引において締結されることになります。

　個別の取引については、別途商品の個数や金額などを取り決める個別契約によって行われます。個別契約は、個別契約というタイトルで書面によって締結されることもありますが、注文書や注文請書のファックスでのやり取りや、電子メールでのやり取りをもって個別契約と捉えることもあります。

2　収入印紙

　継続的売買取引基本契約書は、原則として印紙税法上の第7号文書（継続的取引の基本となる契約書）に該当し、4000円の収入印紙を貼付しなければなりません。ただし、3ヶ月以内の期間で終了する契約（更新の定めがある契約は除く）については、収入印紙の貼付は必要ありません。

3　改正民法の影響

　改正民法が継続的売買取引基本契約書の各条文に影響を与える箇所は、以下のとおりです。

■ 改正民法の影響 ■

条文	項　目	内　容	重要度
1条	目　的	①履行不能を明確にする ②債務不履行の判断を明確にする ③特別損害の存在を明確にする	★★★

第4章　契約書　雛形及び解説

雛形1　継続的売買取引基本契約書

		④債務不履行が軽微でないことを明確にする	
2条	品　質	製品の品質を明確にする	★★★
6条	代金支払	送金時に弁済の効果を生じさせる	★
10条	不具合（瑕疵担保責任）	①権利行使期間の短縮 ②当事者のいずれかに有利にする ③責任を負わなくする	★★★
11条	危険負担	引渡時に危険が移転する	★
12条	権利の譲渡禁止等	一方当事者のみ債権譲渡を禁止する	★★
15条	相　殺	相殺禁止対象を明記する	★
20条	解除及び期限の利益喪失	軽微な解除にあたりにくくする	★★
21条	遅延損害金	遅延損害金利率を定める	★★
22条	損害賠償責任	①違約金を減額することができないと明記する ②損害賠償の上限を設ける	★★
28条	改正民法	改正民法施行日と同時に改正民法を適用する	★★★

4　収益認識基準の影響

　収益認識基準が継続的売買取引基本契約書の各条文に影響を与える箇所は、以下のとおりです。

◻ 収益認識基準の影響 ◻

条文	項　目	内　容	重要度
7条	引　渡	動産の権利者であることの対抗要件	★★
8条	検査及び検収	検収の内容が実質的か形式的か	★★★
9条	所有権	所有権移転時期がいつか	★★★
11条	危険負担	危険（リスク）移転時期がいつか	★★

⑤ 各条項の修正ポイント

(1) 目的（第１条）

ア）従来の一般的な条項

第○条　（目的）
　　　本契約は甲乙相互間の信頼に基づく公正な取引関係を確立し、相互の利益と業務の発展を図ることを目的とする。

　現行民法下においても、契約書の第１条などに目的条項が設けられることがあります。もっとも、現行民法においては、契約締結に至った目的は特に重視されていません。そのため、目的条項の内容も、法的意味を有しない当たり障りのない紳士条項に留まることが一般的でした。

　改正民法において目的条項が重要になるといわれていますが、上記のように、紳士条項を規定していたとしても、特に意味はありません。目的条項を設ける場合には、一定の法的効果を意図して設ける必要があります。

イ）改正民法を踏まえた修正案

【履行不能を明確にする場合】

第○条　（目的）
　　　本契約は、乙が顧客から○年○月○日までに本件物品を納品することを条件とする旨の依頼を受け、甲から本件物品を買い受けるものである。顧客は、○年○月○日までに本件物品を納品できないのであれば、もはや買い受けないと明言しているため、甲が、万が一、乙に対し、○年○月△日までに本件物品を納品しないのであれば、本契約は履行不能となる。

224

第4章　契約書　雛形及び解説
雛形1　継続的売買取引基本契約書

　履行不能は、以下のように、「契約その他の債務の発生原因」に基づき判断されます。

（履行不能）

改正第412条の2　債務の履行が契約その他の債務の発生原因及び取引上の社会通念に照らして不能であるときは、債権者は、その債務の履行を請求することができない。

　そのため、目的条項において、履行不能になる場合を明確にしておけば、履行不能になったか否かで争いが生じることを避けたり、仮に争いとなった場合でも有利な結論に至ることが可能となります。

　ちなみに、履行不能について売主（債務者）に帰責事由がある場合、債務者は、履行不能について自己に帰責事由がないことを立証できない限り、損害賠償責任を負うことになります（改正415条1項）。

　また、履行不能を原因とする解除については、以下のように無催告解除を行うことが認められています。

（催告によらない解除）

改正第542条　次に掲げる場合には、債権者は、前条の催告をすることなく、直ちに契約の解除をすることができる。
　一　債務の全部の履行が不能であるとき。

　以上のことから、債務者に帰責事由がある場合には、損害賠償請求を負うことになり、また、無催告解除をされるおそれがあることになります。

　もっとも、履行不能ではなく、単なる債務不履行の場合にも無催告解除を認める旨を別途契約書の解除条項に設けることも可能です。この場合には、目的条項の意義としては、無催告解除を行うためという

225

よりも、損害賠償請求を確実に行うためという意義の方が強くなるでしょう。

　なお、修正案では、購入した物品を顧客に転売することが記載されています。そのため、転売にかかる特別損害についても、原則として損害賠償請求で認められることになります（改正416条2項）。

【債務不履行の判断を明確にする場合】

> 第○条　（目的）
> 　　本契約は、甲が乙に対し、取引慣行において一般に適合する手順に従って本件物品を販売するものである。取引慣行において一般に適合する手順の判断は、原則として乙が行うこととし、甲は本件物品の手順が取引慣行に適合するよう最大限配慮しなければならない。

　債務不履行は、以下のように、「契約その他の債務の発生原因」に基づき判断されます。

（債務不履行による損害賠償）

改正第415条　債務者がその債務の本旨に従った履行をしないとき又は債務の履行が不能であるときは、債権者は、これによって生じた損害の賠償を請求することができる。ただし、その債務の不履行が契約その他の債務の発生原因及び取引上の社会通念に照らして債務者の責めに帰することができない事由によるものであるときは、この限りでない。

　この条文は、原則として債務不履行等になったときは、債務者（売主）が損害賠償責任を負うこととし、例外として帰責事由がないことを立証した場合には、損害賠償責任を免れることを定めています。そして、帰責事由の有無の判断材料として、契約その他の債務の発生原

因を考慮に入れるとしています。

なお、「契約その他の債務の発生原因及び取引上の社会通念に照らして」という判断基準の意味については、「契約の内容（契約書の記載内容等）のみならず、契約の性質（有償か無償かを含む。）、当事者が契約をした目的、契約の締結に至る経緯を始めとする契約をめぐる一切の事情を考慮し、取引通念をも勘案して、評価・認定される契約の趣旨に照らして」という意味であると説明されています[1]。このように、債務不履行の帰責事由は、契約の目的によっても判断されることになります。

修正案では、本件物品が取引慣行において一般に適合する手順に従って販売することが求められています。そして、その判断は原則として買主が行うこととし、売主は本件物品が取引慣行に適合する手順に沿って販売されるよう最大限配慮しなければならないとして、買主の保護が図られています。

このように、遵守すべき内容を「取引慣行において一般に適合する手順」のように、一般的な基準に委ねる方法とは異なり、「別紙販売手順」のように具体的な基準を設けて、契約書の末尾に別紙として添付する方法も考えられます。こちらの方が、一般的な基準よりも解釈の余地が狭まるため、債務不履行であることを立証することが容易になると考えられます。

【特別損害の存在を明確にする場合】

> 第○条　（目的）
> 　　本契約は、乙が第三者に本件物品を転売することを目的として、甲から本件物品を買い受けるものである。

1　法制審議会民法（債権関係）部会第90回会議の部会資料79-3「民法（債権関係）の改正に関する要綱仮案の原案（その1）補充説明」7頁

> 第○条　（目的）
>
> 　　本契約は、乙が甲から購入した本件物品に最低10％の利益を上乗せして第三者に転売することを目的として、本件物品を買い受けるものである。

> 第○条　（目的）
>
> 　　本契約は、乙が本件物品を組み込んだ製造機械を製作し、○○工場における主力製造機械として用いることを目的として、甲から本件物品を買い受けるものである。そのため、本件物品に不具合が存在する場合、又は、本件物品が納期までに納品されない場合には、○○工場における生産が一時停止することになる。

　特別損害の賠償が認められるかは、以下のように、「当事者がその事情を予見すべきであった」か否かに基づき判断されます。

> （損害賠償の範囲）
>
> **改正第416条**　（略）
>
> 2　特別の事情によって生じた損害であっても、当事者がその事情を予見すべきであったときは、債権者は、その賠償を請求することができる。

　この点、現行民法416条2項は、「特別の事情によって生じた損害であっても、<u>当事者がその事情を予見し、又は予見することができたときは</u>、債権者は、その賠償を請求することができる。」としています。

　改正民法では、当事者が現実に予見していたかどうかを問題にするのではなく、予見すべきであったという規範的な評価により判断することを明確化したと説明されています。また、この点につき、「契約の締結後に債権者が債務者に対してある特別の事情が存在することを告げさえすればその特別の事情によって生じた損害が全て賠償の範囲

第4章　契約書　雛形及び解説

雛形1　継続的売買取引基本契約書

に含まれるというのではなく、債務者が予見すべきであったと規範的に評価される特別の事情によって通常生ずべき損害のみが賠償の範囲に含まれるとの解釈をすることが可能となる。」とも説明されています[2]。

とはいえ、契約書に記載のない事項によって、特別の事象を予見すべきであったと立証することは、通常困難を伴いますので、可能な限り契約書に特別の事情を記載した方が債権者としては特別損害を請求できる可能性が高まります。

そこで、修正案としては、本件物品が転売される予定であることを明記しているもの、その転売価格の目安について明記しているもの、特定の工場の生産が一時停止するなどの特別の事情を明記しています。

具体的な商取引においては、無数の特別の事情が考えられます。契約書の目的条項をさほど重視しない現行民法下においては、このような特別な事情を契約書に記載することは、ほとんどみられませんでした。しかし、改正民法下においては、目的条項の充実が図られることになります。そのため、修正案に示したような具体的な目的条項が契約書に記載される可能性も十分あると考えられます。

【債務不履行が軽微でないことを明確にする場合】

第○条　（目的）
　　本契約は、乙が毎分100枚以上の特殊印刷ができる機器を探していたところ、甲がこの性能を有する本件物品を開発製造したということから、売買契約締結に至ったものである。そのため、

2　法制審議会民法（債権関係）部会第90回会議の部会資料79-3「民法（債権関係）の改正に関する要綱仮案の原案（その1）補充説明」12頁

> 本件物品の印刷枚数が毎分100枚を下回る場合、乙は本件物品
> を買い受けることはない。

　債務不履行の程度が軽微である場合には、以下のように催告解除が
認められないおそれがあります。

（催告による解除）

改正第541条　当事者の一方がその債務を履行しない場合において、相
　手方が相当の期間を定めてその履行の催告をし、その期間内に履行が
　ないときは、相手方は、契約の解除をすることができる。ただし、<u>そ
　の期間を経過した時における債務の不履行がその契約及び取引上の社
　会通念に照らして軽微であるときは、この限りでない。</u>

　現行民法下でも、債務不履行の程度が軽微である場合や（数量的に
僅かな債務不履行等）、主たる債務の不履行ではなく付随的な債務の
不履行である場合等では、判例上も催告解除を認めない扱いがなされ
ていました。改正民法では、これらの判例法理を明文化したことにな
ります。

　このように、判例法理を明文化しただけだとしても、現実的に明文
化されることによって、今後は実務上、債務不履行があったとしても
「軽微である」として解除の効果を争う事案が増加することが考えら
れます。また、裁判実務においても、明文化されたことにより、これ
まで以上に軽微な債務不履行による催告解除を認めないという結論に
なりやすくなることも考えられます。

　そのため、一見軽微とも考えられうる債務不履行につき、軽微でな
いと目的条項で明らかにしておくことは重要になります。

　修正案では、毎分100枚の特殊印刷ができることに着目して機器の
購入を決意したことが規定されています。そのため、実際の性能が何
らかの原因により毎分90枚程度だったとしても、それは軽微な債務不

履行ではなく、解除に相当する債務不履行であると考えられることになるでしょう。

　また、修正案のように、何に着目して購入を決意したのかが記載されている場合、契約不適合責任に基づく修補、代替物の引渡等についても認められやすくなるというメリットも考えられます。

(2)　品質（第2条）

ア)　従来の一般的な条項

> 第○条　（品質）
> 　　甲及び乙は、本件物品が引渡時において、業界水準を満たした品質に適合するものであることを確認する。

　現行民法下においても、納品物の品質条項などが設けられることがあります。しかし、多くの品質条項は、「一定の水準」や「水準の確保に善管注意義務を負う」などというように、その水準の内容が明確でない傾向にあります。

　改正民法下では、契約不適合責任との関係から、これまで以上に品質の規定が重視されることになります。その際に、上記のように抽象的な品質の内容を規定していたとしても、特に意味はありません。品質条項を設ける場合には、具体的な内容を記載する必要があります。

イ)　改正民法を踏まえた修正案

【製品の品質を明確にする場合】

> 第○条　（品質）
> 　　甲及び乙は、本件物品が引渡時において、次に定める品質に適合するものであることを確認する。
> 　①

```
    ②
    ③
```

```
第○条　（品質）
　　甲及び乙は、本件物品が引渡時において、別紙仕様書に定める
　品質に適合するものであることを確認する。
```

```
第○条　（品質）
　　甲及び乙は、本件物品が引渡時において、別途甲及び乙が書面
　によって定める品質に適合するものであることを確認する。
```

　目的物の品質等が契約の内容に適合しない場合、以下のとおり、修補、代替物の引渡、不足分の引渡又は代金減額請求等を行うことができます。

```
（買主の追完請求権）
改正第562条　引き渡された目的物が種類、品質又は数量に関して契約
　の内容に適合しないものであるときは、買主は、売主に対し、目的物
　の修補、代替物の引渡し又は不足分の引渡しによる履行の追完を請求
　することができる。ただし、売主は、買主に不相当な負担を課するも
　のでないときは、買主が請求した方法と異なる方法による履行の追完
　をすることができる。
2　前項の不適合が買主の責めに帰すべき事由によるものであるとき
　は、買主は、同項の規定による履行の追完の請求をすることができな
　い。
```

```
（買主の代金減額請求権）
改正第563条　前条第１項本文に規定する場合において、買主が相当の
　期間を定めて履行の追完の催告をし、その期間内に履行の追完がない
```

> ときは、買主は、その不適合の程度に応じて代金の減額を請求するこ
> とができる。

　これらの契約不適合責任が生じるか否かの判断については、「契約
の内容」に適合するか否かによって判断されることになります。この
場合の「契約の内容」は、目的条項に記載されることもありますし、
目的条項とは異なり、本件のように品質条項に記載されることもあり
ます。

　この契約不適合責任は、債務不履行責任の1つとして整理されてお
り、追完請求や代金減額請求とは別に、債務不履行の一般原則どお
り、損害賠償請求や契約解除も認められています（改正564条）。

　目的物の品質が異なることを理由とし、契約不適合責任が認められ
るか否かは、品質が当事者の合意と異なることを立証しなければなり
ません。

　この点、当事者が合意した品質の内容が不明確であったり、特に定
めていなかった場合には、目的物の品質が異なることを立証すること
が極めて困難になりかねません。したがって、品質条項を設ける場合
には、可能な限り具体的な内容で品質を特定する必要があります。契
約当初の段階では、詳細な品質を定めることができなかったとして
も、「別途書面によって定める」などとして、品質に関する合意内容
を明確化しておくことで、後日契約不適合であることを立証できるよ
うにしておくことが重要です。

(3)　代金支払（第6条）

ア）　従来の一般的な条項

> 第○条　（代金支払）
> 　　乙は、本件物品の代金を引渡期日の属する月の翌月末日までに、
> 下記振込口座に振り込んで支払う（振込手数料は乙負担）。

> ○○銀行○○支店　普通預金
>
> 口座番号　○○○○○○　口座名義　○○○○○○

　このような支払条項が一般的であり、改正民法施行後も同様の規定がみられることが予測されます。

　この規定でも特段問題はないのですが、改正民法では、預貯金に対する払込による支払について、着金時に弁済の効力が生じることが明記されました。

（預金又は貯金の口座に対する払込みによる弁済）

改正第477条　債権者の預金又は貯金の口座に対する払込みによってする弁済は、債権者がその預金又は貯金に係る債権の債務者に対してその払込みに係る金額の払戻しを請求する権利を取得した時に、その効力を生ずる。

イ）　改正民法を踏まえた修正案

【送金時に弁済の効果を生じさせる場合】

第○条　（代金支払）

　　乙は、本件物品の代金を引渡期日の属する月の翌月末日までに、甲指定の振込口座に振り込んで支払う（振込手数料は乙負担）。なお、振込が期日までに行われていれば足り、着金が期日までに行われていることまでは要しない。

　現行民法下においても、商取引上は期日までに着金することが求められていたと考えられます。しかし、業界によっては、もしくは特定の取引先との間では、仮に着金していなくても、振込が支払期限までに行われていればよいとの扱いがされているケースもみられます。このような場合に特に振込時まで規定していない支払条項を用いている場合、支払日に着金がなされていないとして債務不履行責任を問われ

第4章　契約書　雛形及び解説

雛形1　継続的売買取引基本契約書

るおそれがあります。

　改正民法により、着金が支払日に行われる必要があると明記された
以上、振込が支払日に行われていれば足りるという扱いであるときに
は、修正案のように、振込が支払期日までに行われていれば足りるこ
とを規定しておく必要があります。

⑷　引渡（第7条）

・従来の一般的な条項

> 第○条　（引渡）
> 　　甲は、引渡期日に、引渡場所に本件物品を持参して引き渡す。
> 　　なお、引き渡しに要する費用は甲の負担とする。

　収益認識基準では、以下のように資産を顧客に移転する際に収益を
認識すると規定しています。そして、資産が移転する時は、顧客が資
産に対する支配を獲得したタイミングであるとされています。

収益認識基準35項

　企業は約束した財又はサービス（本会計基準において、顧客との契約
の対象となる財又はサービスについて、以下「資産」と記載することも
ある。）を顧客に移転することにより履行義務を充足した時に又は充足
するにつれて、収益を認識する。資産が移転するのは、顧客が当該資産
に対する支配を獲得した時又は獲得するにつれてである。

　そして、資産に対する支配については、以下のように説明されてい
ます。

収益認識基準37項

　資産に対する支配とは、当該資産の使用を指図し、当該資産からの残
りの便益のほとんどすべてを享受する能力（他の企業が資産の使用を指

235

図して資産から便益を享受することを妨げる能力を含む。）をいう。

　また、資産に対する支配の移転を検討する具体例として、以下のような事項を指標として考える旨説明されています。

収益認識基準40項

　資産に対する支配を顧客に移転した時点を決定するにあたっては、第37項の定めを考慮する。また、支配の移転を検討する際には、例えば、次の⑴から⑸の指標を考慮する。

⑴　企業が顧客に提供した資産に関する対価を収受する現在の権利を有していること

⑵　顧客が資産に対する法的所有権を有していること

⑶　企業が資産の物理的占有を移転したこと

⑷　顧客が資産の所有に伴う重大なリスクを負い、経済価値を享受していること

⑸　顧客が資産を検収したこと

　このように、企業が収益を認識するタイミングを検討する指標として、「⑵　顧客が資産に対する法的所有権を有していること」があげられています。

　目的物の所有権移転は、当事者間の意思表示によって行われます（現行176条）。そのため、所有権移転条項などによりそのタイミングを明らかにすることができます。

　一方で、不動産売買の場合には、「登記」が対抗要件とされており（現行177条）、動産売買の場合には、原則として「引渡」が対抗要件とされています（現行178条）。そのため、第三者に対しても所有者であると主張できるためには、対抗要件を具備しておく必要があります。

　したがって、動産売買の場合には、どの時点で「引渡」を受けたの

第4章　契約書　雛形及び解説
雛形1　継続的売買取引基本契約書

かという条項によって、収益認識の結論が相違する可能性があります。

　また、企業が収益を認識するタイミングを検討する指標として、「⑶　企業が資産の物理的占有を移転したこと」もあげられています。

　「引渡」には、①現実の引渡、②簡易の引渡、③占有改定、④指図による占有移転の4種類の形式が認められていますが、この内の①現実の引渡の場合には、原則として企業が資産の物理的占有を移転したことになります（②簡易の引渡も物理的占有の移転と考えることもできます）。

　この意味からも、どの時点で「引渡」を受けたのかという条項によって、収益認識の結論が相違する可能性があります。

　以上のことから、企業が引渡時点で収益認識することを希望しているのであれば、引渡条項を明記し、その引渡が現実の引渡なのであれば、その旨も明記しておく必要があります。なお、雛形で用いている「本件物品を持参して引き渡す」という記載は、現実の引渡を意味しています。

　もっとも、引渡条項は、収益認識を判断する一判断指標に過ぎませんので、引渡条項が存在すれば必ず引渡時点で収益認識されるというわけではないことには注意が必要です。

　ちなみに、多くの企業では、引渡時点で収益認識をするのではなく、出荷時点で収益を認識したいと考えているものと思われます。引渡時点を基準とする場合、目的物が到着したことを売主において把握しなければならず、煩雑になるからです。

　この点、出荷基準を採用することにつき、収益認識適用指針は以下のように説明しています。

237

収益認識適用指針98項

会計基準第39項及び第40項の定めにかかわらず、商品又は製品の国内の販売において、出荷時から当該商品又は製品の支配が顧客に移転される時（会計基準第35項から第37項、第39項及び第40項の定めに従って決定される時点、例えば顧客による検収時）までの期間が通常の期間である場合には、出荷時から当該商品又は製品の支配が顧客に移転される時までの間の一時点（例えば、出荷時や着荷時）に収益を認識することができる。

商品又は製品の出荷時から当該商品又は製品の支配が顧客に移転される時までの期間が通常の期間である場合とは、当該期間が国内における出荷及び配送に要する日数に照らして取引慣行ごとに合理的と考えられる日数である場合をいう。

このように、国内販売であり、目的物の出荷時から納品時までの期間が通常の期間である場合には、出荷基準を用いることを許容しています。そのため、契約書の体裁が引渡時点において支配が移転している内容となっていても、国内販売であり引渡までに要する日数が通常の期間なのであれば、出荷時に収益計上することが可能になります。

(5) 検査及び検収（第8条）

・従来の一般的な条項

第○条　（検査及び検収）

(1) 甲は、乙の検査基準に従って、本件物品が別紙仕様書の仕様に沿っているか、乙又は乙が指定する責任者の検査を受けるものとする。

(2) 乙は、前項の規定による検査を本件物品の納品後30日以内に行うものとし、必要があれば甲の立会いを求めることができるものとする。

(3) 前各項の検査に合格したときをもって個別契約の完了とし、検

収とする。但し、本件物品が分割されて納入されるときは、格別の合意のない限り、全ての成果物が検査に合格したときに個別契約の完了とする。

(4) 本件物品の梱包及び輸送等の方法等については、乙の定めるところによる。

(5) 甲は、第1項の規定による検査の結果、本件物品が不合格となった場合、検査期限内又は別途甲乙協議して定める期限内に、本件物品の代替物又は本件物品に補修を加え、乙の再検査を受けるものとする。

(6) 再検査の手続については、第1項から第4項の規定を準用するものとする。

(7) 乙は、本件物品について所定の検査を完了することが困難になった場合、自己の判断で相当程度、検査期限の延長を行うことができるものとする。

　235頁で説明したとおり、収益は原則として資産の支配を移転した時点で行われます。そして、資産の移転を検討する際の指標として、顧客が資産を検収したことが考慮すべき例としてあげられています。

収益認識基準40項

　資産に対する支配を顧客に移転した時点を決定するにあたっては、第37項の定めを考慮する。また、支配の移転を検討する際には、例えば、次の(1)から(5)の指標を考慮する。

　(略)

　(5) 顧客が資産を検収したこと

　もっとも、検収された時点で必ず収益認識を行うというわけではありません。収益認識適用指針では、以下のように説明されています。

収益認識適用指針80項

　顧客による財又はサービスの検収は、顧客が当該財又はサービスの支配を獲得したことを示す可能性がある。

　契約において合意された仕様に従っていることにより財又はサービスに対する支配が顧客に移転されたことを客観的に判断できる場合には、顧客の検収は、形式的なものであり、顧客による財又はサービスに対する支配の時点に関する判断に影響を与えない。例えば、顧客の検収が、所定の大きさや重量を確認するものである場合には、それらの大きさや重量は顧客の検収前に企業が判断できる。

　このように、仕様に従っていることが検収を行う前に客観的に判断できる場合は、顧客における検収は形式的なものであり、特に検収完了時に収益認識を認める根拠とならないことが示されています。

　一方で、以下のように顧客において検査しないと仕様に従っているかわからないという状況下においては、顧客の検収が完了するまでは支配の移転は行われていないと判断されます。この場合、目的物を引き渡しただけでは収益認識はできないことになります。

収益認識適用指針82項

　顧客に移転する財又はサービスが契約において合意された仕様に従っていると客観的に判断することができない場合には、顧客の検収が完了するまで、顧客は当該財又はサービスに対する支配を獲得しない。

　上記の収益認識適用指針のとおり、売主において仕様に従っていると客観的に判断できず、顧客において検収完了するまでは仕様に従っていると判断できない場合には、引渡時において収益認識することが困難になります。

　そこで、企業としては、仕様書を充実させるなどして、売主において客観的に仕様に従っていることを判断できる体制を整えておく必要

があります。また、顧客において行われる検査工程が形式的なもので
あることを明らかにするため、検査期間を短縮するなどの工夫も必要
になると考えます。さらに、実務的には、検査不合格の割合が多い場
合には、売主において客観的に仕様に従っているか確認できていない
と判断されるおそれがあります。そのため、可能な限り検査不合格に
ならないよう売主において配慮する必要があるでしょう。

(6) 所有権（第9条）

・従来の一般的な条項

> 第○条　（所有権）
>
> 　　本件物品の所有権は、本件物品の引渡時に、甲から乙に移転す
> る。

　235頁で説明したとおり、収益は原則として資産の支配を移転した
時点で行われます。そして、資産の移転を検討する際の指標として、
顧客が資産の法的所有権を有したことが考慮すべき例としてあげられ
ています。

収益認識基準40項

　資産に対する支配を顧客に移転した時点を決定するにあたっては、第
37項の定めを考慮する。また、支配の移転を検討する際には、例えば、
次の(1)から(5)の指標を考慮する。

　(略)

　(2)　顧客が資産に対する法的所有権を有していること

　目的物の引渡時に収益認識を行いたいと考えるのであれば、契約書
の記載内容も引渡時に収益認識されるよう、配慮しておく必要があり
ます。

　この点、所有権移転時期は、遅らせればそれだけ売主に有利になり

241

ます。例えば、以下のように検収完了時に所有権移転されると規定したとします。

第○条　（所有権）
　　　本件物品の所有権は、本件物品の検収完了時に、甲から乙に移転する。

この場合、確かに売主としては、所有権移転時期が遅れることにより有利になります。しかし、所有権移転時期が検収完了時となることにより、収益認識時点が検収完了時と判断されるおそれも生じます。

このように、契約書を作成する際には、形式的に有利になるか否かという判断のみならず、収益認識に悪影響を与えないかという観点を考慮する必要があります。

(7)　不具合〔瑕疵担保責任〕（第10条）

ア）　従来の一般的な条項

第○条　（瑕疵担保責任）
　　　本件物品の引渡後、引渡後の検査においては容易に発見することができなかった瑕疵が発見されたときは、引渡時から６ヶ月以内に限り、乙は甲に対して、無償の修理又は代金の全部もしくは一部の返還を請求することができる。

現行民法では瑕疵担保責任という、目的物に隠れた瑕疵があった場合の処理が、改正民法では契約不適合責任という形で大きく変化しています。契約不適合責任は、以下のように規定されています。

（買主の追完請求権）

改正第562条　引き渡された目的物が種類、品質又は数量に関して契約の内容に適合しないものであるときは、買主は、売主に対し、目的物

第4章　契約書　雛形及び解説
雛形1　継続的売買取引基本契約書

の修補、代替物の引渡し又は不足分の引渡しによる履行の追完を請求することができる。ただし、売主は、買主に不相当な負担を課するものでないときは、買主が請求した方法と異なる方法による履行の追完をすることができる。

2　前項の不適合が買主の責めに帰すべき事由によるものであるときは、買主は、同項の規定による履行の追完の請求をすることができない。

（買主の代金減額請求権）

改正第563条　前条第1項本文に規定する場合において、買主が相当の期間を定めて履行の追完の催告をし、その期間内に履行の追完がないときは、買主は、その不適合の程度に応じて代金の減額を請求することができる。

2　前項の規定にかかわらず、次に掲げる場合には、買主は、同項の催告をすることなく、直ちに代金の減額を請求することができる。

一　履行の追完が不能であるとき。

二　売主が履行の追完を拒絶する意思を明確に表示したとき。

三　契約の性質又は当事者の意思表示により、特定の日時又は一定の期間内に履行をしなければ契約をした目的を達することができない場合において、売主が履行の追完をしないでその時期を経過したとき。

四　前三号に掲げる場合のほか、買主が前項の催告をしても履行の追完を受ける見込みがないことが明らかであるとき。

3　第1項の不適合が買主の責めに帰すべき事由によるものであるときは、買主は、前二項の規定による代金の減額の請求をすることができない。

　現行民法の瑕疵担保責任と改正民法の契約不適合責任の相違点は以下のとおりです。

① 契約の内容を重視

契約不適合責任の追及の可否は、「契約の内容に適合しないものであるとき」というように、契約の内容が重視されることになります。そのため、目的物の種類や品質という要素を可能な限り明確にしておく必要があります。

② 債務不履行責任と解釈

現行民法では、瑕疵担保責任を法律によって特別に定めた法定責任であるという考えが主流でした。しかし、改正民法では、契約不適合責任を債務不履行の1つとして整理しています。そのため、債務不履行の一般原則どおり、損害賠償請求や契約解除も認められています（改正564条）。

③ 追完請求

契約不適合責任が債務不履行責任とされたことに伴い、追完請求の規定が新設されています。このことにより、買主は、契約の内容に適合するように、目的物の修補、代替物の引渡し、不足分の引渡しを請求できるようになりました。これらの追完請求は、現行民法下では、契約書の瑕疵担保責任条項に通常盛り込まれていましたが、法律上でも認められたことになります。

イ） 改正民法を踏まえた修正案

【権利行使期間を短縮する場合】

第○条 （不具合）

(1) 乙は、本件物品に不具合（隠れた瑕疵を含む。）がある場合又は本件品質に反する場合など、本件物品が本契約の内容に適合しない場合（以下「不具合」という。）は、自ら指定した方法により、甲に対して、本件物品の修補、代替物の引渡又は不足分の引渡による追完を請求することができるものとする。

(2) 乙は、本件物品に不具合があることにより、本契約の目的が達成できないと判断する場合、甲に対して前項に定める追完の催告

を行うことなく、自らの選択により、直ちに売買代金の減額請求
又は本契約の解除を行うことができるものとする。

(3) 乙が不具合を知ったときから6ヶ月以内にその不具合を甲に通
知しないときは、乙は、その不具合に基づく追完請求権、解除権、
損害賠償請求権及び代金減額請求権を行使することができない。
但し、甲が本件物品引渡時において、その不具合を知り又は重大
な過失により知らなかったときはこの限りでない。

改正民法の施行日（2020年4月1日）以前に契約の改定作業を行う
場合、その契約書は、現行民法下においても有効に機能する必要があ
ります。そのため、当該契約書に改定民法に特有な「契約不適合責
任」等の用語を使うことは、好ましくないといえるでしょう。

そこで、修正案では「不具合」という一般的な用語を使うととも
に、隠れた瑕疵も不具合に含むことも明記しています。

また、契約不適合責任の追及を行うためには、以下のとおり、不適
合を知った時から1年以内にその旨を売主に通知しなければならない
とされています。

（目的物の種類又は品質に関する担保責任の期間の制限）

改正第566条　売主が種類又は品質に関して契約の内容に適合しない目
的物を買主に引き渡した場合において、買主がその不適合を知った時
から1年以内にその旨を売主に通知しないときは、買主は、その不適
合を理由として、履行の追完の請求、代金の減額の請求、損害賠償の
請求及び契約の解除をすることができない。ただし、売主が引渡しの
時にその不適合を知り、又は重大な過失によって知らなかったときは、
この限りでない。

しかし、売主としては、長期にわたって契約不適合責任を追及されうることは好ましくないため、早期に権利関係を確定したいと考える場合には、修正案のように権利主張される期間を短縮することが考えられます。

【買主（乙）を有利にする場合】

第○条　（不具合）
　(1)　乙は、本件物品に不具合（隠れた瑕疵を含む。）がある場合又は本件品質に反する場合など、本件物品が本契約の内容に適合しない場合（以下「不具合」という。）は、自ら指定した方法により、甲に対して、本件物品の修補、代替物の引渡又は不足分の引渡による追完を請求することができ、甲は異なる方法による履行の追完をすることができない。
　(2)　乙は、本件物品に不具合がある場合、甲に対して前項に定める追完の催告を行うことなく、自らの選択により、直ちに売買代金の減額請求又は本契約の解除を行うことができるものとする。

　改正民法では、一次的に買主に追完請求権の選択権を認めていますが、二次的に「売主は、買主に不相当な負担を課するものでないときは、買主が請求した方法と異なる方法による履行の追完をすることができる」として、売主にも買主に不相当な負担を課さないことを条件に、選択権を認めています（改正562条1項）。
　もっとも、追完請求の方法につき買主がイニシアチブを取れないことは、買主にとって好ましくありません。そこで、上記のように、買主が選択した追完請求権の方法が最終的な方法であるとすることにより、買主の立場を有利にすることが考えられます。

246

第4章　契約書　雛形及び解説

雛形1　継続的売買取引基本契約書

　また、買主が代金減額請求を行う場合には、原則として追完の催告を行うことが条件とされています（改正563条1項）。しかし、これも買主にとって制約となるため、追完の催告を行わなくても直ちに代金減額請求を認めることになれば、買主に有利になります。

【売主（甲）を有利にする場合】

> 第○条　（不具合）
> 　(1)　乙は、本件物品に不具合（隠れた瑕疵を含む。）がある場合又は本件品質に反する場合など、本件物品が本契約の内容に適合しない場合（以下「不具合」という。）は、甲に対して、本件物品の修補、代替物の引渡又は不足分の引渡による追完を請求することができるものとする。但し、不具合にかかわらず、乙は、甲に対して、本件物品の代金減額を請求することはできないものとする。
> 　(2)　前項の定めにかかわらず、乙は、不具合により、契約締結の目的を達することが著しく困難となる場合に限り、本契約を解除することができる。

　売主としては、目的物の修補や代替物の引渡などによる方法で対処できる方が、代金を減額されるよりも、通常は多くの利益が見込まれます。そのため、代金減額請求を行うことができないとすることで、売主に有利になります。

　また、契約を解除できる場合を「契約締結の目的を達することが著しく困難となる場合」と限定することにより、契約解除により大きな損失を生じさせることを回避することが可能になります。

【契約不適合責任を負わない場合】

> 第○条　（不具合）

247

> 乙は、本件物品に不具合（隠れた瑕疵を含む。）がある場合又は本件品質に反する場合など、本件物品が本契約の内容に適合しない場合であっても、甲に対して、本件物品の修補、代替物の引渡、不足分の引渡による追完及び損害賠償等一切の責任を負わない。但し、甲が本件物品引渡時において、その不具合を知っていたときはこの限りでない。

　売主としては、契約不適合責任を負わないとすれば、無事販売が完了してしまえば、後日責任追及などがなされないことになり、非常に有利な地位を築けることになります。もっとも、この場合であっても、以下のとおり、売主が目的物が契約の内容に適合しないことを知りつつ告げなかった場合等には、責任を免れることはないとされています。

（担保責任を負わない旨の特約）

改正第572条　売主は、第562条第1項本文又は第565条に規定する場合における担保の責任を負わない旨の特約をしたときであっても、知りながら告げなかった事実及び自ら第三者のために設定し又は第三者に譲り渡した権利については、その責任を免れることができない。

　また、以下のとおり、事業者と消費者との契約である場合、全ての瑕疵担保責任を免除する規定は無効となります。

（事業者の損害賠償の責任を免除する条項の無効）

消費者契約法第8条　次に掲げる消費者契約の条項は、無効とする。

（略）

五　消費者契約が有償契約である場合において、当該消費者契約の目的物に隠れた瑕疵があるとき（当該消費者契約が請負契約である場合には、当該消費者契約の仕事の目的物に瑕疵があるとき。次項において

第4章　契約書　雛形及び解説

雛形1　継続的売買取引基本契約書

同じ。）に、<u>当該瑕疵により消費者に生じた損害を賠償する事業者の</u>
<u>責任の全部を免除する条項</u>

　したがって、BtoC の消費者契約である場合には、契約不適合責任
の全部を免除する条項は設けるべきではありません。

　また、以下のとおり、定型約款においては、不当条項についてみな
し合意が否定されています（121頁参照）。契約不適合責任の全部を免
除する条項は、消費者契約法においても無効とされていることからす
れば、定型約款においても不当条項にあたり、みなし合意が否定され
ると考えられます。そのため、定型約款に記載することも控えた方が
よいでしょう。

（定型約款の合意）

改正第548条の2　（略）

2　前項の規定にかかわらず、同項の条項のうち、相手方の権利を制限
　し、又は相手方の義務を加重する条項であって、その定型取引の態様
　及びその実情並びに取引上の社会通念に照らして第1条第2項に規定
　する基本原則に反して相手方の利益を一方的に害すると認められるも
　のについては、合意をしなかったものとみなす。

---

(8)　危険負担（第11条）

・従来の一般的な条項

第○条　（危険負担）
　　本件物品の乙への引渡前に、乙の責めに帰さない事由により、
　本件物品に生じた滅失、毀損及び価値減少等の損害は、甲の負担
　とする。

249

235頁で説明したとおり、収益は原則として資産の支配を移転した時点で行われます。そして、資産の移転を検討する際の指標として、顧客が資産の所有に伴う重大なリスクを負うことが考慮すべき例としてあげられています。

収益認識基準40項

資産に対する支配を顧客に移転した時点を決定するにあたっては、第37項の定めを考慮する。また、支配の移転を検討する際には、例えば、次の(1)から(5)の指標を考慮する。

（略）

(4) 顧客が資産の所有に伴う<u>重大なリスクを負い</u>、経済価値を享受していること

そのため、引渡時点（もしくは出荷時点、237頁参照）で収益認識を行いたいと考える場合には、危険の移転時期を引渡時にしておいた方がよいでしょう。

目的物が当事者双方の帰責事由なく滅失してしまった場合には、危険負担の問題となります。どちらの当事者がその危険を負担するのかという問題です。

この点、現行民法では、物の個性に着目した特定物売買に関して、その物が債務者の帰責事由なく滅失又は損傷したときの危険は、債権者が負担するとされています（現行534条1項、債権者主義）。例えば、売主と買主との間で、特定物である中古車を販売する契約を締結したところ、引渡し前に近隣の延焼により中古車が焼失した場合、中古車に対する債権者である買主は、中古車が焼失したにもかかわらず代金を支払わなければならず、その意味で危険を負うことになります。

一方で、新車などの不特定物売買の場合には、上記の場合であって

250

第4章　契約書　雛形及び解説
雛形1　継続的売買取引基本契約書

も、中古車に対する債務者である売主が危険を負うこととされていました（現行536条1項、債務者主義）。

このように、現行民法では、目的物が特定物か不特定物かにより結論が大きく異なることから、極めて公平性を欠くとして批判されてきました。

そこで、改正民法では、現行民法の債権者主義の規定を削除し、特定物か不特定物かにかかわらず、売買契約締結後、引渡し前に目的物の滅失等が生じた場合には、債権者が反対給付の履行を拒むことができる（代金支払いを拒むことができる）こととされました。

（債務者の危険負担等）

改正第536条　当事者双方の責めに帰することができない事由によって債務を履行することができなくなったときは、債権者は、反対給付の履行を拒むことができる。

（目的物の滅失等についての危険の移転）

改正第567条　売主が買主に目的物（売買の目的として特定したものに限る。以下この条において同じ。）を引き渡した場合において、その引渡しがあった時以後にその目的物が当事者双方の責めに帰することができない事由によって滅失し、又は損傷したときは、買主は、その滅失又は損傷を理由として、履行の追完の請求、代金の減額の請求、損害賠償の請求及び契約の解除をすることができない。この場合において、買主は、代金の支払を拒むことができない。

このように、改正民法においても引渡時に危険が移転するとされており、あえて同じ趣旨の条項を契約書に規定しなくてもよいとも考えられます。しかし、契約当事者の注意を促す意味や、収益認識時点で判断が分かれる際の根拠となり得るという意味も認められるため、引

251

渡時に危険が移転する旨の条項を設けておいてもよいでしょう。

(9) 権利の譲渡禁止等（第12条）

ア) 従来の一般的な条項

> 第○条 （権利の譲渡禁止等）
>
> 　甲及び乙は、あらかじめ相手方の書面による承諾を得ないで、本契約に基づく権利、義務又は財産の全部もしくは一部を第三者に譲渡し、承継させ又は担保に供してはならない。

　現行民法下における債権譲渡に関する条項は、契約当事者双方が債権の譲渡を禁止する内容となっていることが一般的です。しかしながら、改正民法では譲渡禁止特約に違反した債権譲渡であっても有効である旨、変更されることになりました。そのため、従来の債権譲渡禁止条項についても、見直す余地があるといえます。

イ) 改正民法を踏まえた修正案

【一方当事者のみ債権譲渡を禁止する場合】

> 第○条 （権利の譲渡禁止等）
>
> 　乙は、あらかじめ甲の書面による承諾を得ないで、本契約に基づく権利、義務又は財産の全部もしくは一部を第三者に譲渡し、承継させ又は担保に供してはならない。

　現行民法では、債権の譲渡は原則として自由であるものの、債権譲渡を禁止する旨の特約（譲渡禁止特約）を行う場合、譲渡禁止特約に違反して行われた債権譲渡は、原則として無効とされています（現行民法466条2項）。

　これに対し、現代社会では、ファクタリングのような債権の買取による資金調達が活発化した一方で、原則として譲渡禁止特約に違反した債権譲渡が無効とされていることが、資金調達の支障となっていま

第4章　契約書　雛形及び解説

雛形1　継続的売買取引基本契約書

す。そこで、仮に当事者間で譲渡禁止特約が存在し、それに違反した債権譲渡があった場合でも、以下のように当該債権の譲渡は有効であるとされました。

（債権の譲渡性）

改正第466条　（略）

2　当事者が債権の譲渡を禁止し、又は制限する旨の意思表示（以下「譲渡制限の意思表示」という。）をしたときであっても、債権の譲渡は、その効力を妨げられない。

3　前項に規定する場合には、譲渡制限の意思表示がされたことを知り、又は重大な過失によって知らなかった譲受人その他の第三者に対しては、債務者は、その債務の履行を拒むことができ、かつ、譲渡人に対する弁済その他の債務を消滅させる事由をもってその第三者に対抗することができる。

もっとも、譲渡制限の意思表示について、悪意又は重過失がある譲受人、その他の第三者に対しては、債務者はその債務の履行を拒むことができ、譲渡人に対する弁済その他の当該債務を消滅させる事由をもって第三者に対抗することができるとされています。

このように、ファクタリング等による資金調達を活性化させるために民法改正が行われたことからすれば、今後、自社の売掛金を早期資金化する事態は多くみられることになると考えられます。

したがって、特に考えもなく、当事者双方の債権譲渡を禁止する特約を設けておくのではなく、自社の売掛金については特に譲渡禁止特約を設けず、将来起こり得るファクタリングに備えてもよいでしょう。

253

⑩　相殺（第15条）

ア）　従来の一般的な条項

> 第○条　（相殺）
>
> 　　乙は、本契約又は本契約に限らないその他の契約等に基づき乙が甲に対して負担する債務と、本契約又は本契約に限らないその他の契約等に基づき乙が甲に対し有する債権とを、その債権債務の期限如何にかかわらず、いつでもこれを対当額において相殺することができる。

　このように、一方当事者の債権回収を容易にするため相殺の規定が設けられることがあり、改正民法施行後も同様の規定がみられることが予測されます。

イ）　改正民法を踏まえた修正案

【相殺禁止対象を明記する場合】

> 第○条　（相殺）
>
> 　　乙は、本契約又は本契約に限らないその他の契約等に基づき乙が甲に対して負担する債務と、本契約又は本契約に限らないその他の契約等に基づき乙が甲に対し有する債権とを、その債権債務の期限如何にかかわらず、いつでもこれを対当額において相殺することができる。但し、悪意による不法行為に基づく損害賠償の債務及び人の生命又は身体の侵害による損害賠償の債務を受働債権とすることは、この限りでない。

　現行民法でも、被害者に現実の給付を受けさせる必要があること、債権者の不法行為の誘発を防止する必要があることから、不法行為により生じた債権を受働債権とする相殺を禁止していました（現行509条）。

　改正民法では、悪意による不法行為に基づく賠償請求権や人の生命

第4章　契約書　雛形及び解説
雛形1　継続的売買取引基本契約書

身体等の侵害に基づく賠償請求権を受働債権（相殺されることで消滅する債権）として相殺することが原則としてできないことが規定されました。

そのため、この規定に対応する条項を設けることも考えられます。

この点、改正民法では以下のように規定されたため、このことを注意的に契約書に明記することも考えられます。

（不法行為等により生じた債権を受働債権とする相殺の禁止）

改正第509条　次に掲げる債務の債務者は、相殺をもって債権者に対抗することができない。ただし、その債権者がその債務に係る債権を他人から譲り受けたときは、この限りでない。

一　悪意による不法行為に基づく損害賠償の債務

二　人の生命又は身体の侵害による損害賠償の債務（前号に掲げるものを除く。）

⑾　解除及び期限の利益喪失（第20条）

ア）　従来の一般的な条項

第○条　（解除及び期限の利益喪失）

(1)　甲又は乙が以下の各号のいずれかに該当したときは、相手方は催告及び自己の債務の履行の提供をしないで直ちに本契約又は個別契約の全部又は一部を解除することができる。この場合でも損害賠償の請求を妨げない。但し、第1号の場合には、相手方に対し書面による催告をしたにもかかわらず、その行為が10日以内に是正されなかった場合に本契約の全部又は一部を解除することができる。

①　本契約の一つにでも違反したとき

②　監督官庁から営業停止又は営業免許もしくは営業登録の取消し等の処分を受けたとき

③　差押、仮差押、仮処分、強制執行、担保権の実行としての競売、

255

租税滞納処分その他これらに準じる手続きが開始されたとき

④　破産、民事再生、会社更生又は特別清算の手続開始決定等の
　　申立がなされたとき

⑤　自ら振り出し又は引き受けた手形もしくは小切手が1回でも
　　不渡りとなったとき、又は支払停止状態に至ったとき

⑥　合併による消滅、資本の減少、営業の廃止・変更又は解散決
　　議がなされたとき

⑦　災害、労働争議等、本契約の履行を困難にする事項が生じた
　　とき

⑧　その他、資産、信用又は支払能力に重大な変更を生じたとき

⑨　相手方に対する詐術その他の背信的行為があったとき

(2)　乙が前項各号のいずれかに該当した場合、乙は当然に本契約及
　　びその他甲との間で締結した契約から生じる一切の債務について
　　期限の利益を失い、乙は甲に対して、その時点において乙が負担
　　する一切の債務を直ちに一括して弁済しなければならない。

　一般的な契約書では、民法上の解除事由に加えて、信用不安を疑わ
せるような事由がある場合に早期にリスク回避するため、詳細な解除
事由を設けています。

　なお、同様の事象が生じたときに、早期に債権回収を図るため、期
限の利益喪失条項がセットで設けられることが一般的です。また、解
除条項と期限の利益喪失条項を別条で規定する契約書例もみられます
が、間に条文が入ると、引用条文がずれてしまうという問題が生じか
ねないので、上記の例では1つの条文にまとめています。

第4章　契約書　雛形及び解説

雛形1　継続的売買取引基本契約書

イ）　改正民法を踏まえた修正案

【軽微な解除にあたりにくくする場合】

> 第○条　（解除及び期限の利益喪失）
>
> (1)　甲又は乙が以下の各号のいずれかに該当したときは、相手方は催告及び自己の債務の履行の提供をしないで直ちに本契約又は個別契約の全部又は一部を解除することができる。この場合でも損害賠償の請求を妨げない。但し、第1号の場合には、相手方に対し書面による催告をしたにもかかわらず、その行為が10日以内に是正されなかった場合に本契約の全部又は一部を解除することができる。
>
> ①　本契約の一つにでも違反したとき（なお、甲及び乙は、本契約が甲乙間の高度な信頼関係を基礎としていることから、仮に軽微な違反であっても本号に該当することを確認する。）
>
> 　　（略）

　改正民法では、以下のとおり「債務の不履行がその契約及び取引上の社会通念に照らして軽微であるとき」には、解除できないことが明記されました。

> （催告による解除）
>
> **改正第541条**　当事者の一方がその債務を履行しない場合において、相手方が相当の期間を定めてその履行の催告をし、その期間内に履行がないときは、相手方は、契約の解除をすることができる。ただし、その期間を経過した時における債務の不履行がその契約及び取引上の社会通念に照らして軽微であるときは、この限りでない。

　現行民法においても、債務不履行の程度が軽微である場合（不履行が僅かな数量である場合）や、主たる債務の不履行でない場合（重要でない付随義務違反である場合）などでは、判例上解除が認められな

257

い運用がなされてきました。

　しかし、今回の民法改正により軽微な解除が許されないと明文化されたことにより、債務不履行をされた債権者が解除通知を送ったとしても、軽微な債務不履行であることを理由として、解除は無効であると反論される可能性が高まることが予測されます。そのため、可能な限り軽微な債務不履行でないと反論できる契約書が求められることになります。

　対応方法としては、目的条項で一定の事項については軽微ではないことを明らかにする方法（229頁）と、修正案のように軽微な違反であっても解除事由に該当すると記載することが考えられます。

　修正案では、「本契約が甲乙間の高度な信頼関係を基礎としていることから」という事情をもって軽微な債務不履行にあたらないと規定していますが、より具体的な事情を示すことができるのであれば、それだけ軽微と判断されるおそれは減ることになると考えられます。

⑿　遅延損害金（第21条）

・従来の一般的な条項

> 第○条　（遅延損害金）
> 　　乙が本契約又は個別契約に基づく金銭債務の支払を遅延したときは、支払期日の翌日から支払済みに至るまで、年14.6％の割合による遅延損害金を支払うものとする。

　現行民法では、遅延損害金の法定利率を年５％と定めています（現行404条）。また、商取引における商事法定利率は、年６％と定められています（商法514条）。

　もっとも、遅延損害金が高い方が履行遅滞になりにくいということもあり、現行民法下であっても契約書の規定により、遅延損害金の利率を上げることが一般化されています。その際に用いられる利率として、消費者契約法９条２号に規定される上限利率である、年14.6％で

258

あることが多くみられます。

　この点、改正民法においては、年５％の法定利率が市場金利と比べて高額過ぎることから、以下のように年３％から変動する利率に変更されることになりました。

（法定利率）

改正第404条　利息を生ずべき債権について別段の意思表示がないときは、その利率は、その利息が生じた最初の時点における法定利率による。

２　法定利率は、年３パーセントとする。

３　前項の規定にかかわらず、法定利率は、法務省令で定めるところにより、３年を一期とし、一期ごとに、次項の規定により変動するものとする。

（略）

（金銭債務の特則）

改正第419条　金銭の給付を目的とする債務の不履行については、その損害賠償の額は、債務者が遅滞の責任を負った最初の時点における法定利率によって定める。ただし、約定利率が法定利率を超えるときは、約定利率による。

　また、商行為に利率を上乗せする合理性が認められないことから、商事法定利率を定める商法514条が削除されることになり、上記法定利率に統一されることになります。

　以上のように、法定利率が年５又は６％から年３％（変動制）に下落することから、より高い遅延損害金利率を定める契約書の規定が重要になります。そのため、もし契約書に遅延損害金規定が存在してい

ないようでしたら、従来の一般的な条項でかまわないので、遅延損害金条項を設けることをお勧めします。

⒀　損害賠償責任（第22条）

ア）　従来の一般的な条項

> 第○条　（損害賠償責任）
> 　　甲又は乙は、解除、解約又は本契約に違反することにより、相手方に損害を与えたときは、その損害の全て（弁護士費用及びその他の実費を含む。）を賠償しなければならない。

改正民法により、帰責事由の判断基準が明確化されたこと、特別損害の意義について規範的評価により判断されることになったこと、損害賠償の予定について裁判所が額を増減することができない旨の規定が削除されたことなどの点で相違しますが、損害賠償の条項自体はそれほど変化することはないと考えられます。

もっとも、これらの改正民法における変更点を踏まえ、損害賠償条項を変更する例はみられるだろうと考えます。

帰責事由の判断基準が明確化されたことや、特別損害の意義について規範的評価により判断されることになった点については、目的条項（224頁）において対応することが一般的だと考えられます。そのため、詳細については目的条項の項目をご参照ください。

イ）　改正民法を踏まえた修正案

【違約金を減額することができないと明記する場合】

> 第○条（違約金）
> 　⑴　乙が本契約に違反した場合には、乙は、甲に対し、損害の立証を要することなく金100万円を違約金として支払うものとする。

> (2) 甲が被った損害が前項の違約金に満たない場合であっても、当
>   該違約金の減額を請求することはできないものとする。
> (3) 甲が被った損害が前項の違約金を超えるときは、乙は、甲に対
>   し、その超過額についても賠償しなければならない。

　現行民法では、以下のように、違約金（違約金は賠償額の予定と推定される。現行民法420条3項）を定めた場合には、その額を裁判所が増減することはできない旨の規定が設けられています。

（賠償額の予定）

現行第420条　当事者は、債務の不履行について損害賠償の額を予定することができる。この場合において、裁判所は、その額を増減することができない。

　もっとも、現行民法下においても、違約金額が公序良俗等に違反する場合には、裁判所が額を減額することなどが認められていました。そのため、改正民法では、この規定を削除することとしました。

（賠償額の予定）

改正第420条　当事者は、債務の不履行について損害賠償の額を予定することができる。

　このように、これまでは裁判所が違約金額を増減することができないと明記されていましたが、この規定が削除されたことにより、実質的に違約金額を増減させる裁判例が多くなることが予測されます。

　また、裁判に至る前段階における当事者間の違約金請求においても、違約金額が不当であるとして支払に応じないケースが増加することが予測されます。

　そのため、改正民法下においては、修正案のように違約金額を減額

させることはできない旨の規定を設けておくことも意味があると考えます。なお、このような規定を設けたとしても、実際の損害額と違約金額とが極端にかけ離れている場合などは、違約金額が増減されることがある点については、注意が必要です。

【損害賠償の上限を設ける場合】

第○条　（損害賠償責任）
　　甲又は乙は、解除、解約又は本契約に違反することにより、相手方に損害を与えたときは、既払い済みの委託料額を上限として、損害を賠償しなければならない。

　このように、損害賠償の上限を設けることも可能であり、頻繁に契約書で用いられている条項です。もっとも、このように損害賠償の上限を設ける場合であっても、実際の損害額とかけ離れている場合などは、裁判所がこの条項の効力を否定することが考えられるため、注意が必要です。

⑭　改正民法適用時期（第28条）

　現行民法下において締結された契約書に改正民法が適用されるのかという点については、実務上非常に重要なポイントとなります。

　この点、改正民法附則は経過措置を制定しており、時効を除く民法総則の改正後の規定は、原則として改正施行日以降に法律行為や意思表示がされた場合に限り適用され、施行前になされた場合には現行民法が適用されることになります[3]。

　なお、改正民法においては、賃貸借期間が20年から50年に延長されることになり（改正604条2項）、改正民法施行後に賃貸借契約の更新

3　法制審議会民法（債権関係）部会第97回会議の部会資料85「民法（債権関係）の改正に関する要綱案の取りまとめに向けた検討（18）」

262

第4章　契約書　雛形及び解説
雛形1　継続的売買取引基本契約書

がなされた場合には、更新後においては改正民法が適用されることとされています。

　このように、仮に改正民法施行日より前に契約が締結されていたとしても、その後に訪れる契約更新時において、更新契約書のような契約書を締結する場合には、改正民法施行日後に法律行為や意思表示がなされたとして、更新後の契約書に改正民法が適用されるものと考えられます。

　しかし、改正民法施行日より前に締結した契約書に以下のような自動更新条項が存在し、特段契約更新時に当事者の意思表示がない場合には、当該契約書に現行民法が適用されるのか、改正民法が適用されるのかにつき、判然としない状況にあります。

第○条　（契約期間）

　　本契約の有効期間は、○年○月○日から○年○月○日までとし、期間満了の1ヶ月前までに甲乙いずれからも書面による異議がなされないときには、本契約は期間満了の翌日から起算して、同一内容にて更に1年間延長されるものとし、それ以後も同様とする。

　通常、自動更新時に新たな法律行為や意思表示は行わないことからすれば、自動更新が行われたとしても、改正民法適用の契機にならないとも考えられます。

　この点については、附則37条において「この附則に規定するもののほか、この法律の施行に関し必要な経過措置は、政令で定める。」と規定していることから、今後政令により指針が示される可能性もあります。

　しかし、この点に関する政令がいつ発令されるか定かでありませんし、発令されない可能性もあります。一方で、民法改正に伴う契約書改定作業は、かなりの時間を要するプロジェクトであるため、政令を待たずして進めておく必要があります。

263

改正民法に伴う契約書改定は、改正民法施行日前に行う会社が多い
と考えられます。上記のとおり、改正民法施行日より前に契約を締結
してしまうと、その契約書には現行民法が適用されることになってし
まいます。せっかく改正民法に対応するように契約書の内容を改定し
たにもかかわらず、現行民法が適用されてしまうのであれば、改定し
た意義が損なわれてしまうことになりかねません。

　また、契約書ごとに、現行民法適用の契約書と改正民法適用の契約
書として管理することは、非常に煩雑で好ましくない状態といえま
す。

　そこで、改正民法対応の契約書には、以下のように、改正民法施行
日以後は改正民法を適用する旨の条文を入れておき、施行日を境とし
て全ての契約書が統一的に改正民法の適用を受けることにすることが
考えられます。

第〇条　（改正民法）
　　甲及び乙は、民法の一部を改正する法律（平成29年法律第44
　号、以下「改正民法」という。）の施行日以後は、本契約及び本
　契約に付随する全ての合意につき、改正民法を適用する。但し、
　改正民法の性質上許されないものはこの限りでない。

　なお、この条項は、政令等により上記問題が解決するのであれば設
ける必要はありませんし、改正民法施行日以後に契約を締結する場合
にも設ける必要はない規定となります。

雛形 **2**

諾成的金銭消費貸借契約書

契約書

収入印紙

金銭消費貸借契約書

　（貸主）○○○○（以下「甲」という。）、（借主）○○○○
（以下「乙」という。）及び（連帯保証人）○○○○（以下
「丙」という。）は、本日次のとおり金銭消費貸借契約（以下
「本契約」という。）を締結する。

第１条　(目的)
　　　　本契約は、乙が第三者に貸し付ける事業用不動産を購
　　　入することを目的として、甲から金銭を借り受けるもの
　　　である。

> 【改正民法】
> 目的条項は、解除、損害賠償、契約不適合判断等に影響を与えます。

第２条　（貸借）
　　　　甲は、乙に対して、○年○月○日、金○万円を下記口
　　　座に振込送金する方法で貸し渡し、乙はこれを借り受け
　　　ることを合意する（以下「本件貸付金」という。）。

第３条　（借入内容）
　　(1)　弁済期
　　　　　元本については、○年○月から○年○月まで毎月末
　　　限り各金○万円（○回払い）
　　　　　利息については、○年○月から○年○月まで毎月末
　　　限り
　　(2)　利　息　　年○パーセント
　　(3)　支払方法
　　　　　甲の指定する下記口座に、元利金を振込送金する方法
　　　で支払う（振込手数料は乙負担）。

> 【改正民法】
> 何も規定していないと３％等の法定利率となりかねません（改正404Ⅱ）。

> 【改正民法】
> 送金時に弁済の効力を認める規定も可能です。

265

○銀行○支店　　普通預金
　　　口座番号　　○○○○○○
　　　口座名義　　○○○○○○

第4条　（解除）- -
　　　乙は、甲から本件貸付金を受領する前に限り、本契約
　を一方的に解除することができる。但し、この場合、乙
　は、甲に対し、違約金として金○○円を支払うこととす
　る。

> 【改正民法】
> 書面でする消費貸借の解除では、原則として賠償を行わなければなりません（改正587の2Ⅱ）。

第5条　（繰上返済）- -
　　　乙は、期限の利益を放棄して、甲に対し、何らの損害
　賠償をする義務を負うことなく、いつでも繰上返済する
　ことができる。この場合、乙は、甲に対し、書面にて繰
　上返済の申し出を行うこととし、甲が書面を受領して
　10日間経過することを条件として、繰上返済を行うこ
　とができる。

> 【改正民法】
> 繰上返済で損害を受けた場合には賠償することが原則とされました（改正591Ⅲ）。

第6条　（期限の利益喪失）
（1）乙について次の各号の事由が一つでも生じた場合に
　は、甲からの何らの通知催告がなくても乙は期限の利益
　を失い、直ちに元利金を返済する。
　①　本契約の一つにでも違反したとき
　②　差押、仮差押、仮処分、強制執行、担保権の実行と
　　しての競売、租税滞納処分その他これらに準じる手続
　　きが開始されたとき
　③　破産、民事再生、会社更生又は特別清算の手続開始
　　決定等の申立がなされたとき
　④　自ら振り出し又は引き受けた手形もしくは小切手が
　　1回でも不渡りとなったとき、又は支払停止状態に
　　至ったとき
　⑤　合併による消滅、資本の減少、営業の廃止・変更又
　　は解散決議がなされたとき
　⑥　その他、資産、信用又は支払能力に重大な変更を生
　　じたとき
　⑦　相手方に対する詐術その他の背信的行為があったと
　　き
（2）丙について次の各号の事由が一つでも生じた場合に

第4章　契約書　雛形及び解説
雛形2　諾成的金銭消費貸借契約書

は、甲の乙に対する書面による請求により、乙は期限の
利益を失い、直ちに元利金を返済する。
① 　破産、民事再生、会社更生又は特別清算の手続開始
決定等の申立がなされたとき
② 　自ら振り出し又は引き受けた手形もしくは小切手が
１回でも不渡りとなったとき、又は支払停止状態に
至ったとき
③ 　差押、仮差押、仮処分、強制執行、担保権の実行と
しての競売、租税滞納処分その他これらに準じる手続
が開始されたとき

第７条　（遅延損害金）
　　　　乙が本契約に基づく支払を遅延したとき又は期限の利
益を喪失したときは、支払期日の翌日から支払済みに至
るまで、残元金に対する年21.9％の割合による遅延損
害金を支払うものとする。

第８条　（連帯保証人）
⑴ 　丙は、乙の連帯保証人として、本契約により生ずる乙
の甲に対する一切の債務の弁済につき、連帯して保証す
る。
⑵ 　乙は、丙に対し、別紙のとおり保証契約の前提となる
情報を提供し、丙は、別紙の情報の提供を受けたことを
確認する。
⑶ 　甲は、丙から乙の債務の履行状況に関して問い合わせ
を受けた場合、遅滞なく、債務の元本、利息、違約金、
損害賠償等に関する不履行の有無、これらの残額及び弁
済期が到来しているものの額に関する情報を提供しなけ
ればならない。
⑷ 　本契約における債務の支払につき期限の利益が喪失し
たときは、甲は、丙に対し、期限の利益が喪失した事実
を知った時から２ヶ月以内に当該事実を通知しなければ
ならない。

第９条　（反社会的勢力の排除）
⑴ 　甲、乙及び丙は、自らが、暴力団、暴力団員（暴力団
員でなくなった日から５年を経過しない者を含む。）、暴
力団準構成員、暴力団関係企業・団体、暴力団関係者、

【改正民法】
遅延損害金条項
が存在しないと
３％等の低い遅
延損害利率しか
認められません
（改正404Ⅱ）。

【改正民法】
委託を受けた個
人保証人に対し、
契約締結時に情
報提供義務を怠
る又は虚偽の情
報を提供すると、
保証契約が取り
消されるおそれ
があります（改
正465の10Ⅱ）。

【改正民法】
保証人から主債
務の履行状況に
つき問い合わせ
を受けた場合、
債権者は情報を
提供しなければ
なりません（改
正458の2）。

【改正民法】
主たる債務が期
限の利益を喪失
した場合、債権
者はその旨個人
保証人に通知し
なければなりま
せん（改正458の
3）

267

総会屋、社会運動等標榜ゴロ、政治活動標榜ゴロ又は特殊知能暴力集団その他これらに準ずる者（以下総称して「反社会的勢力」という。）のいずれにも該当しないこと、及び将来にわたっても該当しないことを表明し確約する。

(2) 甲、乙及び丙は、前項の反社会的勢力又は反社会的勢力と密接な交友関係にある者（以下総称して「反社会的勢力等」という。）との間に次の各号のいずれの関係をも有しないこと及び将来にわたっても有しないことを表明し確約する。

① 反社会的勢力等によって経営を支配される関係

② 反社会的勢力等が経営に実質的に関与している関係

③ 反社会的勢力等を利用する関係

④ 反社会的勢力等に対し資金等を提供し又は便宜を供与する等の関係

⑤ その他反社会的勢力等との社会的に非難される関係

(3) 甲、乙及び丙は、自ら又は第三者を利用して次の各号のいずれの行為をも行っていないこと及び将来にわたっても行わないことを表明し確約する。

① 暴力的な要求行為又は法的責任を超えた不当な要求行為

② 脅迫的な言動をし、又は暴力を用いる行為

③ 風説を流布し、偽計又は威力を用いて相手方の信用を毀損し、業務を妨害する行為

(4) 甲、乙及び丙は、自らが本条に違反している場合、相手方に対し速やかに通知しなければならない。

(5) 甲、乙及び丙は、相手方が本条に違反していること又は本条に基づく相手方の表明確約が虚偽の申告であることが疑われる場合、合理的な根拠を示したうえで相手方に調査を申し入れることができる。

(6) 甲、乙及び丙は、相手方が本条に違反した場合又は本条に基づく相手方の表明確約が虚偽の申告であることが判明した場合、何らの催告その他の手続きを要せず、直ちに本契約及び個別契約の全部又は一部を解除することができるものとする。この場合、相手方は、支払期限未到来の債務も含めて、全債務について当然に期限の利益を喪失し、直ちに債務の履行をしなければならない。

(7) 甲、乙及び丙は、前項の規定により本契約の全部又は

一部を解除した場合、相手方に損害が生じても何らこれを賠償又は補償することを要せず、また、本契約を解除する契約当事者に損害が生じたときは、相手方はその損害を賠償するものとする。

第10条　（協議解決）
　　本契約に定めのない事項、又は本契約の解釈について疑義が生じたときは、甲、乙及び丙は誠意をもって協議のうえ解決する。

第11条　（合意管轄）
　　甲、乙及び丙は、本契約に関し裁判上の紛争が生じたときは、訴額等に応じ、東京地方裁判所又は東京簡易裁判所を専属的合意管轄裁判所とすることに合意する。

第12条　（準拠法）
　　本契約は日本法に準拠し、同法によって解釈されるものとする。

　本契約締結の証として、本契約書３通を作成し、甲乙丙相互に署名又は記名・捺印のうえ、各１通を保有することとする。

○年○月○日
　　　　　　　　　甲　　　　　　　　　　　㊞
　　　　　　　　　乙　　　　　　　　　　　㊞
　　　　　　　　　丙　　　　　　　　　　　㊞

【改正民法】
改正民法施行日から適用させる旨の規定を設けてもよいですが、連帯保証人条項等で不利益を被るおそれもあるため、あえて設ける必要性は乏しいと考えます。

別紙

　乙は、本契約締結時における自らの情報を以下のとおり提供する。

財産及び収支の状況	
主債務以外に負担している債務の有無、額及び履行状況	
主債務の担保として他に提供し又は提供しようとするものの内容	

第4章　契約書　雛形及び解説
雛形2　諾成的金銭消費貸借契約書

① 概　要

　消費貸借契約とは、当事者の一方（借主）が、相手方（貸主）から金銭その他の代替物を受け取り、これと同種、同等の物を返還する旨の契約をいいます。消費貸借契約は、目的物である金銭等の授受をもって初めて成立する要物契約であるとされていますが、現行民法下においても当事者間の合意により成立する諾成的消費貸借契約の成立も解釈上認められています。

　改正民法においては、解釈上認められていた諾成的消費貸借契約を以下のとおり明文により認められることになりました。

（書面でする消費貸借等）

改正第587条の2　前条の規定にかかわらず、書面でする消費貸借は、当事者の一方が金銭その他の物を引き渡すことを約し、相手方がその受け取った物と種類、品質及び数量の同じ物をもって返還をすることを約することによって、その効力を生ずる。

2　書面でする消費貸借の借主は、貸主から金銭その他の物を受け取るまで、契約の解除をすることができる。この場合において、貸主は、その契約の解除によって損害を受けたときは、借主に対し、その賠償を請求することができる。

3　書面でする消費貸借は、借主が貸主から金銭その他の物を受け取る前に当事者の一方が破産手続開始の決定を受けたときは、その効力を失う。

4　消費貸借がその内容を記録した電磁的記録によってされたときは、その消費貸借は、書面によってされたものとみなして、前三項の規定を適用する。

　このように、金銭等の授受がなくても消費貸借契約の成立を明文上認めたものの、慎重に金銭等の貸し借りを行わせるべく、口頭での契

271

約は認めず、書面（電磁的記録含む）によって締結されることが要件とされています。

2　収入印紙

諾成的金銭消費貸借契約書は、印紙税法上の第１号の３文書（消費貸借に関する契約書）に該当し、以下のとおり契約金額に応じて収入印紙を貼付しなければなりません。

■収入印紙■

記載された契約金額が	収入印紙額
1万円未満	非課税
１万円以上10万円以下	200円
10万円を超え50万円以下	400円
50万円を超え100万円以下	１千円
100万円を超え500万円以下	２千円
500万円を超え１千万円以下	１万円
１千万円を超え５千万円以下	２万円
5千万円を超え１億円以下	６万円
１億円を超え５億円以下	10万円
５億円を超え10億円以下	20万円
10億円を超え50億円以下	40万円
50億円を超えるもの	60万円
契約金額の記載のないもの	200円

3　改正民法の影響

改正民法が諾成的金銭消費貸借契約書の各条文に影響を与える箇所は、以下のとおりです。

第4章　契約書　雛形及び解説

雛形2　諾成的金銭消費貸借契約書

■ 改正民法の影響 ■

条　文	項　目	内　容	重要度
1条	目　的	特別損害の存在を明確にする	★★
3条2項	借入内容（利息）	約定利率を定める	★
3条3項	借入内容（支払方法）	送金時に弁済の効果を生じさせる	★
4条	解　除	①解除に伴う賠償金額を予定する ②賠償なしの解除を認める	★★
5条	繰上返済	①繰上返済に伴う賠償金額を予定する ②賠償なしの繰上返済を認める	★★
7条	遅延損害金	遅延損害金利率を定める	★★
8条	連帯保証人	情報提供義務を明記する	★★★

4　収益認識基準の影響

　諾成的金銭消費貸借契約書は、収益認識基準の影響をほとんど受けません。貸主が収益計上するタイミングは、利息が計上された時期に、一定の期間にわたり実施することになります。

5　各条項の修正ポイント

(1) 目的（第1条）

ア）従来の一般的な条項

> 第○条　（使途）
> 　　本契約は、乙が事業資金用途で、甲から金銭を借り受けるものである。

　従来の金銭消費貸借契約書では、借入の使途を簡単に記載することが一般的であり、それ以上の詳細な目的を記載することは通常ありませんでした。

　しかし、改正民法により目的条項が損害賠償等に影響を与えること

273

から、より具体的な目的条項が記載されることが考えられます。

イ）改正民法を踏まえた修正案

【特別損害の存在を明確にする場合】

> 第○条　（目的）
>
> 　　本契約は、乙が第三者に貸し付ける事業用不動産を購入することを目的として、甲から金銭を借り受けるものである。

> 第○条　（目的）
>
> 　　本契約は、乙が○○工場における主力製造機械を購入することを目的として、甲から金銭を借り受けるものである。そのため、万が一、予定の期日に金銭を借り入れることができない場合には、○○工場における生産が一時停止することになる。

　特別損害の賠償が認められるかは、以下のように、「当事者がその事情を予見すべきであった」か否かに基づき判断されます。

（損害賠償の範囲）

改正第416条　（略）

2　特別の事情によって生じた損害であっても、<u>当事者がその事情を予見すべきであったとき</u>は、債権者は、その賠償を請求することができる。

　この点、現行民法416条2項は、「特別の事情によって生じた損害であっても、<u>当事者がその事情を予見し、又は予見することができたとき</u>は、債権者は、その賠償を請求することができる。」としています。

　改正民法では、当事者が現実に予見していたかどうかを問題にするのではなく、予見すべきであったという規範的な評価により判断することを明確化したと説明されています。また、この点につき、「契約

第4章 契約書 雛形及び解説
雛形2 諾成的金銭消費貸借契約書

の締結後に債権者が債務者に対してある特別の事情が存在することを告げさえすればその特別の事情によって生じた損害が全て賠償の範囲に含まれるというのではなく、債務者が予見すべきであったと規範的に評価される特別の事情によって通常生ずべき損害のみが賠償の範囲に含まれるとの解釈をすることが可能となる。」とも説明されています[1]。

とはいえ、契約書に記載のない事項によって、特別の事象を予見すべきであったと立証することは、通常困難を伴いますので、可能な限り契約書に特別の事情を記載した方が、債権者としては特別損害を請求できる可能性が高まります。

そこで、修正案としては、第三者に貸し付ける事業用不動産の購入が予定されていることを明記しているもの、特定の工場の生産が一時停止するなどの特別の事情を明記しています。

具体的な商取引においては、無数の特別の事情が考えられます。契約書の目的条項をさほど重視しない現行民法下においては、このような特別な事情を契約書に記載することは、ほとんどみられませんでした。しかし、改正民法下においては、目的条項の充実が図られることになります。そのため、修正案に示したような具体的な目的条項が契約書に記載される可能性も十分あると考えられます。

(2) 利息（第3条2項）

・従来の一般的な条項（改正民法を踏まえても同様）

```
第○条　（借入内容）
　（略）
　(2)　利　息　　年○パーセント
```

1　法制審議会民法（債権関係）部会第90回会議の部会資料79-3「民法（債権関係）の改正に関する要綱仮案の原案（その1）補充説明」12頁

275

現行民法では、法定利率を年５％と定めています（現行404条）。また、商取引における商事法定利率は、年６％と定められています（商法514条）。

この点、改正民法においては、年５％の法定利率が市場金利と比べて高額過ぎることから、以下のように年３％から変動する利率に変更されることになりました。

（法定利率）

改正第404条 利息を生ずべき債権について別段の意思表示がないときは、その利率は、その利息が生じた最初の時点における法定利率による。

2 法定利率は、年３パーセントとする。

3 前項の規定にかかわらず、法定利率は、法務省令で定めるところにより、３年を一期とし、一期ごとに、次項の規定により変動するものとする。

また、商行為に利率を上乗せする合理性が認められないことから、商事法定利率を定める商法514条が削除されることになり、上記法定利率に統一されることになります。

もっとも、法定利率は、原則として当事者間で利息を支払う合意はしたものの具体的な利息を定めなかった場合に発生するものであり、通常金銭等の消費貸借においてこのような定めをすることは考えにくいと思われます。そのため、この点についてはそれほど配慮する必要はないものと考えます。

なお、金銭消費貸借契約では、利息制限法１条により上限利率が以下のように定められているため注意が必要です。

第4章　契約書　雛形及び解説
雛形2　諾成的金銭消費貸借契約書

■ 上限利率 ■

元本金額	上限利息
10万円未満	年20%
10万円以上100万円未満	年18%
100万円以上	年15%

(3)　支払方法（第3条3項）

ア）従来の一般的な条項

第○条　（借入内容）

　（略）

⑶　支払方法　甲の指定する下記口座に、元利金を振込送金する方
　　　法で支払う（振込手数料は乙負担）。

　　　○銀行○支店　　普通預金

　　口座番号　○○○○○○　　口座名義　○○○○○○

　このような支払方法の条項が一般的であり、改正民法施行後も同様
の規定がみられることが予測されます。

　この規定でも特段問題はないのですが、改正民法では、預貯金に対
する払込みによる支払について、着金時に弁済の効力が生じることが
明記されました。

（預金又は貯金の口座に対する払込みによる弁済）

改正第477条　債権者の預金又は貯金の口座に対する払込みによってす
　る弁済は、債権者がその預金又は貯金に係る債権の債務者に対して<u>そ
　の払込みに係る金額の払戻しを請求する権利を取得した時に、その効
　力を生ずる。</u>

イ）改正民法を踏まえた修正案

【送金時に弁済の効果を生じさせる場合】

第○条　（借入内容）

　（略）

　⑶　支払方法　甲の指定する下記口座に、元利金を振込送金する方
　　　　　　　　法で支払う（振込手数料は乙負担）。なお、振込が
　　　　　　　　期日までに行われていれば足り、着金が期日までに
　　　　　　　　行われていることまでは要しない。

　　　　　　○銀行○支店　　普通預金

　　　　　　口座番号　○○○○○○　　口座名義　○○○○○○

　現行民法下においても、商取引上は期日までに着金することが求められていたと考えられます。しかし、業界によっては、もしくは特定の取引先との間では、仮に着金していなくても、振込が支払期限までに行われていればよいとの扱いがされているケースもみられます。このような場合に、特に振込時まで規定していない支払条項を用いている場合、支払日に着金がなされていないとして債務不履行責任を問われるおそれがあります。

　改正民法により、着金が支払日に行われる必要があると明記された以上、振込が支払日に行われていれば足りるという扱いであるときには、修正案のように、振込が支払期日までに行われていれば足りることを規定しておく必要があります。

⑷　解除（第4条）

　改正民法では、以下のとおり、貸主から金銭その他の物を受け取るまでは、借主は契約を解除できることとされました。もっとも、貸主が契約解除によって損害を被ったときは、借主に対して損害賠償請求を行うことができます。

第4章　契約書　雛形及び解説

雛形2　諾成的金銭消費貸借契約書

（書面でする消費貸借等）

改正第587条の2　（略）

2　書面でする消費貸借の借主は、貸主から金銭その他の物を受け取る
　まで、契約の解除をすることができる。この場合において、貸主は、
　その契約の解除によって損害を受けたときは、借主に対し、その賠償
　を請求することができる。

・改正民法を踏まえた修正案

【解除に伴う賠償金額を予定する場合】

> 第○条　（解除）
> 　　　乙は、甲から本件貸付金を受領する前に限り、本契約を一方的
> 　に解除することができる。但し、この場合、乙は、甲に対し、違
> 　約金として金○○円を支払うこととする。

　後日、損害額を巡って争いになることは好ましくないので、予め上
記修正案のように違約金額を定めておくことも考えられます。

【賠償なしの解除を認める場合】

> 第○条　（解除）
> 　　　乙は、甲から本件貸付金を受領する前に限り、本契約を一方的
> 　に解除することができる。この場合、甲は、乙に対し、一切の損
> 　害賠償請求を行うことはできない。

　一方で、貸付金を受領する前であれば、いつでも損害賠償を支払う
ことなく契約を解除できることとする場合には、上記修正案を用いる
ことになります。この場合、借主は一定の期間内であれば、より条件
の良い貸主を探すことが可能になります。

279

(5) 繰上返済（第5条）

改正民法では、以下のとおり借主はいつでも返還をすることができることとされました。もっとも、貸主が繰上返済によって損害を被ったときは、借主に対して損害賠償請求を行うことができます。

（返還の時期）

改正第591条 （略）

2　借主は、返還の時期の定めの有無にかかわらず、いつでも返還をすることができる。

3　当事者が返還の時期を定めた場合において、貸主は、借主がその時期の前に返還をしたことによって損害を受けたときは、借主に対し、その賠償を請求することができる。

• 改正民法を踏まえた修正案

【繰上返済に伴う賠償金額を予定する場合】

第○条　（繰上返済）

　　乙は、期限の利益を放棄して、甲に対し、何らの損害賠償をする義務を負うことなく、いつでも繰上返済することができる。但し、この場合、乙は、甲に対し、違約金として、当初定められていた利息相当額から法定利率に基づき中間利息を控除した金員を支払うこととする。

後日、損害額を巡って争いになることは好ましくないので、予め上記修正案のように違約金額を定めておくことも考えられます。修正案では、利息相当額を一括して前払することになると、貸主に一方的に有利な状態となることから、利息の前倒し支払にかかる中間利息を控除することとしています。

第4章　契約書　雛形及び解説
雛形2　諾成的金銭消費貸借契約書

【賠償なしの繰上返済を認める場合】

> 第○条　（繰上返済）
> 　　乙は、期限の利益を放棄して、甲に対し、何らの損害賠償をす
> る義務を負うことなく、いつでも繰上返済することができる。こ
> の場合、乙は、甲に対し、書面にて繰上返済の申し出を行うこ
> ととし、甲が書面を受領して10日間経過することを条件として、
> 繰上返済を行うことができる。

　一方で、いつでも損害賠償を支払うことなく繰上返済ができること
とする場合には、上記修正案を用いることになります。この場合、借
主は手元資金に余裕ができれば、将来分の利息を支払わずに繰上返済
を行うことができます。

(6)　遅延損害金（第7条）

・従来の一般的な条項

> 第○条　（遅延損害金）
> 　　乙が本契約に基づく支払を遅延したとき又は期限の利益を喪失
> したときは、支払期日の翌日から支払済みに至るまで、残元金に
> 対する年21.9％の割合による遅延損害金を支払うものとする。

　現行民法では、遅延損害金の法定利率を年5％と定めています（現
行404条）。また、商取引における商事法定利率は、年6％と定められ
ています（商法514条）。

　もっとも、遅延損害金が高い方が履行遅滞になりにくいということ
もあり、現行民法下であっても契約書の規定により、遅延損害金の利
率を上げることが一般化されています。

　なお、金銭消費貸借契約では、利息制限法4条1項により遅延損害
金の上限利率が定められています。遅延損害金の上限利率は、利息制
限法上の上限利息の1.46倍とされており、以下のようになります。

281

◨ 遅延損害金の上限利率 ◨

元本金額	上限利息	遅延損害金上限
10万円未満	年20%	年29.2%
10万円以上100万円未満	年18%	年26.28%
100万円以上	年15%	年21.9%

　この点、改正民法においては、年５％の法定利率が市場金利と比べて高額過ぎることから、以下のように年３％から変動する利率に変更されることになりました。

（法定利率）

改正第404条　利息を生ずべき債権について別段の意思表示がないときは、その利率は、その利息が生じた最初の時点における法定利率による。

２　法定利率は、年３パーセントとする。

３　前項の規定にかかわらず、法定利率は、法務省令で定めるところにより、３年を一期とし、一期ごとに、次項の規定により変動するものとする。

（金銭債務の特則）

改正第419条　金銭の給付を目的とする債務の不履行については、その損害賠償の額は、債務者が遅滞の責任を負った最初の時点における法定利率によって定める。ただし、約定利率が法定利率を超えるときは、約定利率による。

第4章　契約書　雛形及び解説

雛形2　諾成的金銭消費貸借契約書

　また、商行為に利率を上乗せする合理性が認められないことから、商事法定利率を定める商法514条が削除されることになり、上記法定利率に統一されることになります。

　以上のように、法定利率が年5又は6％から年3％（変動制）に下落することから、より高い遅延損害金利率を定める契約書の規定が重要になります。そのため、もし契約書に遅延損害金規定が存在していないようでしたら、従来の一般的な条項でかまわないので、遅延損害金条項を設けることをお勧めします。

(7)　連帯保証人（第8条）

• 従来の一般的な条項

> 第○条　（連帯保証人）
> 　　丙は、乙の連帯保証人として、本契約により生ずる乙の甲に対する一切の債務の弁済につき、連帯して保証する。

　現行民法における個人保証人保護の規定は不十分であり、社会問題化していました。そこで、改正民法では以下のように、個人保証人の保護をより一層強めました。

• 公正証書の作成

（公正証書の作成と保証の効力）

改正第465条の6　事業のために負担した貸金等債務を主たる債務とする保証契約又は主たる債務の範囲に事業のために負担する貸金等債務が含まれる根保証契約は、その契約の締結に先立ち、その締結の日前1箇月以内に作成された公正証書で保証人になろうとする者が保証債務を履行する意思を表示していなければ、その効力を生じない。

2　前項の公正証書を作成するには、次に掲げる方式に従わなければならない。

283

一 保証人になろうとする者が、次のイ又はロに掲げる契約の区分に
　応じ、それぞれ当該イ又はロに定める事項を公証人に口授すること。
　イ 保証契約（ロに掲げるものを除く。）主たる債務の債権者及び
　　債務者、主たる債務の元本、主たる債務に関する利息、違約金、
　　損害賠償その他その債務に従たる全てのものの定めの有無及びそ
　　の内容並びに主たる債務者がその債務を履行しないときには、そ
　　の債務の全額について履行する意思（保証人になろうとする者が
　　主たる債務者と連帯して債務を負担しようとするものである場合
　　には、債権者が主たる債務者に対して催告をしたかどうか、主た
　　る債務者がその債務を履行することができるかどうか、又は他に
　　保証人があるかどうかにかかわらず、その全額について履行する
　　意思）を有していること。
　ロ 根保証契約 主たる債務の債権者及び債務者、主たる債務の範
　　囲、根保証契約における極度額、元本確定期日の定めの有無及び
　　その内容並びに主たる債務者がその債務を履行しないときには、
　　極度額の限度において元本確定期日又は第465条の４第１項各号
　　若しくは第２項各号に掲げる事由その他の元本を確定すべき事由
　　が生ずる時までに生ずべき主たる債務の元本及び主たる債務に関
　　する利息、違約金、損害賠償その他その債務に従たる全てのもの
　　の全額について履行する意思（保証人になろうとする者が主たる
　　債務者と連帯して債務を負担しようとするものである場合には、
　　債権者が主たる債務者に対して催告をしたかどうか、主たる債務
　　者がその債務を履行することができるかどうか、又は他に保証人
　　があるかどうかにかかわらず、その全額について履行する意思）
　　を有していること。
二 公証人が、保証人になろうとする者の口述を筆記し、これを保証
　人になろうとする者に読み聞かせ、又は閲覧させること。
三 保証人になろうとする者が、筆記の正確なことを承認した後、署
　名し、印を押すこと。ただし、保証人になろうとする者が署名する
　ことができない場合は、公証人がその事由を付記して、署名に代え

284

第4章　契約書　雛形及び解説
雛形2　諾成的金銭消費貸借契約書

ることができる。

四　公証人が、その証書は前三号に掲げる方式に従って作ったものである旨を付記して、これに署名し、印を押すこと。

3　前二項の規定は、保証人になろうとする者が法人である場合には、適用しない。

　事業資金の融資は多額になりがちであり、個人がその責任を十分に理解しないまま保証した結果、生活が破綻するなどの深刻な問題が生じていました。そこで、改正民法では、個人が事業資金等の借入を保証する場合、公正証書の作成が義務付けられることになりました。

　具体的には、個人保証のうち以下の①②のケースが対象となります。

■ 公正証書の作成が義務付けられるケース ■

① 事業のために負担した貸金等債務を主たる債務とする保証契約
② 主たる債務の範囲に事業のために負担する貸金等債務が含まれる根保証契約

　もっとも、経営者等であれば経営状況等を把握し、その責任を十分に理解できるため、以下のような者が対象となる場合、公正証書の作成は不要となります。

（公正証書の作成と保証の効力に関する規定の適用除外）

改正第465条の9　前三条の規定は、保証人になろうとする者が次に掲げる者である保証契約については、適用しない。

一　主たる債務者が法人である場合のその理事、取締役、執行役又はこれらに準ずる者

二　主たる債務者が法人である場合の次に掲げる者

　イ　主たる債務者の総株主の議決権（株主総会において決議をす

285

ることができる事項の全部につき議決権を行使することができ
　　ない株式についての議決権を除く。以下この号において同じ。）
　　の過半数を有する者
　ロ　主たる債務者の総株主の議決権の過半数を他の株式会社が有
　　する場合における当該他の株式会社の総株主の議決権の過半数
　　を有する者
　ハ　主たる債務者の総株主の議決権の過半数を他の株式会社及び
　　当該他の株式会社の総株主の議決権の過半数を有する者が有す
　　る場合における当該他の株式会社の総株主の議決権の過半数を
　　有する者
　ニ　株式会社以外の法人が主たる債務者である場合におけるイ、
　　ロ又はハに掲げる者に準ずる者
三　主たる債務者（法人であるものを除く。以下この号において同
　じ。）と共同して事業を行う者又は主たる債務者が行う事業に現
　に従事している主たる債務者の配偶者

・改正民法を踏まえた修正案

【情報提供義務を明記する場合】

　改正民法では、保証人保護のため、保証人に対する情報提供義務が
新設されました。

第○条　（連帯保証人）
　(1)　丙は、乙の連帯保証人として、本契約により生ずる乙の甲に対
　　する一切の債務の弁済につき、連帯して保証する。
　(2)　乙は、丙に対し、別紙のとおり保証契約の前提となる情報を提
　　供し、丙は、別紙の情報の提供を受けたことを確認する。
　(3)　甲は、丙から乙の債務の履行状況に関して問い合わせを受けた
　　場合、遅滞なく、債務の元本、利息、違約金、損害賠償等に関
　　する不履行の有無、これらの残額及び弁済期が到来しているもの
　　の額に関する情報を提供しなければならない。

第4章 契約書 雛形及び解説

雛形2 諾成的金銭消費貸借契約書

(4) 本契約における債務の支払につき期限の利益が喪失したとき
　　は、甲は、丙に対し、期限の利益が喪失した事実を知った時から
　　2ヶ月以内に当該事実を通知しなければならない。

別紙

乙は、本契約締結時における自らの情報を以下のとおり提供する。

財産及び収支の状況	
主債務以外に負担している債務の有無、額及び履行状況	
主債務の担保として他に提供し又は提供しようとするものの内容	

　情報提供が必要となる場面は、以下の3つの場合です。修正案で
は、これらの義務の不履行が生じないよう、注意的に契約書に規定し
ています。具体的な状況に応じて、必要な情報提供義務を取捨選択し
ましょう。なお、詳細につきましては、109頁をご参照ください。

【契約締結時】

(契約締結時の情報の提供義務)

改正第465条の10　主たる債務者は、事業のために負担する債務を主た
　る債務とする保証又は主たる債務の範囲に事業のために負担する債務
　が含まれる根保証の委託をするときは、委託を受ける者に対し、次に
　掲げる事項に関する情報を提供しなければならない。

　一　財産及び収支の状況

　二　主たる債務以外に負担している債務の有無並びにその額及び履行
　　状況

　三　主たる債務の担保として他に提供し、又は提供しようとするもの

287

があるときは、その旨及びその内容

2　主たる債務者が前項各号に掲げる事項に関して情報を提供せず、又は事実と異なる情報を提供したために委託を受けた者がその事項について誤認をし、それによって保証契約の申込み又はその承諾の意思表示をした場合において、主たる債務者がその事項に関して情報を提供せず又は事実と異なる情報を提供したことを債権者が知り又は知ることができたときは、保証人は、保証契約を取り消すことができる。

3　前二項の規定は、保証をする者が法人である場合には、適用しない。

【保証人の請求があった時】

（主たる債務の履行状況に関する情報の提供義務）

改正第458条の2　保証人が主たる債務者の委託を受けて保証をした場合において、保証人の請求があったときは、債権者は、保証人に対し、遅滞なく、主たる債務の元本及び主たる債務に関する利息、違約金、損害賠償その他その債務に従たる全てのものについての不履行の有無並びにこれらの残額及びそのうち弁済期が到来しているものの額に関する情報を提供しなければならない。

【期限の利益を喪失した時】

（主たる債務者が期限の利益を喪失した場合における情報の提供義務）

改正第458条の3　主たる債務者が期限の利益を有する場合において、その利益を喪失したときは、債権者は、保証人に対し、その利益の喪失を知った時から2箇月以内に、その旨を通知しなければならない。

2　前項の期間内に同項の通知をしなかったときは、債権者は、保証人に対し、主たる債務者が期限の利益を喪失した時から同項の通知を現にするまでに生じた遅延損害金（期限の利益を喪失しなかったとしても生ずべきものを除く。）に係る保証債務の履行を請求することができない。

3　前二項の規定は、保証人が法人である場合には、適用しない。

(8) 改正民法適用時期

改正民法対応の契約書には、以下のように、改正民法施行日以後は改正民法を適用する旨の条文を入れておき、施行日を境として全ての契約書が統一的に改正民法の適用を受けることにすることが考えられます（詳細は262頁参照）。

第○条　（改正民法）
　　　甲及び乙は、民法の一部を改正する法律（平成29年法律第44号、以下「改正民法」という。）の施行日以後は、本契約及び本契約に付随する全ての合意につき、改正民法を適用する。但し、改正民法の性質上許されないものはこの限りでない。

もっとも、改正民法では連帯保証契約に関する規制が貸主に対して厳しくなっています。そのため、改正民法を適用したくないと考える場合には、当該条項を設けるべきではないといえます。

雛形3

不動産賃貸借契約書

契約書

不動産賃貸借契約書

　（賃貸人）○○○○（以下「甲」という。）、（賃借人）○○○○（以下「乙」という。）及び（連帯保証人）○○○○（以下「丙」という。）は、後記不動産（以下「本件不動産」という。）につき、以下のとおり不動産賃貸借契約（以下「本契約」という。）を締結する。

第1条　（条件）
　　　甲は、乙に対して、本件不動産を以下の条件で賃貸し、乙はこれを賃借する。
　①　対象不動産　後記不動産の表示のとおり
　②　使用目的　　小売店店舗（店舗名称は○○とし、店長は○○とする。）
　③　契約期間　　○年○月○日から2年間
　　　　　　　　　（自動更新あり）
　④　敷　　　金　金○○円
　⑤　礼　　　金　金○○円
　⑥　月額賃料　　金○○円
　⑦　月額共益費　金○○円
　⑧　支払期限　　敷金及び礼金は、本契約締結と同時に支払う。
　　　　　　　　　月額賃料及び共益費は、毎月末日までに翌月分を支払う。
　⑨　支払方法　　以下の口座に銀行振込
　　　　　　　　　（振込手数料は乙負担）
　　　　　　　　　○○銀行○○支店　普通預金

> 【改正民法】
> 使用目的を詳細に記載することで、解除等の有効性に影響を与えます。

> 【改正民法】
> 賃貸借契約の契約期間の上限が、20年から50年に伸長されました（改正604）。

> 【改正民法】
> 送金時に弁済の効力を認める規定も可能です。

290

第4章　契約書　雛形及び解説

雛形3　不動産賃貸借契約書

口座番号　○○○○○○
口座名義　○○○○○○

第2条　（禁止事項）
　　　　乙が以下の各号の事由を行うことを禁止する。
① 本件不動産を使用目的以外に使用すること
② 本契約の賃借権を第三者に譲渡すること
③ 本件不動産を第三者に転貸すること
④ 本件不動産を第三者の使用に供すること
⑤ 共用部分等を汚損し、又は他の賃借人に迷惑をかけること
⑥ 本件不動産内又はその敷地において動物を飼育すること
⑦ 本件不動産内又はその敷地に爆発物等の危険物を搬入すること

第3条　（敷金）- -
⑴ 乙は、甲に対し、本契約締結と同時に、本契約により生じる一切の乙の債務を担保するために、敷金を差し入れる。
⑵ 本契約の終了により、乙が甲に対し本件不動産を明け渡した場合、甲は、敷金から乙の未払債務額等を差し引いた上で、乙に返還する。なお、敷金には金利が発生しない。
⑶ 乙は、敷金返還請求権と甲に対する債務を相殺することができない。
⑷ 乙は、敷金返還請求権を第三者に譲渡し、又は担保に供してはならない。

> 【改正民法】
> 敷金の定義や返還請求権の発生時期等について明文化されました(改正622の2)。

第4条　（礼金）
⑴ 乙は、甲に対し、本契約締結と同時に、礼金を差し入れる。
⑵ 前項の礼金は、返還を要しないものとする。

第5条　（水道光熱費等）
　　　　乙は、以下の費用について、自らの負担で支払う。
① 電気及び水道料金等の水道光熱費
② 衛生清掃費

291

③冷暖房費

第6条　（修繕費）------------------------------
　(1)　甲は、本件不動産の維持保全に必要な大修繕を自らの
　　　費用負担で行う。
　(2)　乙は、建具、照明器具又は壁紙等、日常の使用によっ
　　　て消耗する箇所の滅失又は毀損に対する修繕を自らの費
　　　用負担で行う。
　(3)　前各項にかかわらず、急迫の事情があるときは、乙
　　　は、自ら本件不動産の維持保全にかかる修繕を行うこと
　　　ができる。

第7条　（解除）
　　　乙が以下の各号のいずれかに該当したときは、甲は催
　　告及び自己の債務の履行の提供をしないで直ちに本契約
　　を解除することができる。なお、この場合でも損害賠償
　　の請求を妨げない。
　①　本契約の一つにでも違反したとき
　②　賃料を3ヶ月分以上滞納したとき
　③　賃料の支払いをしばしば遅延し、甲乙間の信頼関係
　　　を破壊したとき
　④　長期不在により賃借権行使の意思がないと認められ
　　　るとき

第8条　（解約申入）
　　　乙が本契約期間中に本契約を解約しようとするとき
　　は、乙はその3ヶ月前までに甲に対し、その旨を書面に
　　より通知しなければならない。但し、乙が賃料3ヶ月分
　　に相当する金員を直ちに支払うときは、即時に本契約を
　　解約することができる。

第9条　（原状回復及び明渡）
　(1)　本契約が期間満了、解約又は解除等の事由により終了
　　　するときは、乙は直ちに本件不動産を原状に復して甲に
　　　明け渡さなければならない。
　(2)　前項の明渡の際、乙は甲に対し、名目の如何を問わず
　　　必要費、有益費、造作買取請求権、立退料等一切の金員
　　　を要求しない。

【改正民法】
賃貸人が必要な
修繕を行わない
場合や、急迫の
事情がある場合
には、賃借人も
修繕することが
できるようにな
りました（改正
607の2）。

【改正民法】
通常損耗や経年
劣化は原状回復
の対象とならな
いことが明文化
されました（改
正621）。

第4章　契約書　雛形及び解説

雛形3　不動産賃貸借契約書

第10条　（遅延損害金）

　　　乙が本契約に基づく金銭債務の支払を遅延したとき
　は、支払期日の翌日から支払済みに至るまで、年
　14.6％の割合による遅延損害金を支払うものとする。

【改正民法】
遅延損害金条項が存在しないと3％等の低い遅延損害利率しか認められません（改正404Ⅱ）。

第11条　（損害金）

　　　本契約が終了したにもかかわらず、乙が本件不動産を
　明け渡さないときは、乙は、甲に対し、賃料額の2倍に
　相当する金額の損害金を支払わなければならない。

第12条　（契約期間）

　　　本契約の有効期間は、〇年〇月〇日から〇年〇月〇日
　までの2年間とし、期間満了の6ヶ月前までに甲乙いず
　れからも書面による異議がなされないときには、本契約
　は期間満了の翌日から起算して、同一内容にて更に2年
　間更新されるものとし、それ以後も同様とする。

【改正民法】
違約金（損害賠償の予定）を裁判所が増減できないという規定が撤廃されました（改正420Ⅰ）。もっとも、倍額程度の違約金であれば、裁判所は今後も増減しないものと思われます。

第13条　（連帯保証人）

　⑴　丙は、乙と連帯して、以下のとおり極度額の範囲にお
　　いて、本契約から生じる一切の債務（以下「本件債務」
　　という。）を負担する。

【改正民法】
原則として根保証となる賃貸借契約の連帯保証人には、極度額等の定めが必要になります（改正465の2）。

対象となる債務	本件債務（賃料、延滞賃料に対する遅延損害金、原状回復義務違反等に基づく損害賠償金等従たる債務を含む一切の債務）
極度額	金〇万円（本件債務及び連帯保証債務について約定された違約金又は損害賠償の額を含む）
元本確定事由	①丙の財産について、金銭の支払を目的とする債権についての強制執行又は担保権の実行が申し立てられ、当該手続が開始されたとき ②丙が破産手続開始の決定を受けたとき ③乙又は丙が死亡したとき

【改正民法】
委託を受けた個人保証人に対し、契約締結時に情報提供義務を怠っていると、保証契約が取り消されるおそれがあります（改正465の10Ⅱ）。

　⑵　乙は、丙に対し、別紙のとおり保証契約の前提となる
　　情報を提供し、丙は、別紙の情報の提供を受けたことを

確認する。

(3) 甲は、丙から乙の債務の履行状況に関して問い合わせを受けた場合、遅滞なく、債務の元本、利息、違約金、損害賠償等に関する不履行の有無、これらの残額及び弁済期が到来しているものの額に関する情報を提供しなければならない。

(4) 本契約における債務の支払につき期限の利益が喪失したときは、甲は、丙に対し、期限の利益が喪失した事実を知った時から2ヶ月以内に当該事実を通知しなければならない。

【改正民法】
保証人から主債務の履行状況につき問い合わせを受けた場合、債権者は情報を提供しなければなりません（改正458の2）。

【改正民法】
主たる債務が期限の利益を喪失した場合、債権者はその旨個人保証人に通知しなければなりません（改正458の3）。

第14条 （反社会的勢力の排除）

(1) 甲、乙及び丙は、自らが、暴力団、暴力団員（暴力団員でなくなった日から5年を経過しない者を含む。）、暴力団準構成員、暴力団関係企業・団体、暴力団関係者、総会屋、社会運動等標榜ゴロ、政治活動標榜ゴロ又は特殊知能暴力集団その他これらに準ずる者（以下総称して「反社会的勢力」という。）のいずれにも該当しないこと、及び将来にわたっても該当しないことを表明し確約する。

(2) 甲、乙及び丙は、前項の反社会的勢力又は反社会的勢力と密接な交友関係にある者（以下総称して「反社会的勢力等」という。）との間に次の各号のいずれの関係をも有しないこと及び将来にわたっても有しないことを表明し確約する。

① 反社会的勢力等によって経営を支配される関係
② 反社会的勢力等が経営に実質的に関与している関係
③ 反社会的勢力等を利用する関係
④ 反社会的勢力等に対し資金等を提供し又は便宜を供与する等の関係
⑤ その他反社会的勢力等との社会的に非難される関係

(3) 甲、乙及び丙は、自ら又は第三者を利用して次の各号のいずれの行為をも行っていないこと及び将来にわたっても行わないことを表明し確約する。

① 暴力的な要求行為又は法的責任を超えた不当な要求行為
② 脅迫的な言動をし、又は暴力を用いる行為
③ 風説を流布し、偽計又は威力を用いて相手方の信用

294

を毀損し、業務を妨害する行為

(4) 甲、乙及び丙は、自らが本条に違反している場合、相手方に対し速やかに通知しなければならない。

(5) 甲、乙及び丙は、相手方が本条に違反していること又は本条に基づく相手方の表明確約が虚偽の申告であることが疑われる場合、合理的な根拠を示したうえで相手方に調査を申し入れることができる。

(6) 甲、乙及び丙は、相手方が本条に違反した場合又は本条に基づく相手方の表明確約が虚偽の申告であることが判明した場合、何らの催告その他の手続を要せず、直ちに本契約及び個別契約の全部又は一部を解除することができるものとする。この場合、相手方は、支払期限未到来の債務も含めて、全債務について当然に期限の利益を喪失し、直ちに債務の履行をしなければならない。

(7) 甲、乙及び丙は、前項の規定により本契約の全部又は一部を解除した場合、相手方に損害が生じても何らこれを賠償又は補償することを要せず、また、本契約を解除する契約当事者に損害が生じたときは、相手方はその損害を賠償するものとする。

第15条 （協議解決）
　　本契約に定めのない事項、又は本契約の解釈について疑義が生じたときは、甲乙誠意をもって協議のうえ解決する。

第16条 （合意管轄）
　　甲及び乙は、本契約に関し裁判上の紛争が生じたときは、訴額等に応じ、東京地方裁判所又は東京簡易裁判所を専属的合意管轄裁判所とすることに合意する。

第17条 （準拠法）
　　本契約は日本法に準拠し、同法によって解釈されるものとする。

　本契約締結の証として、本契約書3通を作成し、甲乙丙相互に署名又は記名・捺印のうえ、各1通を保有することとする。

> 【改正民法】
> 根保証に関する連帯保証人の改正は、賃貸人に不利益を及ぼすため、積極的に改正民法を適用すべきか検討する必要があります。

○年○月○日

（不動産の表示）
所　在　　○○県○○市○○
家屋番号　○番の○
種　類　　○○
構　造　　○○
床面積　　○○.○○平方メートル
　　　　　　　　甲　　　　　　　㊞
　　　　　　　　乙　　　　　　　㊞
　　　　　　　　丙　　　　　　　㊞

別紙

　乙は、本契約締結時における自らの情報を以下のとおり提供する。

財産及び収支の状況	
主債務以外に負担している債務の有無、額及び履行状況	
主債務の担保として他に提供し又は提供しようとするものの内容	

第4章 契約書 雛形及び解説

雛形3 不動産賃貸借契約書

１ 概　要

　賃貸借契約とは、賃貸人がある物を使用収益させる対価として、賃借人から賃料を受け取る契約をいいます。賃貸借契約では、不動産のみならず、動産をも目的物とすることがありますが、実務上重要性が高い不動産賃貸借契約をもとに解説を行います。

２ 収入印紙

　不動産賃貸借契約書のうち、建物賃貸借契約では、収入印紙を貼る必要はありません。一方で、土地賃貸借契約では、印紙税法上の第１号の２文書（土地の賃借権の設定に関する契約書）に該当し、契約金額に従って以下の収入印紙を貼付しなければなりません。課税の基礎となる金額は、礼金、権利金又は更新料等、後日返還されることが予定されていない金銭の合計額です。

■ 収入印紙 ■

記載された契約金額が	収入印紙額
１万円未満	非課税
１万円以上10万円以下	200円
10万円を超え50万円以下	400円
50万円を超え100万円以下	１千円
100万円を超え500万円以下	２千円
500万円を超え１千万円以下	１万円
１千万円を超え５千万円以下	２万円
５千万円を超え１億円以下	６万円
１億円を超え５億円以下	10万円
５億円を超え10億円以下	20万円
10億円を超え50億円以下	40万円
50億円を超えるもの	60万円
契約金額の記載のないもの	200円

297

❸ 改正民法の影響

改正民法が不動産賃貸借契約書の各条文に影響を与える箇所は、以下のとおりです。

◼ 改正民法の影響 ◼

条 文	項 目	内 容	重要度
1条2号	使用目的	①詳細な使用目的を記載する ②債務不履行が軽微でないことを明確にする	★★
1条9号	支払方法	送金時に弁済の効果を生じさせる	★
6条	修繕費	急迫の事情がある場合に賃借人の修繕を認める	★
9条	原状回復	通常損耗等も回復させる	★★
10条	遅延損害金	遅延損害金利率を定める	★★
13条	連帯保証人	改正民法に合わせ保証人保護を図る	★★★

❹ 収益認識基準の影響

不動産賃貸借契約書では、収益認識基準の影響をほとんど受けません。賃貸人が収益計上するタイミングは、賃料が発生した時期に、一定の期間にわたり実施することになります。

❺ 各条項の修正ポイント

(1) 使用目的（第1条2号）

ア）従来の一般的な条項

> 第○条　（条件）
>
> 　　（略）
>
> 　　②　使用目的　店舗

第4章　契約書　雛形及び解説
雛形3　不動産賃貸借契約書

　現行民法においては、使用目的の欄には、事務所、居宅、店舗など
というように、簡潔に賃貸物件の用途が記載されることが通常でし
た。

　改正民法下でも、同様に簡潔に使用目的が記載されることも予測さ
れますが、契約の目的が重視されるように改正がなされたことから、
従来よりも充実した内容の使用目的が記載されることも考えられま
す。

イ）改正民法を踏まえた修正案

【詳細な使用目的を記載する場合】

> 第○条　（条件）
>
> 　　（略）
>
> 　　②　使用目的　小売店店舗
>
> 　　　　　　　　　　（店舗名称は○○とし、店長は○○とする。）

　賃貸借契約では、特定の名称の店舗であるから貸し渡したり、店長
の人的信頼性を見込んで貸し渡すことも考えられます。そのような点
を重視するのであれば、修正案のように、あえて店舗名称や店長名を
記載することも考えられます。

【債務不履行が軽微でないことを明確にする場合】

> 第○条　（条件）
>
> 　　（略）
>
> 　　②　支払目的　中華料理屋（甲は、本件不動産が入居しているビ
> 　　　　　　　　　ルには各種飲食店がテナントとして賃借している
> 　　　　　　　　　ものの、中華料理屋のみが存在しないため、乙が
> 　　　　　　　　　中華料理屋を営むことを条件として、本契約締結
> 　　　　　　　　　に至ったものである。そのため、乙が中華料理屋
> 　　　　　　　　　以外の店舗として利用するのであれば、甲は乙に

299

> 本件不動産を貸し渡すことはなかった。）

　このように、賃貸人が賃借人に本件不動産を貸すこととなった経緯を記載しておけば、仮に使用目的に反する店舗経営を営むことになった場合にも解除が有効として認められる余地が多くなるものと考えられます。

　もっとも、賃貸借契約においては、当事者間の信頼関係が重視されるところ、信頼関係が破壊されたとまで認められない場合には、契約解除が認められないという判例理論が存在します。そのため、修正案のように詳細な使用目的を記載したからといって、必ず解除が認められるわけではないことには注意が必要です。

(2)　支払方法（第1条9号）

ア）従来の一般的な条項

> 第○条　（条件）
>
> 　　（略）
>
> 　⑨　支払方法　以下の口座に銀行振込（振込手数料は乙負担）
>
> 　　　　○○銀行○○支店　普通預金
>
> 　　　　口座番号　○○○○○○　　　口座名義　○○○○○○

　このような支払条項が一般的であり、改正民法施行後も同様の規定がみられることが予測されます。

　この規定でも特段問題はないのですが、改正民法では、預貯金に対する払込みによる支払について、着金時に弁済の効力が生じることが明記されました。

第4章　契約書　雛形及び解説

雛形3　不動産賃貸借契約書

> （預金又は貯金の口座に対する払込みによる弁済）
>
> **改正第477条**　債権者の預金又は貯金の口座に対する払込みによってする弁済は、債権者がその預金又は貯金に係る債権の債務者に対して<u>その払込みに係る金額の払戻しを請求する権利を取得した時に、その効力を生ずる。</u>

イ）改正民法を踏まえた修正案

【送金時に弁済の効果を生じさせる場合】

> 第○条　（条件）
>
> 　　（略）
>
> 　⑨　支払方法　以下の口座に銀行振込（振込手数料は乙負担）<u>なお、振込が期日までに行われていれば足り、着金が期日までに行われていることまでは要しない。</u>
>
> 　　　　　　　　○○銀行○○支店　普通預金
>
> 　　　　　　　　口座番号　○○○○○○　口座名義　○○○○○○

　現行民法下においても、商取引上は期日までに着金することが求められていたと考えられます。しかし、業界によっては、もしくは特定の取引先との間では、仮に着金していなくても、振込が支払期限までに行われていればよいとの扱いがされているケースもみられます。このような場合に、特に振込時まで規定していない支払条項を用いている場合、支払日に着金がなされていないとして債務不履行責任を問われるおそれがあります。

　改正民法により、着金が支払日に行われる必要があると明記された以上、振込が支払日に行われていれば足りるという扱いであるときには、修正案のように、振込が支払期日までに行われていれば足りることを規定しておく必要があります。

301

(3) 敷金（第3条）

・従来の一般的な条項

第○条 （敷金）

　(1) 乙は、甲に対し、本契約締結と同時に、本契約により生じる一切の乙の債務を担保するために、敷金を差し入れる。

　(2) 本契約の終了により、乙が甲に対し本件不動産を明け渡した場合、甲は、敷金から乙の未払債務額等を差し引いた上で、乙に返還する。なお、敷金には金利が発生しない。

　(3) 乙は、敷金返還請求権と甲に対する債務を相殺することができない。

　(4) 乙は、敷金返還請求権を第三者に譲渡し、又は担保に供してはならない。

　敷金について、改正民法では定義や敷金返還請求権の発生時期等につき、明記されました。その内容は以下のとおりですが、原則として判例理論を明文化したものに過ぎないため、契約実務にはほとんど影響がないものと考えられます。

改正第622条の2　賃貸人は、敷金（いかなる名目によるかを問わず、賃料債務その他の賃貸借に基づいて生ずる賃借人の賃貸人に対する金銭の給付を目的とする債務を担保する目的で、賃借人が賃貸人に交付する金銭をいう。以下この条において同じ。）を受け取っている場合において、次に掲げるときは、賃借人に対し、その受け取った敷金の額から賃貸借に基づいて生じた賃借人の賃貸人に対する金銭の給付を目的とする債務の額を控除した残額を返還しなければならない。

　一　賃貸借が終了し、かつ、賃貸物の返還を受けたとき。

　二　賃借人が適法に賃借権を譲り渡したとき。

2　賃貸人は、賃借人が賃貸借に基づいて生じた金銭の給付を目的とする債務を履行しないときは、敷金をその債務の弁済に充てることがで

第4章　契約書　雛形及び解説
雛形3　不動産賃貸借契約書

> きる。この場合において、賃借人は、賃貸人に対し、敷金をその債務
> の弁済に充てることを請求することができない。

(4) 修繕費（第6条）

ア）従来の一般的な条項

第○条　（修繕費）
　⑴　甲は、本件不動産の維持保全に必要な大修繕を自らの費用負担
　　　で行う。
　⑵　乙は、建具、照明器具又は壁紙等、日常の使用によって消耗す
　　　る箇所の滅失又は毀損に対する修繕を自らの費用負担で行う。

　現行民法においては、原則として修繕をする権利義務は、賃貸人に
認められていました。もっとも、便宜上、照明器具等の交換などの簡
易的な修繕は、賃借人にも負担させることも一般的に行われていま
す。

イ）改正民法を踏まえた修正案

【急迫の事情があるときに賃借人の修繕を認める場合】

第○条　（修繕費）
　⑴　甲は、本件不動産の維持保全に必要な大修繕を自らの費用負担
　　　で行う。
　⑵　乙は、建具、照明器具又は壁紙等、日常の使用によって消耗す
　　　る箇所の滅失又は毀損に対する修繕を自らの費用負担で行う。
　⑶　前各項にかかわらず、急迫の事情があるときは、乙は、自ら本
　　　件不動産の維持保全にかかる修繕を行うことができる。

　改正民法では、以下のように、一定の場合には賃借人にも修繕する
ことができるとされました。そのため、改正民法と歩調を合わせて、

303

急迫の事情がある場合などには、賃借人に修繕を認める旨の規定を設けてもよいでしょう。

（賃借人による修繕）

改正第607条の2　賃借物の修繕が必要である場合において、次に掲げるときは、賃借人は、その修繕をすることができる。

一　賃借人が賃貸人に修繕が必要である旨を通知し、又は賃貸人がその旨を知ったにもかかわらず、賃貸人が相当の期間内に必要な修繕をしないとき。

二　急迫の事情があるとき。

---

(5)　原状回復及び明渡（第9条）

ア）従来の一般的な条項

第〇条　（原状回復及び明渡）

(1)　本契約が期間満了、解約又は解除等の事由により終了するときは、乙は直ちに本件不動産を原状に復して甲に明け渡さなければならない。

(2)　前項の明渡の際、乙は甲に対し、名目の如何を問わず必要費、有益費、造作買取請求権、立退料等一切の金員を要求しない。

このような原状回復条項が一般的であり、改正民法施行後も同様の規定がみられることが予測されます。

イ）改正民法を踏まえた修正案

【通常損耗等も回復させる場合】

第〇条　（原状回復及び明渡）

(1)　本契約が期間満了、解約又は解除等の事由により終了するときは、乙は直ちに本件不動産を受け取った時点以後に生じた損傷及

第4章　契約書　雛形及び解説

雛形3　不動産賃貸借契約書

> び故障等を補修し、床の張り替え、クロスの張り替え、電球の交
> 換等を行い、原状に復して甲に明け渡さなければならない。原状
> 回復の範囲には、通常損耗及び経年劣化を含むこととする。
>
> (2)　前項の明渡の際、乙は甲に対し、名目の如何を問わず必要費、
> 有益費、造作買取請求権、立退料等一切の金員を要求しない。

改正民法では、以下のように、通常損耗や経年劣化については、原
状回復の範囲外であることが明記されました。

（賃借人の原状回復義務）

改正第621条　賃借人は、賃借物を受け取った後にこれに生じた損傷（通
常の使用及び収益によって生じた賃借物の損耗並びに賃借物の経年変
化を除く。以下この条において同じ。）がある場合において、賃貸借
が終了したときは、その損傷を原状に復する義務を負う。ただし、そ
の損傷が賃借人の責めに帰することができない事由によるものである
ときは、この限りでない。

もっとも、事業者同士の賃貸であるオフィスビルなどでは、通常損
耗等であっても原状回復の対象とすることも多くみられます。このよ
うな場合には、原状回復の範囲を詳細に明記するなどして、通常損耗
等も原状回復の範囲であることを明記する必要があります。

なお、事業者が消費者に賃貸する場合には、消費者契約法10条等に
より、その効力が否定されるおそれがあるため注意が必要です。

(6)　遅延損害金（第10条）

・従来の一般的な条項

> 第○条　（遅延損害金）
> 　　乙が本契約又は個別契約に基づく金銭債務の支払を遅延したと
> きは、支払期日の翌日から支払済みに至るまで、年14.6％の割

305

> 合による遅延損害金を支払うものとする。

　現行民法では、遅延損害金の法定利率を年5％と定めています（現行404条）。また、商取引における商事法定利率は、年6％と定められています（商法514条）。

　もっとも、遅延損害金が高い方が履行遅滞になりにくいということもあり、現行民法下であっても契約書の規定により、遅延損害金の利率を上げることが一般化されています。その際に用いられる利率として、消費者契約法9条2号に規定される上限利率である、年14.6％が多くみられます。

　この点、改正民法においては、年5％の法定利率が市場金利と比べて高額過ぎることから、以下のように年3％から変動する利率に変更されることになりました。

（法定利率）

改正第404条　利息を生ずべき債権について別段の意思表示がないときは、その利率は、その利息が生じた最初の時点における法定利率による。

2　法定利率は、年3パーセントとする。

3　前項の規定にかかわらず、法定利率は、法務省令で定めるところにより、3年を一期とし、一期ごとに、次項の規定により変動するものとする。

（金銭債務の特則）

改正第419条　金銭の給付を目的とする債務の不履行については、その損害賠償の額は、債務者が遅滞の責任を負った最初の時点における法定利率によって定める。ただし、約定利率が法定利率を超えるときは、

> 　約定利率による。

　また、商行為に利率を上乗せする合理性が認められないことから、商事法定利率を定める商法514条が削除されることになり、上記法定利率に統一されることになります。

　以上のように、法定利率が年５又は６％から年３％（変動制）に下落することから、より高い遅延損害金利率を定める契約書の規定が重要になります。そのため、もし契約書に遅延損害金規定が存在していないようでしたら、従来の一般的な条項でかまわないので、遅延損害金条項を設けることをお勧めします。

(7)　連帯保証人（第13条）

ア）従来の一般的な条項

> 第○条　（連帯保証人）
> 　　丙は、乙の連帯保証人として、本契約により生ずる乙の甲に対する一切の債務の弁済につき、連帯して保証する。

　現行民法における個人保証人保護の規定は不十分であり、社会問題化していました。そこで、改正民法では個人保証人の保護をより一層強めました。

　また、賃貸借契約における連帯保証は、保証の限度額が定められていない不特定の債務を保証する個人根保証（法人の根保証ではない）であることが一般的です。改正民法では、個人根保証についても保証人保護の観点から規定を設けています。

イ）改正民法を踏まえた修正案

【改正民法に合わせ保証人保護を図る場合】

第○条　（連帯保証人）

(1)　丙は、乙と連帯して、以下のとおり極度額の範囲において、本
　　契約から生じる一切の債務(以下「本件債務」という。)を負担する。

対象となる債務	本件債務（賃料、延滞賃料に対する遅延損害金、原状回復義務違反等に基づく損害賠償金等従たる債務を含む一切の債務）
極度額	金○万円（本件債務及び連帯保証債務について約定された違約金又は損害賠償の額を含む）
元本確定事由	①丙の財産について、金銭の支払を目的とする債権についての強制執行又は担保権の実行が申し立てられ、当該手続が開始されたとき ②丙が破産手続開始の決定を受けたとき ③乙又は丙が死亡したとき

(2)　乙は、丙に対し、別紙のとおり保証契約の前提となる情報を提
　　供し、丙は、別紙の情報の提供を受けたことを確認する。

(3)　甲は、丙から乙の債務の履行状況に関して問い合わせを受けた
　　場合、遅滞なく、債務の元本、利息、違約金、損害賠償等に関す
　　る不履行の有無、これらの残額及び弁済期が到来しているものの
　　額に関する情報を提供しなければならない。

(4)　本契約における債務の支払につき期限の利益が喪失したとき
　　は、甲は、丙に対し、期限の利益が喪失した事実を知った時から
　　２ヶ月以内に当該事実を通知しなければならない。

別紙

乙は、本契約締結時における自らの情報を以下のとおり提供する。

財産及び収支の状況	
主債務以外に負担している債	

| 務の有無、額及び履行状況 | |
| 主債務の担保として他に提供し又は提供しようとするものの内容 | |

　現行民法でも、貸金等債務、つまり金銭の貸し借りなどの個人根保証契約では、極度額がなければ無効であるとされています（現行465条の２）。改正民法では、以下のように貸金等債務に限らず、個人が根保証契約する場合全てについて、極度額の定めがなければ無効になると規定されました。

　そのため、修正案では、連帯保証の対象となる債務とその極度額を明記しています。

（個人根保証契約の保証人の責任等）

改正第465条の２　一定の範囲に属する不特定の債務を主たる債務とする保証契約（以下「根保証契約」という。）であって保証人が法人でないもの（以下「個人根保証契約」という。）の保証人は、主たる債務の元本、主たる債務に関する利息、違約金、損害賠償その他その債務に従たる全てのもの及びその保証債務について約定された違約金又は損害賠償の額について、その全部に係る極度額を限度として、その履行をする責任を負う。

２　個人根保証契約は、前項に規定する極度額を定めなければ、その効力を生じない。

３　第446条第２項及び第３項の規定は、個人根保証契約における第１項に規定する極度額の定めについて準用する。

　また、以下のような場合に根保証の元本が確定することとされているため、修正案でも改正民法に沿って元本確定事由を定めています。

（個人根保証契約の元本の確定事由）

改正第465条の4　次に掲げる場合には、個人根保証契約における主たる債務の元本は、確定する。ただし、第1号に掲げる場合にあっては、強制執行又は担保権の実行の手続の開始があったときに限る。

一　債権者が、保証人の財産について、金銭の支払を目的とする債権についての強制執行又は担保権の実行を申し立てたとき。

二　保証人が破産手続開始の決定を受けたとき。

(8)　改正民法適用時期

　改正民法対応の契約書には、以下のように、改正民法施行日以後は改正民法を適用する旨の条文を入れておき、施行日を境として全ての契約書が統一的に改正民法の適用を受けることにすることが考えられます（詳細は262頁参照）。

第〇条　（改正民法）
　　甲及び乙は、民法の一部を改正する法律（平成29年法律第44号、以下「改正民法」という。）の施行日以後は、本契約及び本契約に付随する全ての合意につき、改正民法を適用する。但し、改正民法の性質上許されないものはこの限りでない。

　もっとも、改正民法では、個人根保証契約等に関する規制が賃貸人に対して厳しくなっています。そのため、改正民法を適用したくないと考える場合には、当該条項を設けるべきではないといえます。

雛形4

業務委託契約書

契約書

業務委託契約書

　（委託者）○○○○（以下「甲」という。）と（受託者）○○○○（以下「乙」という。）は、以下のとおり業務委託契約（以下「本契約」という。）を締結する。

第１条　（目的）

　　本契約は、甲が乙に以下の業務を委託し、乙は、取引慣行において一般に適合する手順に従って遂行するものである。取引慣行において一般に適合する手順の判断は、原則として甲が行うこととし、乙は業務の手順が取引慣行に適合するよう最大限配慮しなければならない。

> 【改正民法】
> 目的条項は、解除、損害賠償、契約不適合判断等に影響を与えます。

第２条　（委託業務）

　　甲は、乙に対して、以下の業務（以下「本件業務」という。）を委託し、乙はこれを受託する。
　①　○○
　②　○○
　③　これらに付随する一切の業務

第３条　（仕様）

　(1)　甲は、本件業務の内容（仕様、納期等）を特定するための委託仕様書（以下「仕様書」という。）を作成することができる。
　(2)　甲はやむをえない事情がある場合、仕様書の全部又は一部の作成を乙に委託することができる。
　(3)　甲及び乙は、原則として相手方の承諾なくして仕様書

> 【改正民法】
> 仕様に関する内容は、契約不適合判断等に影響を与えます。

の内容を変更することはできない。但し、甲にやむをえ
ない事情がある場合、甲は乙と協議し必要な範囲内にお
いて仕様書の内容を変更することができる。

第4条　（委託料）
　(1)　本契約の委託料は、月額金○○万円（消費税込）とす
　　　る。
　(2)　甲は、乙に対し、翌月末日までに当月の委託料を下記
　　　振込口座に振り込んで支払う（振込手数料は甲負担）。
　　　　　　○○銀行○○支店　普通預金
　　　　　　口座番号　　○○○○○○
　　　　　　口座名義　　○○○○○○

【改正民法】
送金時に弁済の
効力を認める規
定も可能です。

第5条　（報告）
　　　　乙は、本件業務の履行の状況に関して、甲からの請求
　　　があったときには、その状況につき直ちに報告しなけれ
　　　ばならない。

第6条　（立入検査）
　(1)　甲は、乙の事前の同意を得た上、乙の事務所又は営業
　　　所等に立ち入り、本件業務の品質等を維持するために必
　　　要な事項につき検査することができる。但し、乙の事前
　　　の同意を得る方法では、検査の目的を達成することがで
　　　きないときは、時間や手段等に配慮したうえ、乙の事前
　　　の同意なしに立入検査を行うことができる。
　(2)　前項により、甲が改善の必要性を認識し、乙に対して
　　　改善を要求した事項については、乙は、直ちにその要求
　　　に従わなければならない。

第7条　（通知義務）
　　　　甲及び乙は、次の各号のいずれか一つに該当するとき
　　　は、相手方に対し、あらかじめその旨を書面により通知
　　　しなければならない。
　　① 法人の名称又は商号の変更
　　② 振込先指定口座を変更
　　③ 代表者の変更
　　④ 本店、主たる事業所の所在地又は住所の変更

第4章　契約書　雛形及び解説

雛形4　業務委託契約書

第8条　（相殺）- -
　　　甲は、本契約又は本契約に限らないその他の契約等に
　　基づき甲が乙に対して負担する債務と、本契約又は本契
　　約に限らないその他の契約等に基づき甲が乙に対し有す
　　る債権とを、その債権債務の期限如何にかかわらず、い
　　つでもこれを対等額において相殺することができる。但
　　し、悪意による不法行為に基づく損害賠償の債務及び人
　　の生命又は身体の侵害による損害賠償の債務を受働債権
　　とすることは、この限りでない。

【改正民法】
生命身体に対す
る損害賠償請求
権や悪意による
不法行為による
損害賠償請求権
については、相
殺により消滅
させることはで
きません（改正
509）。

第9条　（再委託禁止）- -
　(1)　乙は、本件業務の全部又は一部を第三者に再委託する
　　ことはできない。但し、乙は、本件業務の以下の部分に
　　つき、以下の者に再委託することができる。
　　①　業務内容：○○
　　②　会社名　：○○
　　③　所在地　：○○
　(2)　前項とは別に、甲乙協議のうえ甲が書面による再委託
　　の許可をした場合には、乙は本件業務の再委託をするこ
　　とができる。

【改正民法】
（準）委任にお
ける受任者は、
原則として自ら
委任事務を行わ
なければなりま
せん（改正644の
2 I）。

第10条　（要員の資格）
　(1)　乙は、本件業務の遂行に必要な教育を受けまた本契約
　　を遂行するに必要な経験、知識を有する要員を割り当て
　　るものとする。この場合において甲が要求したときは、
　　乙は、要員の教育記録等を提出するものとする。
　(2)　乙の選任した要員が、疾病、退職、能力不足その他の
　　事由により、本件業務を遂行できない場合には、乙は速
　　やかに他の担当者と交替させ本件業務の遂行に支障を与
　　えないよう最大限の努力をするものとする。

第11条　（作業場所）
　　　甲の事業所内で作業を行う必要があると甲及び乙が認
　　める場合、乙は、乙の要員を派遣し、甲の指定する作業
　　場所にて作業を行わせるものとする。この場合、乙は、
　　乙の要員に甲の諸注意ならびに諸規程を遵守させ、安全
　　と秩序の維持に努めるものとする。

313

第12条 （貸与）
　⑴　甲は、乙が本件業務の完成のために必要とする資料、材料、電子計算機、什器備品及びソフトウェア等（以下「什器備品」という。）について乙より提供の要請があり、甲がその必要性を認めた場合には、速やかに乙へ貸与又は提供するものとする。この場合の什器備品の使用上の条件は、甲乙別途協議して定めるものとする。
　⑵　前項に規定するもののほか、乙が本件業務を完成させるために必要な情報、資料等について、甲は可能な限り乙に提供の便宜を図るものとする。

第13条 （保管、返還）
　⑴　乙は、什器備品について、善良なる管理者の注意をもってこれを管理するとともに、甲の承諾なしに貸与又は提供された目的以外に転用してはならない。
　⑵　乙は、甲の承諾を得ないで什器備品を第三者に閲覧、貸与又は提供してはならない。
　⑶　乙は、什器備品に対し、他との混同を避けるために適切な措置を講じ、その保管状況を明確にしておかなければならない。什器備品が減失しもしくは毀損したときは直ちにこれを甲に届け出るとともに、甲の指示に従う。
　⑷　乙は、本件業務が終了した場合、甲の指定する貸与提供期限が到来した場合又は本契約が終了した場合、甲に速やかに貸与提供された什器備品を返還するものとする。
　⑸　乙は、甲から貸与されたソフトウェアを甲の許可なしに複製したり、貸与の目的である本件業務の履行の目的以外に利用することがないよう管理するとともに、複製した場合、甲の要請により又は甲の指定した期限もしくは作業終了時に当該複製物を削除又は廃棄するものとする。

第14条 （権利の譲渡禁止等）
　　　甲及び乙は、あらかじめ相手方の書面による承諾を得ないで、本契約に基づく権利、義務又は財産の全部又は一部を第三者に譲渡し、承継させ又は担保に供してはならない。

【改正民法】
改正民法では、債権の譲渡禁止を定めても、原則として債権譲渡の効果を否定できないことに留意する必要があります。

第4章 契約書 雛形及び解説

雛形4 業務委託契約書

第15条 （守秘義務）

(1) 甲が業務上乙に提供又は開示する仕様及びノウハウ等の技術情報、本契約の内容並びにその他乙が本件業務を遂行するに際して知り得た甲もしくは甲の顧客に関連する情報（以下「秘密事項」という。）は、全て秘密保持の対象であり、乙は厳重に秘密事項の管理を行うとともに、当該秘密事項を本契約の遂行の目的以外に利用してはならないものとする。また、乙は、秘密事項を甲から事前に書面による承諾を受けることなく、本件業務履行中はもとより業務完了後も、本件業務遂行のために必要な乙の要員以外の第三者に開示、漏洩しないものとする。但し、秘密保持の対象に次の各号のものは含まれない。

① 甲から提供もしくは開示されたときに既に一般に公知になっている事項及びその後乙の責に帰すべからざる事由により刊行物その他により公知となった事項

② 甲から提供もしくは開示される以前に既に乙が保有していることを証明できる事項

③ 提供もしくは開示の権限のある甲以外の第三者から乙が秘密保持義務を負うことなく適法に取得した事項

④ 法令、政府機関、裁判所の命令により開示が義務付けられた事項

(2) 乙は、秘密事項を本件業務遂行のために必要な乙の要員にのみ開示し、当該要員が在職中のみならず退職後も本条を遵守するよう秘密保持誓約書を提出させる等必要かつ十分な措置を取るものとする。

(3) 乙は、秘密事項の記載される書類について取扱責任者を定め、厳重に管理するとともに、使用後直ちに甲に返却するか甲の指示に従い破棄するものとする。

(4) 乙は、甲の書面による事前承諾のない限り、秘密事項の記載された書類を複写、複製又は転載等しないものとする。乙が甲の書面による事前承諾により秘密事項の記載された書類を複写する場合、複写物の管理につき本条に準じた措置をとるものとする。

第16条 （中途解約）

(1) 甲は、本契約の有効期間中であっても、乙に対し、1ヶ月前までに書面により通知することで、本契約の全

> 【改正民法】
> 中途解約を認めない旨の規定も可能です。また、割合報酬を具体化することにより、紛争を防止することも可能です。

315

部又は一部を解約することができる。
(2)　前項による解約をする場合、乙は既に発生した委託料を受領することができる。

第17条　（契約期間）
　　　　本契約の有効期間は、平成○年○月○日から平成○年○月○日までとし、期間満了の１ヶ月前までに甲乙いずれからも書面による異議がなされないときには、本契約は期間満了の翌日から起算して、同一内容にて更に１年間延長されるものとし、それ以後も同様とする。

第18条　（解除及び期限の利益喪失）
(1)　甲又は乙が以下の各号のいずれかに該当したときは、相手方は催告及び自己の債務の履行の提供をしないで直ちに本契約の全部又は一部を解除することができる。この場合でも損害賠償の請求を妨げない。但し、第１号の場合には、相手方に対し書面による催告をしたにもかかわらず、その行為が１０日以内に是正されなかった場合に本契約の全部又は一部を解除することができる。
①　本契約の一つにでも違反したとき（なお、甲及び乙は、本契約が甲乙間の高度な信頼関係を基礎としていることから、仮に軽微な違反であっても本号に該当することを確認する。）

> 【改正民法】
> 軽微な解除にあたりにくくなるよう規定しています。

②　監督官庁から営業停止又は営業免許もしくは営業登録の取消し等の処分を受けたとき
③　差押、仮差押、仮処分、強制執行、担保権の実行としての競売、租税滞納処分その他これらに準じる手続が開始されたとき
④　破産、民事再生、会社更生又は特別清算の手続開始決定等の申立がなされたとき
⑤　自ら振り出し又は引き受けた手形もしくは小切手が１回でも不渡りとなったとき、又は支払停止状態に至ったとき
⑥　合併による消滅、資本の減少、営業の廃止・変更又は解散決議がなされたとき
⑦　災害、労働争議等、本契約の履行を困難にする事項が生じたとき
⑧　その他、資産、信用又は支払能力に重大な変更を生

第4章　契約書　雛形及び解説

雛形4　業務委託契約書

　　じたとき
　⑨　相手方に対する詐術その他の背信的行為があったと
　　き
⑵　甲が前項各号のいずれかに該当した場合、甲は当然に
　本契約及びその他乙との間で締結した契約から生じる一
　切の債務について期限の利益を失い、甲は乙に対して、
　その時点において甲が負担する一切の債務を直ちに一括
　して弁済しなければならない。

第19条　（遅延損害金）‥‥‥‥‥‥‥‥‥‥‥‥‥‥‥
　　甲が本契約に基づく金銭債務の支払を遅延したとき
　は、支払期日の翌日から支払済みに至るまで、年
　14.6％の割合による遅延損害金を支払うものとする。

> 【改正民法】
> 遅延損害金条項
> が存在しないと
> 3％等の低い遅
> 延損害利率しか
> 認められません
> （改正404Ⅱ）。

第20条　（損害賠償責任）‥‥‥‥‥‥‥‥‥‥‥‥‥‥
　　甲又は乙は、解除、解約又は本契約に違反すること
　により、相手方に損害を与えたときは、その損害の全て
　（弁護士費用及びその他の実費を含む。）を賠償しなけれ
　ばならない。

> 【改正民法】
> 特別損害の判断
> 等につき、目的
> 条項の影響を受
> けます（改正416
> Ⅱ）。また、違
> 約金等を定める
> 賠償予定を行う
> ことも可能です。

第21条　（第三者に対する損害）
⑴　乙が、本契約履行上、乙の責めに帰すべき事由によ
　り、第三者に損害を与えた場合は、乙は自らの費用及び
　責任において損害を賠償し、甲には何らの迷惑又は損害
　を及ぼさないものとする。但し、その処理については、
　甲乙協議のうえ行うものとする。
⑵　乙は、本契約の終了後においても、前項に定める賠償
　責任を免れることはできないものとする。

第22条　（反社会的勢力の排除）
⑴　甲及び乙は、自らが、暴力団、暴力団員（暴力団員で
　なくなった日から5年を経過しない者を含む。）、暴力団
　準構成員、暴力団関係企業・団体、暴力団関係者、総会
　屋、社会運動等標榜ゴロ、政治活動標榜ゴロ又は特殊知
　能暴力集団その他これらに準ずる者（以下総称して「反
　社会的勢力」という。）のいずれにも該当しないこと、
　及び将来にわたっても該当しないことを表明し確約す
　る。

317

(2) 甲及び乙は、前項の反社会的勢力又は反社会的勢力と
  密接な交友関係にある者（以下総称して「反社会的勢力
  等」という。）との間に次の各号のいずれの関係をも有
  しないこと及び将来にわたっても有しないことを表明し
  確約する。
  ① 反社会的勢力等によって経営を支配される関係
  ② 反社会的勢力等が経営に実質的に関与している関係
  ③ 反社会的勢力等を利用する関係
  ④ 反社会的勢力等に対し資金等を提供し又は便宜を供
    与する等の関係
  ⑤ その他反社会的勢力等との社会的に非難される関係
(3) 甲及び乙は、自ら又は第三者を利用して次の各号のい
  ずれの行為をも行っていないこと及び将来にわたっても
  行わないことを表明し確約する。
  ① 暴力的な要求行為又は法的責任を超えた不当な要求
    行為
  ② 脅迫的な言動をし、又は暴力を用いる行為
  ③ 風説を流布し、偽計又は威力を用いて相手方の信用
    を毀損し、業務を妨害する行為
(4) 乙は、本契約を遂行するに当って、乙の委託先又は調
  達先（個人であると団体であるとを問わず、また、委託
  先又は調達先が数次にわたるときは、そのすべてを含
  み、第三者を介して用いる者を含む。以下「履行補助
  者」という。）にも、現在又は将来にわたって、前三項
  の規定を表明させ遵守させるものとする。
(5) 乙は、甲が要求した場合、履行補助者が第1項から第
  3項の規定に違反していないかどうか調査する義務を負
  う。
(6) 乙は、履行補助者が第1項から第3項の規定に違反し
  又は違反するおそれがある場合、甲に対し直ちに報告す
  るものとし、甲の指示に従うものとする。なお、乙は、
  履行補助者が第1項から第3項の規定に違反した場合、
  当該履行補助者との契約を直ちに解除するものとする。
(7) 乙は、乙又は履行補助者が、本契約の履行に関連し
  て、反社会的勢力等から不当要求又は業務妨害等の不当
  介入を受けた場合、これを拒否し又は履行補助者をして
  拒否させるとともに、速やかに当該事実を甲に報告し、
  甲の捜査機関への通報に必要な協力を行うことを表明し

第4章　契約書　雛形及び解説

雛形4　業務委託契約書

確約する。

(8)　甲及び乙は、自らが本条に違反している場合、相手方に対し速やかに通知しなければならない。

(9)　甲及び乙は、相手方が本条に違反していること又は本条に基づく相手方の表明確約が虚偽の申告であることが疑われる場合、合理的な根拠を示したうえで相手方に調査を申し入れることができる。

(10)　甲及び乙は、相手方が本条に違反した場合又は本条に基づく相手方の表明確約が虚偽の申告であることが判明した場合、何らの催告その他の手続きを要せず、直ちに本契約の全部又は一部を解除することができるものとする。この場合、相手方は、支払期限未到来の債務も含めて、全債務について当然に期限の利益を喪失し、直ちに債務の履行をしなければならない。

(11)　甲及び乙は、前項の規定により本契約の全部又は一部を解除した場合、相手方に損害が生じても何らこれを賠償又は補償することを要せず、また、本契約を解除する契約当事者に損害が生じたときは、相手方はその損害を賠償するものとする。

第23条　（協議解決）

　　　本契約に定めのない事項、又は本契約の解釈について疑義が生じたときは、甲乙誠意をもって協議のうえ解決する。

第24条　（合意管轄）

　　　甲及び乙は、本契約に関し裁判上の紛争が生じたときは、訴額等に応じ、東京地方裁判所又は東京簡易裁判所を専属的合意管轄裁判所とすることに合意する。

第25条　（準拠法）

　　　本契約は日本法に準拠し、同法によって解釈されるものとする。

第26条　（改正民法）

　　　甲及び乙は、民法の一部を改正する法律（平成29年法律第44号、以下「改正民法」という。）の施行日以後は、本契約及び本契約に付随する全ての合意につき、改

【改正民法】
契約書を統一的に管理するために、改正民法施行時に全ての契約が改正民法の適用を受けるよう規定しておいた方がよいでしょう。

正民法を適用する。但し、改正民法の性質上許されない
ものはこの限りでない。

　本契約締結の証として、本契約書2通を作成し、甲乙相互
に署名又は記名・捺印のうえ、各1通を保有することとする。

○年○月○日

　　　　　　　　甲　　　　　　　　　　　　　㊞
　　　　　　　　乙　　　　　　　　　　　　　㊞

第4章　契約書　雛形及び解説
雛形4　業務委託契約書

🔳 概　　要

　業務委託契約は、その内容によって、委任契約（又は事務の委任である準委任契約）や請負契約に分類することができます。仕事の成果物の納品が行われる場合には、請負契約に分類され、一定の業務の実施が行われる場合には、委任契約（準委任契約）に分類されます。

　本節で取り上げる業務委託契約は、委任契約（準委任契約）を前提として解説を行います。請負契約については、ソフトウェア開発委託契約書（347頁参照）で解説します。

🔳 収入印紙

　業務委託契約のうち、委任契約（準委任契約）に該当するものは不課税文書であるため、収入印紙は必要ありません。もっとも、業務委託契約書という名称であっても、請負契約の内実を有するものについては、収入印紙が必要になりますのでご注意ください。

🔳 改正民法の影響

　改正民法が業務委託契約書の各条文に影響を与える箇所は、以下のとおりです。

🔳 改正民法の影響 🔳

条　文	項　目	内　容	重要度
1条	目　的	①債務不履行の判断を明確にする ②特別損害の存在を明確にする	★★★
3条	仕　様	本件業務の仕様を明確にする	★★★
4条	委託料	送金時に弁済の効果を生じさせる	★
8条	相　殺	相殺禁止対象を明記する	★

321

9条	再委託禁止	再委託禁止の例外を認める	★★
14条	権利の譲渡禁止等	一方当事者のみ債権譲渡を禁止する	★★
16条	中途解約	中途解約における委託料支払を明記する	★★★
18条	解除及び期限の利益喪失	軽微な解除にあたりにくくする	★★
19条	遅延損害金	遅延損害金利率を定める	★★
20条	損害賠償責任	①違約金を減額することができないと明記する ②損害賠償の上限を設ける	★★
26条	改正民法	改正民法施行日と同時に改正民法を適用する	★★★

４　収益認識基準の影響

　委任契約（準委任契約）に該当する業務委託契約書のうち、月額で報酬を受領する形態のものは、収益認識基準の影響をほとんど受けません。委託者が収益計上するタイミングは、委託料が発生した時期に、一定の期間にわたり実施することになります。

　一方で、サービスを提供し終えた際にまとまって報酬が支払われるような業務委託契約書では、一定の期間にわたり充足される履行義務なのか、一時点で充足される履行義務なのかを区別する必要があります。一時点で充足される履行義務と判断された場合には、最後にまとまって報酬が支払われることになったタイミングでしか収益認識できないのに対し、一定の期間にわたり充足される履行義務と判断された場合には、それよりも前のタイミングで収益認識できることになります。まとまって報酬が支払われる形の業務委託契約書である場合には、ソフト開発委託契約書（346頁）をご参照ください。

第4章　契約書　雛形及び解説
雛形4　業務委託契約書

❺　各条項の修正ポイント

⑴　目的（第1条）

ア）従来の一般的な条項

```
第○条　（目的）
　　本契約は甲乙相互間の信頼に基づく公正な取引関係を確立し、
　相互の利益と業務の発展を図ることを目的とする。
```

　現行民法下においても、契約書の第1条などに目的条項が設けられることがあります。もっとも、現行民法においては、契約締結に至った目的は特に重視されていません。そのため、目的条項の内容も、法的意味を有しない、当たり障りのない紳士条項に留まることが一般的でした。

　改正民法において目的条項が重要になるといわれていますが、上記のように、紳士条項を規定していたとしても、特に意味はありません。目的条項を設ける場合には、一定の法的効果を意図して設ける必要があります。

イ）改正民法を踏まえた修正案

【債務不履行の判断を明確にする場合】

```
第○条　（目的）
　　本契約は、甲が乙に以下の業務を委託し、乙は、取引慣行にお
　いて一般に適合する手順に従って遂行するものである。取引慣行
　において一般に適合する手順の判断は、原則として甲が行うこと
　とし、乙は業務の手順が取引慣行に適合するよう最大限配慮しな
　ければならない。
```

　債務不履行は、以下のように、「契約その他の債務の発生原因」に基づき判断されます。

323

（債務不履行による損害賠償）

改正第415条　債務者がその債務の本旨に従った履行をしないとき又は債務の履行が不能であるときは、債権者は、これによって生じた損害の賠償を請求することができる。ただし、その債務の不履行が契約その他の債務の発生原因及び取引上の社会通念に照らして債務者の責めに帰することができない事由によるものであるときは、この限りでない。

　この条文は、原則として債務不履行等になったときは、債務者（受託者）が損害賠償責任を負うこととし、例外として帰責事由がないことを立証した場合には、損害賠償責任を免れることを定めています。そして、帰責事由の有無の判断材料として、契約その他の債務の発生原因を考慮に入れるとしています。

　なお、「契約その他の債務の発生原因及び取引上の社会通念に照らして」という判断基準の意味については、「契約の内容（契約書の記載内容等）のみならず、契約の性質（有償か無償かを含む。）、当事者が契約をした目的、契約の締結に至る経緯を始めとする契約をめぐる一切の事情を考慮し、取引通念をも勘案して、評価・認定される契約の趣旨に照らして」という意味であると説明されています[1]。このように、債務不履行の帰責事由は、契約の目的によっても判断されることになります。

　修正案では、業務遂行が取引慣行において一般に適合する手順に従って行われることが求められています。そして、その判断は原則として委託者が行うこととし、受託者は取引慣行に適合する手順に沿って業務遂行されるよう最大限配慮しなければならないとして、委託者の保護が図られています。

1　法制審議会民法（債権関係）部会第90回会議の部会資料79-3「民法（債権関係）の改正に関する要綱仮案の原案（その1）補充説明」7頁

第4章　契約書　雛形及び解説
雛形4　業務委託契約書

【特別損害の存在を明確にする場合】

> 第○条　（目的）
> 　　本契約は、甲が乙の委託業務の結果を踏まえ、顧客に対し包括的なコンサルティングを行うことを目的として、乙に対し以下の業務を委託するものである。そのため、乙の委託業務のクオリティが低い場合、又は、乙の委託業務が予定どおり実施されない場合には、甲は顧客に対し満足のいくコンサルティングを行うことができず、顧客からの報酬を受領できないことになる。

　特別損害の賠償が認められるかは、以下のように、「当事者がその事情を予見すべきであった」か否かに基づき判断されます。

（損害賠償の範囲）

改正第416条　（略）

2　特別の事情によって生じた損害であっても、<u>当事者がその事情を予見すべきであったとき</u>は、債権者は、その賠償を請求することができる。

　この点、現行民法416条2項は、「特別の事情によって生じた損害であっても、当事者がその事情を予見し、又は予見することができたときは、債権者は、その賠償を請求することができる。」としています。

　改正民法では、当事者が現実に予見していたかどうかを問題にするのではなく、予見すべきであったという規範的な評価により判断することを明確化したと説明されています。また、この点につき、「契約の締結後に債権者が債務者に対してある特別の事情が存在することを告げさえすればその特別の事情によって生じた損害が全て賠償の範囲に含まれるというのではなく、債務者が予見すべきであったと規範的に評価される特別の事情によって通常生ずべき損害のみが賠償の範囲に含まれるとの解釈をすることが可能となる。」とも説明されていま

325

す[2]。

とはいえ、契約書に記載のない事項によって、特別の事象を予見すべきであったと立証することは、通常困難を伴いますので、可能な限り契約書に特別の事情を記載した方が、債権者としては特別損害を請求できる可能性が高まります。

そこで、修正案としては、受託者の委託業務のクオリティが低い場合や予定どおり委託業務が実施されない場合には、委託者が顧客から報酬を受領できないという特別の事情を明記しています。

具体的な商取引においては、無数の特別の事情が考えられます。契約書の目的条項をさほど重視しない現行民法下においては、このような特別な事情を契約書に記載することは、ほとんどみられませんでした。しかし、改正民法下においては、目的条項の充実が図られることになります。そのため、修正案に示したような具体的な目的条項が契約書に記載される可能性も十分あると考えられます。

(2) 仕様（第3条）

ア）従来の一般的な条項

第○条　（仕様）
　　甲及び乙は、本件業務が業界水準を満たした品質に適合するレベルで実施されることを確認する。

現行民法下においても、業務の仕様条項などが設けられることがあります。しかし、多くの仕様条項は、「一定の水準」や「水準の確保に善管注意義務を負う」などというように、その水準の内容が明確でない傾向にあります。

改正民法下では、これまで以上に仕様の規定が重視されることにな

2　法制審議会民法（債権関係）部会第90回会議の部会資料79-3「民法（債権関係）の改正に関する要綱仮案の原案（その1）補充説明」12頁

第4章　契約書　雛形及び解説
雛形4　業務委託契約書

ります。その際に、上記のように抽象的な内容を規定していたとして
も、特に意味はありません。仕様条項を設ける場合には、具体的な内
容を記載する必要があります。

イ）改正民法を踏まえた修正案

【本件業務の仕様を明確にする場合】

第○条　（仕様）
　　　　甲及び乙は、本件業務が次に定める仕様に適合するものである
　　ことを確認する。
　　①
　　②
　　③

第○条　（仕様）
　(1)　甲は、本件業務の内容（仕様、納期等）を特定するための委託
　　仕様書（以下「仕様書」という。）を作成することができる。
　(2)　甲はやむをえない事情がある場合、仕様書の全部又は一部の作
　　成を乙に委託することができる。
　(3)　甲及び乙は、原則として相手方の承諾なくして仕様書の内容を
　　変更することはできない。但し、甲にやむをえない事情がある場
　　合、甲は乙と協議し必要な範囲内において仕様書の内容を変更す
　　ることができる。

　これらの具体的に規定された仕様内容は、目的条項と同様に損害賠
償請求を行う際の帰責事由の判断に役立つことになります。
　目的条項では詳細な内容を規定することができない場合には、仕様
書などを設けることによって、契約の内容を具体化しておく必要があ
ります。

327

(3) 委託料（第4条）

ア）従来の一般的な条項

第○条　（委託料）

(1)　本契約の委託料は、月額金○○万円（消費税込）とする。

(2)　甲は、乙に対し、翌月末日までに当月の委託料を下記振込口座
に振り込んで支払う（振込手数料は甲負担）。

○○銀行○○支店　普通預金

口座番号　○○○○○○　口座名義　○○○○○○

　このような委託料支払の条項が一般的であり、改正民法施行後も同様の規定がみられることが予測されます。

　この規定でも特段問題はないのですが、改正民法では、預貯金に対する払込みによる支払について、着金時に弁済の効力が生じることが明記されました。

（預金又は貯金の口座に対する払込みによる弁済）

改正第477条　債権者の預金又は貯金の口座に対する払込みによってする弁済は、債権者がその預金又は貯金に係る債権の債務者に対してその払込みに係る金額の払戻しを請求する権利を取得した時に、その効力を生ずる。

イ）改正民法を踏まえた修正案

【送金時に弁済の効果を生じさせる場合】

第○条　（委託料）

(1)　本契約の委託料は、月額金○○万円（消費税込）とする。

(2)　甲は、乙に対し、翌月末日までに当月の委託料を下記振込口座
に振り込んで支払う（振込手数料は甲負担）。なお、振込が期日
までに行われていれば足り、着金が期日までに行われていること

第4章　契約書　雛形及び解説

雛形4　業務委託契約書

> までは要しない。
> 　　　○○銀行○○支店　普通預金
> 　　　口座番号　○○○○○○　口座名義　○○○○○○

　現行民法下においても、商取引上は期日までに着金することが求められていたと考えられます。しかし、業界によっては、もしくは特定の取引先との間では、仮に着金していなくても、振込が支払期限までに行われていればよいとの扱いがされているケースもみられます。このような場合に、特に振込時まで規定していない支払条項を用いている場合、支払日に着金がなされていないとして債務不履行責任を問われるおそれがあります。

　改正民法により、着金が支払日に行われる必要があると明記された以上、振込が支払日に行われていれば足りるという扱いであるときには、修正案のように、振込が支払期日までに行われていれば足りることを規定しておく必要があります。

(4)　相殺（第8条）

ア）従来の一般的な条項

> 第○条　（相殺）
> 　　　乙は、本契約又は本契約に限らないその他の契約等に基づき乙が甲に対して負担する債務と、本契約又は本契約に限らないその他の契約等に基づき乙が甲に対し有する債権とを、その債権債務の期限如何にかかわらず、いつでもこれを対当額において相殺することができる。

　このように、一方当事者の債権回収を容易にするため相殺の規定が設けられることがあり、改正民法施行後も同様の規定がみられることが予測されます。

　この規定でも特段問題はないのですが、改正民法では、悪意による

329

不法行為に基づく賠償請求権や人の生命身体等の侵害に基づく賠償請求権を、受働債権（相殺されることで消滅する債権）として相殺することが原則としてできないことが規定されました。

　そのため、この規定に対応する条項を設けることも考えられます。

イ）改正民法を踏まえた修正案

【相殺禁止対象を明記する場合】

第○条　（相殺）
　　　乙は、本契約又は本契約に限らないその他の契約等に基づき乙が甲に対して負担する債務と、本契約又は本契約に限らないその他の契約等に基づき乙が甲に対し有する債権とを、その債権債務の期限如何にかかわらず、いつでもこれを対当額において相殺することができる。但し、悪意による不法行為に基づく損害賠償の債務及び人の生命又は身体の侵害による損害賠償の債務を受働債権とすることは、この限りでない。

　現行民法でも、被害者に現実の給付を受けさせる必要があること、債権者の不法行為の誘発を防止する必要があることから、不法行為により生じた債権を受働債権とする相殺を禁止していました（現行509条）。

　この点、改正民法では以下のように規定されたため、このことを注意的に契約書に明記することも考えられます。

（不法行為等により生じた債権を受働債権とする相殺の禁止）
改正第509条　次に掲げる債務の債務者は、相殺をもって債権者に対抗することができない。ただし、その債権者がその債務に係る債権を他人から譲り受けたときは、この限りでない。
　一　悪意による不法行為に基づく損害賠償の債務

第4章　契約書　雛形及び解説
雛形4　業務委託契約書

二　人の生命又は身体の侵害による損害賠償の債務（前号に掲げるものを除く。）

(5)　再委託禁止（第9条）

ア）従来の一般的な条項

第○条　（再委託禁止）
　　　　乙は、本件業務の全部又は一部を第三者に再委託することはできない。但し、甲乙協議のうえ、甲が書面による再委託の許可をした場合に限り、乙は本件業務の再委託をすることができる。

　現行民法では、受託した委任契約を第三者に再委託することを禁止する明文規定は存在しませんでした。一方で、業務委託を行う際には、受託者の能力に着目して依頼することが通常であることから、第三者に再委託することを原則的に禁止する規定を設けることが多くみられました。

　この点、改正民法では、委任契約において原則として第三者に再委託することを禁止する規定が設けられたため、これに対する対応が必要になります。

イ）改正民法を踏まえた修正案

【再委託禁止の例外を認める場合】

第○条　（再委託禁止）
　(1)　乙は、本件業務の全部又は一部を第三者に再委託することはできない。但し、乙は、本件業務の以下の部分につき、以下の者に再委託することができる。
　　①　業務内容：○○
　　②　会社名　：○○
　　③　所在地　：○○

> (2) 前項とは別に、甲乙協議のうえ甲が書面による再委託の許可を
> した場合には、乙は本件業務の再委託をすることができる。

　改正民法では、以下のとおり、委任された事項は、原則として受任者が自ら執行しなければならないとされました。

（復受任者の選任等）

改正第644条の２　受任者は、委任者の許諾を得たとき、又はやむを得ない事由があるときでなければ、復受任者を選任することができない。

　そのため、受任者が再委託を予定している場合には、予め契約書に明記しておくことが好ましいといえます。再委託禁止の条項が契約書に存在しなくても、原則として再委託が禁止されることが明文化されたためです。

　修正案では、再委託する会社の業務内容、会社名及び所在地を記載することとし、再委託の内容を明らかにしています。現行民法下では、ルーズに行われることもあった再委託ですが、再委託禁止が明文化されたことに伴い、今後はより厳格に対応することになると考えられます。

(6) 権利の譲渡禁止等（第14条）

ア）従来の一般的な条項

第○条　（権利の譲渡禁止等）

　　甲及び乙は、あらかじめ相手方の書面による承諾を得ないで、本契約に基づく権利、義務又は財産の全部もしくは一部を第三者に譲渡し、承継させ又は担保に供してはならない。

　現行民法下における債権譲渡に関する条項は、契約当事者双方が債権の譲渡を禁止する内容となっていることが一般的です。しかしなが

第4章　契約書　雛形及び解説
雛形4　業務委託契約書

ら、改正民法では、譲渡禁止特約に違反した債権譲渡であっても有効
である旨、変更されることになりました。そのため、従来の債権譲渡
禁止条項についても、見直す余地があるといえます。

イ）改正民法を踏まえた修正案

【一方当事者のみ債権譲渡を禁止する場合】

> 第○条　（権利の譲渡禁止等）
>
> 　　　甲は、あらかじめ乙の書面による承諾を得ないで、本契約に基
> づく権利、義務又は財産の全部もしくは一部を第三者に譲渡し、
> 承継させ又は担保に供してはならない。

　現行民法では、債権の譲渡は原則として自由であるものの、債権譲
渡を禁止する旨の特約（譲渡禁止特約）を行う場合、譲渡禁止特約に
違反して行われた債権譲渡は、原則として無効とされています（現行
民法466条2項）。

　これに対し、現代社会では、ファクタリングのような債権の買取に
よる資金調達が活発化した一方で、原則として譲渡禁止特約に違反し
た債権譲渡が無効とされていることが、資金調達の支障となっていま
す。そこで、仮に当事者間で譲渡禁止特約が存在し、それに違反した
債権譲渡があった場合でも、以下のように当該債権の譲渡は有効であ
るとされました。

（債権の譲渡性）

改正第466条　（略）

2　当事者が債権の譲渡を禁止し、又は制限する旨の意思表示（以下「譲
　渡制限の意思表示」という。）をしたときであっても、債権の譲渡は、
　その効力を妨げられない。

3　前項に規定する場合には、譲渡制限の意思表示がされたことを知り、
　又は重大な過失によって知らなかった譲受人その他の第三者に対して

333

> は、債務者は、その債務の履行を拒むことができ、かつ、譲渡人に対する弁済その他の債務を消滅させる事由をもってその第三者に対抗することができる。

　もっとも、譲渡制限の意思表示について、悪意又は重過失がある譲受人、その他の第三者に対しては、債務者はその債務の履行を拒むことができ、譲渡人に対する弁済その他の当該債務を消滅させる事由をもって第三者に対抗することができるとされています。

　このように、ファクタリング等による資金調達を活性化させるために民法改正が行われたことからすれば、今後、自社の債権を早期資金化する事態は多くみられることになると考えられます。

　したがって、特に考えもなく、当事者双方の債権譲渡を禁止する特約を設けておくのではなく、自社の債権については特に譲渡禁止特約を設けず、将来起こり得るファクタリングに備えてもよいでしょう。

（7）　中途解約（第16条）
ア）従来の一般的な条項

> 第○条　（中途解約）
> 　　甲又は乙は、本契約有効期間中といえども、1ヶ月前までに書面をもって相手方に対して通知することにより、本契約を解約することができる。

　委任契約は、原則として当事者はいつでも解除することができます（現行651条1項）。

　もっとも、その場合の報酬支払について明記されていない上記のような条項を用いていることが一般的でした。

第4章　契約書　雛形及び解説
雛形4　業務委託契約書

イ）改正民法を踏まえた修正案
【中途解約における委託料支払を明記する場合】

第○条　（中途解約）
　(1)　甲は、本契約の有効期間中であっても、乙に対し、1ヶ月前ま
　　　でに書面により通知することで、本契約の全部又は一部を解約す
　　　ることができる。
　(2)　前項による解約をする場合、乙は既に発生した委託料を受領す
　　　ることができる。

　委任契約が途中で履行不能になった場合や終了した場合であって
も、受任者は、既に履行した業務の割合に応じて報酬を請求すること
ができると明文化されました。

(受任者の報酬)
改正第648条　（略）
3　受任者は、次に掲げる場合には、既にした履行の割合に応じて報酬
　を請求することができる。
　一　委任者の責めに帰することができない事由によって委任事務の履
　　　行をすることができなくなったとき。
　二　委任が履行の中途で終了したとき。

　このことにより、今後は委任契約が中途解約された場合に、報酬請
求が行われることが増加すると考えられます。
　修正案は、月額単位で委託料が支払われていた場合、月の途中で契
約終了となっても日割等により委託料を受領することを認めた規定で
す。
　月額単位で委託料が支払われるのではなく、業務が完全に遂行され
た際に委託料が支払われるような契約であった場合、以下のように一
定のフェーズごとに受領できる委託料を明記しておくことも考えられ

335

ます。

第○条　（中途解約）

(1)　甲は、本契約の有効期間中であっても、乙に対し、1ヶ月前までに書面により通知することで、本契約の全部又は一部を解約することができる。

(2)　前項による解約をする場合、乙は、以下の条件に従って、既に発生した委託料を受領することができる。

　①　第1フェーズ終了：金○○円

　②　第2フェーズ終了：金○○円

　③　第3フェーズ終了：金○○円

---

(8)　解除及び期限の利益喪失（第18条）

ア）従来の一般的な条項

第○条　（解除及び期限の利益喪失）

(1)　甲又は乙が以下の各号のいずれかに該当したときは、相手方は催告及び自己の債務の履行の提供をしないで直ちに本契約又は個別契約の全部又は一部を解除することができる。この場合でも損害賠償の請求を妨げない。但し、第1号の場合には、相手方に対し書面による催告をしたにもかかわらず、その行為が10日以内に是正されなかった場合に本契約の全部又は一部を解除することができる。

　①　本契約の一つにでも違反したとき

　②　監督官庁から営業停止又は営業免許もしくは営業登録の取消し等の処分を受けたとき

　③　差押、仮差押、仮処分、強制執行、担保権の実行としての競売、租税滞納処分その他これらに準じる手続きが開始されたとき

　④　破産、民事再生、会社更生又は特別清算の手続開始決定等の

第4章 契約書 雛形及び解説
雛形4 業務委託契約書

　　　申立がなされたとき

⑤　自ら振り出し又は引き受けた手形もしくは小切手が1回でも不渡りとなったとき、又は支払停止状態に至ったとき

⑥　合併による消滅、資本の減少、営業の廃止・変更又は解散決議がなされたとき

⑦　災害、労働争議等、本契約の履行を困難にする事項が生じたとき

⑧　その他、資産、信用又は支払能力に重大な変更を生じたとき

⑨　相手方に対する詐術その他の背信的行為があったとき

(2)　甲が前項各号のいずれかに該当した場合、甲は当然に本契約及びその他甲との間で締結した契約から生じる一切の債務について期限の利益を失い、甲は乙に対して、その時点において甲が負担する一切の債務を直ちに一括して弁済しなければならない。

　一般的な契約書では、民法上の解除事由に加えて、信用不安を疑わせるような事由がある場合に早期にリスク回避するため、詳細な解除事由を設けています。

　なお、同様の事象が生じたときに、早期に債権回収を図るため、期限の利益喪失条項がセットで設けられることが一般的です。なお、解除条項と期限の利益喪失条項を別条で規定する契約書例もみられますが、間に条文が入ると、引用条文がずれてしまうという問題が生じかねないので、上記の例では1つの条文にまとめています。

337

イ）改正民法を踏まえた修正案

【軽微な解除にあたりにくくする場合】

> 第○条　（解除及び期限の利益喪失）
>
> ⑴　甲又は乙が以下の各号のいずれかに該当したときは、相手方は催告及び自己の債務の履行の提供をしないで直ちに本契約又は個別契約の全部又は一部を解除することができる。この場合でも損害賠償の請求を妨げない。但し、第1号の場合には、相手方に対し書面による催告をしたにもかかわらず、その行為が10日以内に是正されなかった場合に本契約の全部又は一部を解除することができる。
>
> ①　本契約の一つにでも違反したとき（なお、甲及び乙は、本契約が甲乙間の高度な信頼関係を基礎としていることから、仮に軽微な違反であっても本号に該当することを確認する。）
>
> （略）

　改正民法では、以下のとおり「債務の不履行がその契約及び取引上の社会通念に照らして軽微であるとき」には、解除できないことが明記されました。

> （催告による解除）
>
> **改正第541条**　当事者の一方がその債務を履行しない場合において、相手方が相当の期間を定めてその履行の催告をし、その期間内に履行がないときは、相手方は、契約の解除をすることができる。ただし、その期間を経過した時における<u>債務の不履行がその契約及び取引上の社会通念に照らして軽微であるとき</u>は、この限りでない。

　現行民法においても、債務不履行の程度が軽微である場合（不履行が僅かな数量である場合）や、主たる債務の不履行でない場合（重要でない付随義務違反である場合）などでは、判例上解除が認められな

い運用がなされてきました。

しかし、今回の民法改正で軽微な解除が許されないと明文化されたことにより、債務不履行をされた債権者が解除通知を送ったとしても、軽微な債務不履行であることを理由として、解除は無効であると反論される可能性が高まることが予測されます。

そのため、可能な限り軽微な債務不履行でないと反論できる契約書が求められることになります。

対応方法としては、修正案のように、軽微な違反であっても解除事由に該当すると記載することが考えられます。

修正案では、「本契約が甲乙間の高度な信頼関係を基礎としていることから」という事情をもって軽微な債務不履行にあたらないと規定していますが、より具体的な事情を示すことができるのであれば、それだけ軽微と判断されるおそれは減ることと考えられます。

(9) 遅延損害金（第19条）

・従来の一般的な条項

> 第○条　（遅延損害金）
> 　　　乙が本契約又は個別契約に基づく金銭債務の支払を遅延したときは、支払期日の翌日から支払済みに至るまで、年14.6％の割合による遅延損害金を支払うものとする。

現行民法では、遅延損害金の法定利率を年5％と定めています（現行404条）。また、商取引における商事法定利率は、年6％と定められています（商法514条）。

もっとも、遅延損害金が高い方が履行遅滞になりにくいということもあり、現行民法下であっても契約書の規定により、遅延損害金の利率を上げることが一般化されています。その際に用いられる利率として、消費者契約法9条2号に規定される上限利率である、年14.6％が多くみられます。

この点、改正民法においては、年5％の法定利率が市場金利と比べて高額過ぎることから、以下のように年3％から変動する利率に変更されることになりました。

（法定利率）

改正第404条　利息を生ずべき債権について別段の意思表示がないときは、その利率は、その利息が生じた最初の時点における法定利率による。

2　法定利率は、年3パーセントとする。

3　前項の規定にかかわらず、法定利率は、法務省令で定めるところにより、3年を一期とし、一期ごとに、次項の規定により変動するものとする。

（金銭債務の特則）

改正第419条　金銭の給付を目的とする債務の不履行については、その損害賠償の額は、債務者が遅滞の責任を負った最初の時点における法定利率によって定める。ただし、約定利率が法定利率を超えるときは、約定利率による。

また、商行為に利率を上乗せする合理性が認められないことから、商事法定利率を定める商法514条が削除されることになり、上記法定利率に統一されることになります。

以上のように、法定利率が年5又は6％から年3％（変動制）に下落することから、より高い遅延損害金利率を定める契約書の規定が重要になります。そのため、もし契約書に遅延損害金規定が存在していないようでしたら、従来の一般的な条項でかまわないので、遅延損害金条項を設けることをお勧めします。

340

第4章　契約書　雛形及び解説
雛形4　業務委託契約書

⑽　損害賠償責任（第20条）

ア）従来の一般的な条項

第○条　（損害賠償責任）
　　　甲又は乙は、解除、解約又は本契約に違反することにより、相手方に損害を与えたときは、その損害の全て（弁護士費用及びその他の実費を含む。）を賠償しなければならない。

　改正民法により、帰責事由の判断基準が明確化されたこと、特別損害の意義について規範的評価により判断されることになったこと、損害賠償の予定について裁判所が額を増減することができない旨の規定が削除されたことなどの点で相違しますが、損害賠償の条項自体はそれほど変化することはないと考えられます。
　もっとも、これらの改正民法における変更点を踏まえ、損害賠償条項を変更する例はみられるだろうと考えます。

　帰責事由の判断基準が明確化されたことや、特別損害の意義について規範的評価により判断されることになった点につきましては、目的条項（323頁）において対応することが一般的だと考えられます。そのため、詳細につきましては、目的条項の項目をご参照ください。

イ）改正民法を踏まえた修正案

【違約金を減額することができないと明記する場合】

第○条　（違約金）
　⑴　乙が本契約に違反した場合には、乙は、甲に対し、損害の立証を要することなく金100万円を違約金として支払うものとする。
　⑵　甲が被った損害が前項の違約金に満たない場合であっても、当該違約金の減額を請求することはできないものとする。
　⑶　甲が被った損害が前項の違約金を超えるときは、乙は、甲に対し、その超過額についても賠償しなければならない。

341

現行民法では、以下のように、違約金（違約金は賠償額の予定と推定される。現行民法420条３項）を定めた場合には、その額を裁判所が増減することはできない旨の規定が設けられています。

（賠償額の予定）

現行第420条　当事者は、債務の不履行について損害賠償の額を予定することができる。<u>この場合において、裁判所は、その額を増減することができない。</u>

　もっとも、現行民法下においても、違約金額が公序良俗等に違反する場合には、裁判所が額を減額することなどが認められていました。そのため、改正民法では、この規定を削除することとしました。

（賠償額の予定）

改正第420条　当事者は、債務の不履行について損害賠償の額を予定することができる。

　このように、これまでは裁判所が違約金額を増減することができないと明記されていましたが、この規定が削除されたことにより、実質的に違約金額を増減させる裁判例が多くなることが予測されます。

　また、裁判に至る前段階における当事者間の違約金請求においても、違約金額が不当であるとして支払に応じないケースが増加することが予測されます。

　そのため、改正民法下においては、修正案のように、違約金額を減額させることはできない旨の規定を設けておくことも意味があると考えます。なお、このような規定を設けたとしても、実際の損害額と違約金額とが極端にかけ離れている場合などは、違約金額が増減されることがある点については、注意が必要です。

342

第4章 契約書 雛形及び解説
雛形4 業務委託契約書

【損害賠償の上限を設ける場合】

第○条 （損害賠償責任）

　　甲又は乙は、解除、解約又は本契約に違反することにより、相手方に損害を与えたときは、既払い済みの委託料額を上限として、損害を賠償しなければならない。

　このように、損害賠償の上限を設けることも可能であり、頻繁に契約書で用いられている条項です。もっとも、このように損害賠償の上限を設ける場合であっても、実際の損害額とかけ離れている場合などは、裁判所がこの条項の効力を否定することが考えられるため、注意が必要です。

(11) 改正民法適用時期（第26条）

　現行民法下において締結された契約書に改正民法が適用されるのかという点については、実務上非常に重要なポイントとなります。

　この点、改正民法附則は経過措置を制定しており、時効を除く民法総則の改正後の規定は、原則として改正施行日以降に法律行為や意思表示がされた場合に限り適用され、施行前になされた場合には現行民法が適用されることになります[3]。

　なお、改正民法においては、賃貸借期間が20年から50年に延長されることになり（改正604条2項）、改正民法施行後に賃貸借契約の更新がなされた場合には、更新後においては改正民法が適用されることとされています。

　このように、仮に改正民法施行日より前に契約が締結されていたとしても、その後に訪れる契約更新時において、更新契約書のような契

3　法制審議会民法（債権関係）部会第97回会議の部会資料85「民法（債権関係）の改正に関する要綱案の取りまとめに向けた検討(18)」

343

約書を締結する場合には、改正民法施行日後に法律行為や意思表示が
なされたとして、更新後の契約書に改正民法が適用されるものと考え
られます。

　しかし、改正民法施行日より前に締結した契約書に以下のような自
動更新条項が存在し、特段契約更新時に当事者の意思表示がない場合
には、当該契約書に現行民法が適用されるのか、改正民法が適用され
るのかにつき、判然としない状況にあります。

第○条　（契約期間）
　　本契約の有効期間は、平成○年○月○日から平成○年○月○日
までとし、期間満了の１ヶ月前までに甲乙いずれからも書面によ
る異議がなされないときには、本契約は期間満了の翌日から起算
して、同一内容にて更に１年間延長されるものとし、それ以後も
同様とする。

　通常、自動更新時に新たな法律行為や意思表示は行わないことから
すれば、自動更新が行われたとしても、改正民法適用の契機にならな
いとも考えられます。

　この点については、附則37条において「この附則に規定するものの
ほか、この法律の施行に関し必要な経過措置は、政令で定める。」と
規定していることから、今後政令により指針が示される可能性もあり
ます。

　しかし、この点に関する政令がいつ発令されるか定かでありません
し、発令されない可能性もあります。一方で、民法改正に伴う契約書
改定作業は、かなりの時間を要するプロジェクトであるため、政令を
待たずして進めておく必要があります。

　改正民法に伴う契約書改定は、改正民法施行日前に行う企業が多い
と考えられます。上記のとおり、改正民法施行日より前に契約を締結

第4章　契約書　雛形及び解説

雛形4　業務委託契約書

してしまうと、その契約書には現行民法が適用されることになってしまいます。せっかく改正民法に対応するように契約書の内容を改定したにもかかわらず、現行民法が適用されてしまうのであれば、改定した意義が損なわれてしまうことになりかねません。

また、契約書ごとに、現行民法適用の契約書と改正民法適用の契約書として管理することは、非常に煩雑で好ましくない状態といえます。

そこで、改正民法対応の契約書には、以下のように改正民法施行日以後は、改正民法を適用する旨の条文を入れておき、施行日を境として全ての契約書が統一的に改正民法の適用を受けることにすることが考えられます。

> 第○条　（改正民法）
> 　　甲及び乙は、民法の一部を改正する法律（平成29年法律第44号、以下「改正民法」という。）の施行日以後は、本契約及び本契約に付随する全ての合意につき、改正民法を適用する。但し、改正民法の性質上許されないものはこの限りでない。

なお、この条項は、政令等により上記問題が解決するのであれば設ける必要はありませんし、改正民法施行日以後に契約を締結する場合にも設ける必要はない規定となります。

345

雛形 5

ソフトウェア開発委託契約書

契約書

収入印紙

　　　　　ソフトウェア開発委託契約書

　（委託者）○○○○（以下「甲」という。）と（受託者）○○○○（以下「乙」という。）は、甲乙間におけるソフトウェア（以下「本件ソフト」という。）の開発委託につき、以下のとおりソフトウェア開発委託契約（以下「本契約」という。）を締結する。

第１条　(目的)

　　　本契約は、○○事業の顧客管理を自動化するためのソフトウェアを開発する目的で締結されるものである。

第２条　（委託）

　　　甲は、乙に対して、以下の内容で本件ソフトの開発（以下「本件業務」という。）を委託し、乙はこれを受託した。
　　①　本件業務の名称　　○○システム開発業務
　　②　本件業務の内容　　別紙のとおり
　　③　作業期間・納期　　別紙のとおり

第３条　(報酬)

　(1)　甲は、乙に対して、本件業務の対価として、それぞれの成果物の検収合格後10営業日以内に、以下のとおり対価を支払うものとする。なお、金額はいずれも消費税別のものとする。
　　①　要件定義　　　成果物：要件定義書
　　　　　　　　　　　報　酬：○○円

【改正民法】
目的条項は、解除、損害賠償、契約不適合判断等に影響を与えます。

【収益認識】
一時点で充足される履行義務を予定している場合、納期(引渡時）が収益認識の判断要素になる可能性があります。

【改正民法】
割合報酬について具体的に定めた方が後日揉める可能性が減ります。

【収益認識】
一定の期間にわたり充足される履行義務を予定している場合、収益認識の基準となりうるため、条件や金額に注意する必要があります。

② 基本設計　　　成果物：基本設計書
　　　　　　　　報　酬：○○円
③ 詳細設計　　　成果物：詳細設計書
　　　　　　　　報　酬：○○円
④ コーディング　成果物：ソースコード一式
　　　　　　　　報　酬：○○円
⑤ 稼働テスト　　成果物：テスト報告書
　　　　　　　　報　酬：○○円
(2) 支払期限は、前項の各成果物の納品後○日以内とし、以下の口座に銀行振込の方法により支払う（振込手数料は甲負担）。

　　　○銀行○支店　普通預金
　　　口座番号　○○○○○○　口座名義　○○○○○○

【改正民法】
送金時に弁済の効力を認める規定も可能です。

第4条　（仕様）

【改正民法】
仕様に関する条項は、契約不適合判断等に影響を与えます。

(1) 本件ソフトの仕様は、次の各号に準拠していなければならない。
　① 甲乙協議により定めた、要件定義書、基本設計書、詳細設計書に準じていること
　② 法令、条例等に定められた基準
　③ 前各号のほか、甲が乙と協議して決定した事項
(2) 乙は、乙又は乙の制作者の仕様書等について、甲から発注された本件ソフト開発の着手前に、甲から受領印を受けなければならない。仕様書等の変更若しくは追加の場合も同様とする。
(3) 甲又は乙は、第1項各号の内容に関して疑義又は異議を有するときは、遅滞なく相手方にその旨申し出て、甲乙協議のうえ解決を図るものとする。

【収益認識】
別の用途に転用することができない資産が生じる場合、一定の期間にわたり充足される履行義務として収益認識される可能性があります。

第5条　（仕様書の変更）
(1) 甲が仕様書を変更しようとする場合は、事前に乙に対しその旨を申入れ、乙と協議しなければならない。
(2) 仕様書の内容を変更する場合には、書面によって行うこととする。

第6条　（資料）
(1) 甲は、乙が本件業務を遂行するにあたり必要となる資料及び情報を乙に対し提供する。

(2) 乙は、本件業務に関して甲より提供された一切の資料及び情報を善良なる管理者の注意義務をもって管理保管し、事前の甲の書面による承諾を得ないで、複製、第三者への交付等、本件業務以外の目的に使用してはならない。

(3) 乙は、本件ソフトの検査合格後速やかに、本件業務に関して甲より提供された一切の資料を甲に返還しなければならない。

第7条　（報告）

乙は、本件業務の履行の状況に関して、甲からの請求があったときには、その状況につき直ちに報告しなければならない。

第8条　（品質管理）

(1) 乙は、本件業務を遂行するにあたって、適切な品質管理を行うこととする。

(2) 甲は、乙に対し適切な品質管理が行われていることを確認するために、必要と認めるときは、乙が本件ソフトを納入する前に、本件ソフトの製作状況、工程管理及び品質管理の検査のため、乙又は第三者の事務所、工場等に甲の指定する者を派遣し必要な監査を実施することができるものとする。

第9条　（要員の資格）

(1) 乙は、本件業務の遂行に必要な教育を受け、本契約を遂行するに必要な経験、知識を有する要員を割り当てるものとする。この場合において甲が要求したときは、乙は、要員の教育記録等を提出するものとする。

(2) 乙の選任した要員が、疾病、退職、能力不足その他の事由により、本件業務を遂行できない場合には、乙は速やかに他の担当者と交替させ本件業務の遂行に支障を与えないよう最大限の努力をするものとする。

第10条　（立入検査）

(1) 甲は、乙の事前の同意を得た上、乙の事務所又は営業所等に立ち入り、本件業務の品質等を維持するために必要な事項につき検査することができる。但し、乙の事前

第4章　契約書　雛形及び解説

雛形5　ソフトウェア開発委託契約書

　　の同意を得る方法では、検査の目的を達成することがで
　　きないときは、時間や手段等に配慮したうえ、乙の事前
　　の同意なしに立入検査を行うことができる。
　(2)　前項により、甲が改善の必要性を認識し、乙に対して
　　改善を要求した事項については、乙は、直ちにその要求
　　に従わなければならない。

第11条　（作業場所）
　　甲の事業所内で作業を行う必要があると甲及び乙が認
　　める場合、乙は、乙の要員を派遣し、甲の指定する作業
　　場所にて作業を行わせるものとする。この場合、乙は、
　　乙の要員に甲の諸注意ならびに諸規程を遵守させ、安全
　　と秩序の維持に努めるものとする。

第12条　（検査及び検収）
　(1)　乙は、本件ソフトを完成した場合、納品書その他必要
　　な書類を添付のうえ、甲の定める納入手続に従い甲の指
　　定する場所へ納入するものとする。乙は、甲の検査基準
　　に従って、甲又は甲が指定する責任者の検査を受けるも
　　のとする。
　(2)　甲は、前項の規定による検査を本件ソフト納品後○日
　　以内に行うものとし、必要があれば乙の立会いを求める
　　ことができるものとする。

> 【収益認識】
> 検査期間が長期で実質的なものであると、一時点において充足される履行義務として、検収完了しないと収益を認識できないと判断されるおそれがあります。

　(3)　前各項の検査に合格したときをもって本件業務の完了
　　とし、検収とする。但し、本件ソフトが分割されて納入
　　されるときは、格別の合意のない限り、全ての本件ソフ
　　トが検査に合格したときに本件業務の完了とする。
　(4)　本件ソフトを梱包及び輸送等を行う場合については、
　　甲の定めるところによる。この場合、梱包及び輸送等に
　　かかる費用は、乙の負担とする。
　(5)　乙は、第1項の規定による検査の結果、本件ソフトが
　　不合格となった場合、検査期限内又は別途甲乙協議して
　　定める期限内に、本件ソフトを修正のうえ、甲の再検査
　　を受けるものとする。
　(6)　再検査の手続きについては、第1項から第4項の規定
　　を準用するものとする。
　(7)　甲は、本件ソフトについて所定の検査を完了すること
　　が困難になった場合、自己の判断で相当程度、検査期限

349

の延長を行うことができるものとする。

第13条　（通知義務）
　　　甲及び乙は、次の各号のいずれか一つに該当するとき
　　は、相手方に対し、あらかじめその旨を書面により通知
　　しなければならない。
　①　法人の名称又は商号の変更
　②　振込先指定口座を変更
　③　代表者の変更
　④　本店、主たる事業所の所在地又は住所の変更

第14条　（納期の変更）
　⑴　甲乙双方又はいずれかのやむを得ない事由により、本
　　件ソフトの納期の変更が必要となった場合には、甲乙協
　　議のうえ、これを変更することができるものとする。
　⑵　乙は、天災その他不可抗力により納期までに本件ソフ
　　トを納入することが困難になったときには、甲に対して
　　納期の延長を求めることができるものとする。
　⑶　甲は、前項の規定による乙の求めについて正当と認め
　　たときは、納期を延長できるものとする。
　⑷　甲は、乙の責めに帰すべき事由により納期までに本件
　　ソフトが納入されず、その結果甲が損害を被った場合
　　は、乙に対し損害賠償の請求をすることができる。

第15条　（貸与）
　⑴　甲は、乙が本件業務の完成のために必要とする資料、
　　材料、電子計算機、什器備品及びソフトウェア等（以下
　　「什器備品」という。）について乙より提供の要請があ
　　り、甲がその必要性を認めた場合には、速やかに乙へ貸
　　与又は提供するものとする。この場合の什器備品の使用
　　上の条件は、甲乙別途協議して定めるものとする。
　⑵　前項に規定するもののほか、乙が本件業務を完成させ
　　るために必要な情報、資料等について、甲は可能な限り
　　乙に提供の便宜を図るものとする。

第16条　（保管、返還）
　⑴　乙は、什器備品について、善良なる管理者の注意を
　　もってこれを管理するとともに、甲の承諾なしに貸与又

350

は提供された目的以外に転用してはならない。

(2) 乙は、甲の承諾を得ないで什器備品を第三者に閲覧、貸与又は提供してはならない。

(3) 乙は、什器備品に対し、他との混同を避けるために適切な措置を講じ、その保管状況を明確にしておかなければならない。什器備品が減失しもしくは毀損したときは直ちにこれを甲に届け出るとともに、甲の指示に従う。

(4) 乙は、本件業務が終了した場合、甲の指定する貸与提供期限が到来した場合又は本契約が終了した場合、甲に速やかに貸与提供された什器備品を返還するものとする。

(5) 乙は、甲から貸与されたソフトウェアを甲の許可なしに複製したり、貸与の目的である本件業務の履行の目的以外に利用することがないよう管理するとともに、複製した場合、甲の要請により又は甲の指定した期限もしくは作業終了時に当該複製物を削除又は廃棄するものとする。

第17条 （危険負担）

本件ソフトの甲への引渡前に、甲の責めに帰さない事由により、本件ソフトに生じた減失、毀損及び変質等の損害は、乙の負担とする。

第18条 （知的財産権）

(1) 本件業務の遂行過程で生じた発明、考案、意匠、改良、その他の技術的成果及びこれに基づく特許権、実用新案権等の産業財産権（特許、実用新案等を受ける権利を含む。）は、該当する成果物にかかる報酬を支払ったときに甲に移転する。

(2) 乙は、本件ソフトにかかわる著作権（著作権法第27条及び第28条を含む。）その他占有し得る全ての権利を該当する成果物にかかる報酬を支払ったときに甲に譲渡し、甲に帰属せしめることに同意する。また、乙は、本件ソフトについて著作者人格権を行使しないことに同意する。但し、本件ソフトの中に乙が既にその権利を有するルーチン、モジュール等が含まれる場合は、乙はその旨を事前に書面により甲に通知し、甲の承諾を得るものとする。この場合、当該ルーチン、モジュール等にかか

【収益認識】
検収時に危険が移転すると規定することも可能です。ただ、その場合、検収時に収益認識されると判断されるおそれがあります。
一時点で充足される履行義務を予定しており、引渡時に収益認識を希望する場合には、危険の移転時期も引渡時に設定しておくべきでしょう。

【収益認識】
ソフトウェアが納品物である場合、著作権を含む重要な知的財産権の移転時期は、収益認識の判断要素となりうるため、その移転時期に留意する必要があります。

わる著作権は乙に留保されるものとし、当該ルーチン、モジュール等にかかわる編集著作物又は二次的著作物の著作権は甲に帰属するものとする。この場合において、甲は、乙が有する当該ルーチン、モジュール等を本件ソフトの中で自ら使用（自動公衆送信権及び送信可能化権を含む。）又は改変し、もしくは甲の顧客に使用（自動公衆送信権及び送信可能化権を含む。）させることができるものとする。乙は、当該ルーチン、モジュール等について著作者人格権を行使しないものとし、かつ、当該編集著作物又は二次的著作物について原著作者の権利を行使しないものとする。

(3) 本件ソフトの中に第三者が既にその権利を有するルーチン、モジュール等が含まれる場合は、乙はその旨を事前に書面により甲に通知し、甲の承諾を得るものとする。この場合、当該ルーチン、モジュール等にかかわる著作権は、当該第三者に留保されるものとし、当該ルーチン、モジュール等にかかわる編集著作物又は二次的著作物の著作権は甲に帰属するものとする。この場合において、甲は、第三者が有する当該ルーチン、モジュール等を本件ソフトの中で自ら使用（自動公衆送信権及び送信可能化権を含む。）又は改変し、もしくは甲の顧客に使用（自動公衆送信権及び送信可能化権を含む。）させることができるものとする。乙は、当該第三者に、当該ルーチン、モジュール等について著作者人格権を行使させないものとし、かつ、当該編集著作物又は二次的著作物について原著作者の権利を行使させないものとする。

(4) 甲及び乙は、本条の定めに基づく権利の帰属及び譲渡等の対価について、本契約に定める委託料に含まれることを確認する。

(5) 前各項の定めは、甲及び乙が協議し、別途書面で定めた場合はこの限りではない。

第19条 （第三者の知的財産権）
(1) 乙は、本件ソフトに関して、第三者が有する知的財産権を侵害しないことを保証する。侵害が発見された場合には、乙は、甲が本件ソフトを支障無く利用できるよう、乙の責任と費用負担により代替措置を取るものとする。当該侵害により甲が損害を受けた場合は、乙は甲に

第4章　契約書　雛形及び解説

雛形5　ソフトウェア開発委託契約書

対し当該損害を賠償するものとする。

(2)　乙は、本件ソフトについて、第三者が有する知的財産権を使用する場合、予め甲の承諾を得るものとし、当該第三者からの権利取得、使用許諾等を適切に行うと共に、甲に対し当該第三者の権利行使等に関して一切の責めを負うものとする。

(3)　本件ソフトについて、第三者から知的財産権の侵害を理由として何らかの請求があったときは、乙は、その責任と費用において全てを解決するものとし、甲、甲の関係会社、代理店及び顧客には一切迷惑をかけないものとする。但し、当該紛争が甲の指示のみに起因する場合は、甲の責任と費用において処理解決するものとし、乙はこれに協力する。

第20条　（再委託禁止）

(1)　乙は、本件業務の全部又は一部を第三者に再委託することはできない。但し、甲乙協議のうえ、甲が書面による再委託の許可をした場合に限り、乙は本件業務の再委託をすることができる。

(2)　乙は、第三者に再委託する際、経歴書、取引先調査票その他甲が必要と認めて要求する資料を甲に提出するものとし、変更が生じた場合は都度再提出する。

(3)　乙は、いかなる場合も甲に対する本契約に基づく義務の履行を免れないものとし、秘密保持義務を含め再委託した第三者の行為について、甲に対しすべての責任を負うものとする。

第21条　（権利の譲渡禁止等）

甲及び乙は、あらかじめ相手方の書面による承諾を得ないで、本契約に基づく権利、義務又は財産の全部又は一部を第三者に譲渡し、承継させ又は担保に供してはならない。

第22条　（相殺）

甲は、本契約又は本契約に限らないその他の契約等に基づき甲が乙に対して負担する債務と、本契約又は本契約に限らないその他の契約等に基づき甲が乙に対し有する債権とを、その債権債務の期限如何にかかわらず、い

> 【改正民法】
> 改正民法では、債権の譲渡禁止を定めても、原則として債権譲渡の効果を否定できないことに留意する必要があります。

> 【改正民法】
> 生命身体に対する損害賠償請求権や悪意による不法行為による損害賠償請求権については、相殺により消滅させることはできません（改正509）。

353

つでもこれを対当額において相殺することができる。但し、悪意による不法行為に基づく損害賠償の債務及び人の生命又は身体の侵害による損害賠償の債務を受働債権とすることは、この限りでない。

第23条 （不具合）----------------------------------
　(1)　甲は、本件ソフトに不具合（隠れた瑕疵を含む。）がある場合又は、仕様に反する場合など、本件ソフトが本契約の内容に適合しない場合（以下「不具合」という。）は、自ら指定した方法により、乙に対して、本件ソフトの修補、代替物の引渡又は不足分の引渡による追完を請求することができるものとする。
　(2)　甲は、本件ソフトに不具合があることにより、本契約の目的が達成できないと判断する場合、乙に対して前項に定める追完の催告を行うことなく、自らの選択により、直ちに報酬の減額請求又は本契約の解除を行うことができるものとする。
　(3)　甲が不具合を知ったときから6ヶ月以内にその不具合を乙に通知しないときは、甲は、その不具合に基づく追完請求権、解除権、損害賠償請求権及び報酬減額請求権を行使することができない。但し、乙が本件ソフト引渡時において、その不具合を知り又は重大な過失により知らなかったときはこの限りでない。

第24条 （セキュリティ）--------------------------------
　　乙が納入した本件ソフトにセキュリティ対策を実施する必要がある場合、甲及び乙は、その対策につき、協議の上その対応を取り決めるものとする。この場合の費用は、別途協議する。

第25条 （保守）-----------------------------------
　　甲は、乙に対し、保守費用及び保守範囲につき協議のうえ、次の各号に規定される保守等を行わせることができる。
　①　本件ソフトの運用又は使用に関する技術サービス
　②　機能追加、その他本件ソフトの改良のための技術サービス
　③　保証期間経過後の本件ソフトの稼働不良に対する対

> 【改正民法】
> 瑕疵担保責任が契約不適合責任に変わりました（改正562等）。

> 【収益認識】
> セキュリティ対策は、場合によっては別の履行義務を構成し、別途収益認識を行う必要が生じます。

> 【収益認識】
> 保守業務は、場合によっては別の履行義務を構成し、別途収益認識を行う必要が生じます。

第4章　契約書　雛形及び解説

雛形5　ソフトウェア開発委託契約書

処

第26条　（守秘義務）
(1)　甲が業務上乙に提供又は開示する仕様及びノウハウ等の技術情報、本契約の内容並びにその他乙が本件業務を遂行するに際して知り得た甲もしくは甲の顧客に関連する情報（以下「秘密事項」という。）は、全て秘密保持の対象であり、乙は厳重に秘密事項の管理を行うとともに、当該秘密事項を本契約の遂行の目的以外に利用してはならないものとする。また、乙は、秘密事項を甲から事前に書面による承諾を受けることなく、本件業務履行中はもとより業務完了後も、本件業務遂行のために必要な乙の要員以外の第三者に開示、漏洩しないものとする。但し、秘密保持の対象に次の各号のものは含まれない。
　①　甲から提供もしくは開示されたときに既に一般に公知になっている事項及びその後乙の責めに帰すべからざる事由により刊行物その他により公知となった事項
　②　甲から提供もしくは開示される以前に既に乙が保有していることを証明できる事項
　③　提供もしくは開示の権限のある甲以外の第三者から乙が秘密保持義務を負うことなく適法に取得した事項
　④　法令、政府機関、裁判所の命令により開示が義務付けられた事項
(2)　乙は、秘密事項を本件業務遂行のために必要な乙の要員にのみ開示し、当該要員が在職中のみならず退職後も本条を遵守するよう秘密保持誓約書を提出させる等必要かつ十分な措置を取るものとする。
(3)　乙は、秘密事項の記載される書類について取扱責任者を定め、厳重に管理するとともに、使用後直ちに甲に返却するか甲の指示に従い破棄するものとする。
(4)　乙は、甲の書面による事前承諾のない限り、秘密事項の記載された書類を複写、複製又は転載等しないものとする。乙が甲の書面による事前承諾により秘密事項の記載された書類を複写する場合、複写物の管理につき本条に準じた措置をとるものとする。

第27条　（解除及び期限の利益喪失）

【改正民法】
仕事の完成前に契約が解除された場合であっても、仕事のうち可分な部分の給付により注文者が利益を受けるときは、割合報酬を受けることができます（改正634）。

(1) 甲又は乙が以下の各号のいずれかに該当したときは、相手方は催告及び自己の債務の履行の提供をしないで直ちに本契約の全部又は一部を解除することができる。この場合でも損害賠償の請求を妨げない。但し、第1号の場合には、相手方に対し書面による催告をしたにもかかわらず、その行為が10日以内に是正されなかった場合に本契約の全部又は一部を解除することができる。

① 本契約の一つにでも違反したとき（なお、甲及び乙は、本契約が甲乙間の高度な信頼関係を基礎としていることから、仮に軽微な違反であっても本号に該当することを確認する。）

【改正民法】
軽微な解除にあたりにくくなるよう規定しています。

② 監督官庁から営業停止又は営業免許もしくは営業登録の取消し等の処分を受けたとき

③ 差押、仮差押、仮処分、強制執行、担保権の実行としての競売、租税滞納処分その他これらに準じる手続きが開始されたとき

④ 破産、民事再生、会社更生又は特別清算の手続開始決定等の申立がなされたとき

⑤ 自ら振り出し又は引き受けた手形もしくは小切手が1回でも不渡りとなったとき、又は支払停止状態に至ったとき

⑥ 合併による消滅、資本の減少、営業の廃止・変更又は解散決議がなされたとき

⑦ 災害、労働争議等、本契約の履行を困難にする事項が生じたとき

⑧ その他、資産、信用又は支払能力に重大な変更を生じたとき

⑨ 相手方に対する詐術その他の背信的行為があったとき

(2) 甲が前項各号のいずれかに該当した場合、甲は当然に本契約及びその他乙との間で締結した契約から生じる一切の債務について期限の利益を失い、甲は乙に対して、その時点において甲が負担する一切の債務を直ちに一括して弁済しなければならない。

第28条 （遅延損害金）
甲が本契約に基づく金銭債務の支払を遅延したときは、支払期日の翌日から支払済みに至るまで、年

【改正民法】
遅延損害金条項が存在しないと3％等の低い遅延損害利率しか認められません（改正404Ⅱ）。

第4章　契約書　雛形及び解説

雛形5　ソフトウェア開発委託契約書

14.6％の割合による遅延損害金を支払うものとする。

第29条　（損害賠償責任）- -

(1)　甲又は乙は、解除、解約又は本契約に違反することにより、相手方に損害を与えたときは、その損害の全て（弁護士費用及びその他の実費を含む。）を賠償しなければならない。

(2)　前項のうち乙の賠償責任は、請求の原因の如何を問わず、甲に現実に生じた相当因果関係ある通常損害に限定され、本契約の委託料をその上限とし、甲に生じた逸失利益等の特別な損害について、乙は、その責任を負わないものとする。但し、当該損害が乙又は乙の従業員等の故意又は重過失に起因する場合はこの限りでない。

第30条　（第三者に対する損害）

(1)　乙が、本契約履行上、乙の責めに帰すべき事由により、第三者に損害を与えた場合は、乙は自らの費用及び責任において損害を賠償し、甲には何らの迷惑又は損害を及ぼさないものとする。但し、その処理については、甲乙協議のうえ行うものとする。

(2)　乙は、本契約の終了後においても、前項に定める賠償責任を免れることはできないものとする。

第31条　（反社会的勢力の排除）

(1)　甲及び乙は、自らが、暴力団、暴力団員（暴力団員でなくなった日から5年を経過しない者を含む。）、暴力団準構成員、暴力団関係企業・団体、暴力団関係者、総会屋、社会運動等標榜ゴロ、政治活動標榜ゴロ又は特殊知能暴力集団その他これらに準ずる者（以下総称して「反社会的勢力」という。）のいずれにも該当しないこと、及び将来にわたっても該当しないことを表明し確約する。

(2)　甲及び乙は、前項の反社会的勢力又は反社会的勢力と密接な交友関係にある者（以下総称して「反社会的勢力等」という。）との間に次の各号のいずれの関係をも有しないこと及び将来にわたっても有しないことを表明し確約する。

①　反社会的勢力等によって経営を支配される関係

【改正民法】
特別損害の判断等につき、目的条項の影響を受けます（改正416Ⅱ）。また、違約金等を定める賠償予定を行うことも可能です。

② 反社会的勢力等が経営に実質的に関与している関係
③ 反社会的勢力等を利用する関係
④ 反社会的勢力等に対し資金等を提供し又は便宜を供与する等の関係
⑤ その他反社会的勢力等との社会的に非難される関係

(3) 甲及び乙は、自ら又は第三者を利用して次の各号のいずれの行為をも行っていないこと及び将来にわたっても行わないことを表明し確約する。
① 暴力的な要求行為又は法的責任を超えた不当な要求行為
② 脅迫的な言動をし、又は暴力を用いる行為
③ 風説を流布し、偽計又は威力を用いて相手方の信用を毀損し、業務を妨害する行為

(4) 乙は、本契約を遂行するに当って、乙の委託先又は調達先（個人であると団体であるとを問わず、また、委託先又は調達先が数次にわたるときは、そのすべてを含み、第三者を介して用いる者を含む。以下「履行補助者」という。）にも、現在又は将来にわたって、前三項の規定を表明させ遵守させるものとする。

(5) 乙は、甲が要求した場合、履行補助者が第1項から第3項の規定に違反していないかどうか調査する義務を負う。

(6) 乙は、履行補助者が第1項から第3項の規定に違反し又は違反するおそれがある場合、甲に対し直ちに報告するものとし、甲の指示に従うものとする。なお、乙は、履行補助者が第1項から第3項の規定に違反した場合、当該履行補助者との契約を直ちに解除するものとする。

(7) 乙は、乙又は履行補助者が、本契約の履行に関連して、反社会的勢力等から不当要求又は業務妨害等の不当介入を受けた場合、これを拒否し又は履行補助者をして拒否させるとともに、速やかに当該事実を甲に報告し、甲の捜査機関への通報に必要な協力を行うことを表明し確約する。

(8) 甲及び乙は、自らが本条に違反している場合、相手方に対し速やかに通知しなければならない。

(9) 甲及び乙は、相手方が本条に違反していること又は本条に基づく相手方の表明確約が虚偽の申告であることが疑われる場合、合理的な根拠を示したうえで相手方に調

査を申し入れることができる。

(10) 甲及び乙は、相手方が本条に違反した場合又は本条に基づく相手方の表明確約が虚偽の申告であることが判明した場合、何らの催告その他の手続きを要せず、直ちに本契約の全部又は一部を解除することができるものとする。この場合、相手方は、支払期限未到来の債務も含めて、全債務について当然に期限の利益を喪失し、直ちに債務の履行をしなければならない。

(11) 甲及び乙は、前項の規定により本契約の全部又は一部を解除した場合、相手方に損害が生じても何らこれを賠償又は補償することを要せず、また、本契約を解除する契約当事者に損害が生じたときは、相手方はその損害を賠償するものとする。

第32条 （協議解決）

　本契約に定めのない事項、又は本契約の解釈について疑義が生じたときは、甲乙誠意をもって協議のうえ解決する。

第33条 （合意管轄）

　甲及び乙は、本契約に関し裁判上の紛争が生じたときは、訴額等に応じ、東京地方裁判所又は東京簡易裁判所を専属的合意管轄裁判所とすることに合意する。

第34条 （準拠法）

　本契約は日本法に準拠し、同法によって解釈されるものとする。

第35条 　（改正民法）- -

　甲及び乙は、民法の一部を改正する法律（平成29年法律第44号、以下「改正民法」という。）の施行日以後は、本契約及び本契約に付随する全ての合意につき、改正民法を適用する。但し、改正民法の性質上許されないものはこの限りでない。

【改正民法】
契約書を統一的に管理するために、改正民法施行時に全ての契約が改正民法の適用を受けるよう規定しておいた方がよいでしょう。

本契約締結の証として、本契約書2通を作成し、甲乙相互に署名又は記名・捺印のうえ、各1通を保有することとする。

○年○月○日

甲　　　　　　　　印

乙　　　　　　　　印

別紙

※仕様書や作業期間・納期などを記載

第4章　契約書　雛形及び解説

雛形5　ソフトウェア開発委託契約書

１ 概　要

　ソフトウェア開発委託契約は、請負契約に分類されます。請負契約とは、当事者の一方がある仕事の完成を約束し、相手方がその仕事の結果に対して報酬を支払う契約形態をいいます（現行632条）。

　業務委託契約という名称であっても、仕事の成果物の納品が行われる場合には、民法における請負契約の規制を受けることになるため、注意が必要です。

２ 収入印紙

　請負契約書は、印紙税法上の第2号文書（請負に関する契約書）に該当し、以下のとおり契約金額に応じて収入印紙を貼付しなければなりません。なお、建設業法上の建築工事については、一定の軽減措置が図られることがあります。

■ 収入印紙 ■

記載された契約金額が	収入印紙額
1万円未満	非課税
1万円以上100万円以下	200円
100万円を超え200万円以下	400円
200万円を超え300万円以下	1千円
300万円を超え500万円以下	2千円
500万円を超え1千万円以下	1万円
1千万円を超え5千万円以下	2万円
5千万円を超え1億円以下	6万円
1億円を超え5億円以下	10万円
5億円を超え10億円以下	20万円
10億円を超え50億円以下	40万円
50億円を超えるもの	60万円
契約金額の記載のないもの	200円

361

❸ 改正民法の影響

改正民法が業務委託契約書の各条文に影響を与える箇所は、以下のとおりです。

■ 改正民法の影響 ■

条文	項　目	内　容	重要度
1条	目　的	①履行不能を明確にする ②債務不履行の判断を明確にする ③特別損害の存在を明確にする	★★★
3条	報　酬	①途中解約の場合の補償を定める ②明確な中間報酬を定める ③アウトプット法により報酬を定める ④インプット法により報酬を定める	★★★
4条	仕　様	本件業務の仕様を明確にする	★★★
21条	権利の譲渡禁止等	一方当事者のみ債権譲渡を禁止する	★★
22条	相　殺	相殺禁止対象を明記する	★
23条	不具合（瑕疵担保責任）	①権利行使期間の短縮 ②当事者のいずれかに有利にする	★★★
27条	解除及び期限の利益喪失	軽微な解除にあたりにくくする	★★
28条	遅延損害金	遅延損害金利率を定める	★★
29条	損害賠償責任	①違約金を減額することができないと明記する ②損害賠償の上限を設ける	★★
35条	改正民法	改正民法施行日と同時に改正民法を適用する	★★★

❹ 収益認識基準の影響

収益認識基準が請負契約書（請負契約の内実を有する業務委託契約書を含む）の各条文に影響を与える箇所は、以下のとおりです。

第4章　契約書　雛形及び解説
雛形5　ソフトウェア開発委託契約書

■ 収益認識基準の影響 ■

条文	項　目	内　容	重要度
2条3号	納　期	動産の権利者であることの対抗要件	★★
3条	報　酬	一定の期間にわたり収益認識するか	★★★
4条	仕　様	別の用途に転用することができないか	★★
12条	検査及び検収	検収の内容が実質的か形式的か	★★★
17条	危険負担	危険（リスク）移転時期がいつか	★★
18条	知的財産権	権利移転時期がいつか	★★★
24条	セキュリティ	別の履行義務が生じないか	★★★
25条	保　守	別の履行義務が生じないか	★★★

⑤　各条項の修正ポイント

(1)　目的条項（第1条）

ア)　従来の一般的な条項

> 第○条　（目的）
> 　　　本契約は甲乙相互間の信頼に基づく公正な取引関係を確立し、相互の利益と業務の発展を図ることを目的とする。

　現行民法下においても、契約書の第1条などに目的条項が設けられることがあります。もっとも、現行民法においては、契約締結に至った目的は特に重視されていません。そのため、目的条項の内容も、法的意味を有しない、当たり障りのない紳士条項に留まることが一般的でした。

　改正民法において目的条項が重要になるといわれていますが、上記のように、紳士条項を規定していたとしても、特に意味はありません。目的条項を設ける場合には、一定の法的効果を意図して設ける必要があります。

363

イ）　改正民法を踏まえた修正案

【履行不能を明確にする場合】

> 第○条　（目的）
>
> 　　本契約は、甲が顧客から○年○月○日までに本件ソフトを納品することを条件とする旨の依頼を受け、乙に対し本件ソフトの開発を委託するものである。顧客は、○年○月○日までに本件ソフトを納品できないのであれば、もはや買い受けないと明言しているため、乙が、万が一、甲に対し、○年○月△日までに本件ソフトを納品しないのであれば、本契約は履行不能となる。

　履行不能は、以下のように、「契約その他の債務の発生原因」に基づき判断されます。

> （履行不能）
>
> **改正第412条の2**　債務の履行が契約その他の債務の発生原因及び取引上の社会通念に照らして不能であるときは、債権者は、その債務の履行を請求することができない。

　そのため、目的条項において、履行不能になる場合を明確にしておけば、履行不能になったか否かで争いが生じることを避けたり、仮に争いとなった場合でも有利な結論に至ることが可能になります。

　ちなみに、履行不能について売主（債務者）に帰責事由がある場合、債務者は、履行不能について自己に帰責事由がないことを立証できない限り、損害賠償責任を負うことになります（改正415条1項）。そのため、債務者に帰責事由がある場合には、債務者は、損害賠償責任を負うことになります。

　また、履行不能を原因とする解除については、以下のように無催告解除を行うことが認められています。

第4章　契約書　雛形及び解説
雛形5　ソフトウェア開発委託契約書

（催告によらない解除）

改正第542条　次に掲げる場合には、債権者は、<u>前条の催告をすること</u><u>なく</u>、直ちに契約の解除をすることができる。

一　債務の全部の履行が不能であるとき。

　以上のことから、債務者に帰責事由がある場合には、損害賠償請求を負うことになり、また、無催告解除をされるおそれがあることになります。

　もっとも、履行不能ではなく、単なる債務不履行の場合にも無催告解除を認める旨を別途契約書の解除条項に設けることも可能です。この場合には、目的条項の意義としては、無催告解除を行うためというより、損害賠償請求を確実に行うためという意義の方が強くなるでしょう。

　なお、修正案では、購入した物品を顧客に転売することが記載されています。そのため、転売にかかる特別損害についても、原則として損害賠償請求で認められることになります（改正416条2項）。

【債務不履行の判断を明確にする場合】

第○条　（目的）

　　本契約は、甲が乙に対し、取引慣行において一般に適合する手順に従って本件業務を委託するものである。取引慣行において一般に適合する手順の判断は、原則として甲が行うこととし、乙は本件ソフト開発の手順が取引慣行に適合するよう最大限配慮しなければならない。

　債務不履行は、以下のように、「契約その他の債務の発生原因」に基づき判断されます。

365

（債務不履行による損害賠償）

改正第415条　債務者がその債務の本旨に従った履行をしないとき又は債務の履行が不能であるときは、債権者は、これによって生じた損害の賠償を請求することができる。ただし、その債務の不履行が契約その他の債務の発生原因及び取引上の社会通念に照らして債務者の責めに帰することができない事由によるものであるときは、この限りでない。

　この条文は、原則として債務不履行等になったときは、債務者が損害賠償責任を負うこととし、例外として帰責事由がないことを立証した場合には、損害賠償責任を免れることを定めています。そして、帰責事由の有無の判断材料として、契約その他の債務の発生原因を考慮に入れるとしています。

　なお、「契約その他の債務の発生原因及び取引上の社会通念に照らして」という判断基準の意味については、「契約の内容（契約書の記載内容等）のみならず、契約の性質（有償か無償かを含む。）、当事者が契約をした目的、契約の締結に至る経緯を始めとする契約をめぐる一切の事情を考慮し、取引通念をも勘案して、評価・認定される契約の趣旨に照らして」という意味であると説明されています[1]。このように、債務不履行の帰責事由は、契約の目的によっても判断されることになります。

　修正案では、本件業務が取引慣行において一般に適合する手順に従って販売することが求められています。そして、その判断は原則として委託者が行うこととし、受託者は本件ソフトが取引慣行に適合する手順に沿って開発されるよう最大限配慮しなければならないとして、委託者の保護が図られています。

1　法制審議会民法（債権関係）部会第90回会議の部会資料79-3「民法（債権関係）の改正に関する要綱仮案の原案（その1）補充説明」7頁

第4章 契約書 雛形及び解説

雛形5 ソフトウェア開発委託契約書

　このように、遵守すべき内容を「取引慣行において一般に適合する手順」のように、一般的な基準に委ねる方法とは異なり、「別紙業務遂行手順」のように具体的な基準を設けて、契約書の末尾に別紙として添付する方法も考えられます。こちらの方が、一般的な基準よりも解釈の余地が狭まるため、債務不履行であることを立証することが容易になると考えられます。

【特別損害の存在を明確にする場合】

> 第○条　（目的）
> 　　本契約は、甲が第三者に本件ソフトを転売することを目的として、乙に本件ソフト開発を委託するものである。

> 第○条　（目的）
> 　　本契約は、甲が本件ソフトを用いて、○○工場における主力製造機械を操作することを目的として、乙に対し本件ソフトの開発を委託するものである。そのため、本件ソフトに不具合が存在する場合、又は、本件ソフトが納期までに納品されない場合には、○○工場における生産が一時停止することになる。

　特別損害の賠償が認められるかは、以下のように、「当事者がその事情を予見すべきであった」か否かに基づき判断されます。

> （損害賠償の範囲）
> **改正第416条**（略）
> 2　特別の事情によって生じた損害であっても、当事者がその事情を予見すべきであったときは、債権者は、その賠償を請求することができる。

367

この点、現行民法416条2項は、「特別の事情によって生じた損害で
あっても、当事者がその事情を予見し、又は予見することができたと
きは、債権者は、その賠償を請求することができる。」としています。
　改正民法では、当事者が現実に予見していたかどうかを問題にする
のではなく、予見すべきであったという規範的な評価により判断する
ことを明確化したと説明されています。また、この点につき、「契約
の締結後に債権者が債務者に対してある特別の事情が存在することを
告げさえすればその特別の事情によって生じた損害が全て賠償の範囲
に含まれるというのではなく、債務者が予見すべきであったと規範的
に評価される特別の事情によって通常生ずべき損害のみが賠償の範囲
に含まれるとの解釈をすることが可能となる。」とも説明されていま
す[2]。
　とはいえ、契約書に記載のない事項によって、特別の事象を予見す
べきであったと立証することは、通常困難を伴いますので、可能な限
り契約書に特別の事情を記載した方が、債権者としては特別損害を請
求できる可能性が高まります。
　そこで、修正案としては、本件ソフトが転売される予定であること
を明記しているもの、特定の工場の生産が一時停止するなどの特別の
事情を明記しています。
　具体的な商取引においては、無数の特別の事情が考えられます。契
約書の目的条項をさほど重視しない現行民法下においては、このよう
な特別な事情を契約書に記載することは、ほとんどみられませんでし
た。しかし、改正民法下においては、目的条項の充実が図られること
になります。そのため、修正案に示したような具体的な目的条項が契
約書に記載される可能性も十分あると考えられます。

2　法制審議会民法（債権関係）部会第90回会議の部会資料79-3「民法（債権関
　係）の改正に関する要綱仮案の原案（その1）補充説明」12頁

第4章　契約書　雛形及び解説

雛形5　ソフトウェア開発委託契約書

(2) 納期（2条3号）

・従来の一般的な条項

> 第○条　（委託）
>
> 　　（略）
>
> 　　③　作業期間・納期　別紙のとおり

収益認識基準では、以下のように資産を顧客に移転する際に収益を認識すると規定しています。そして、資産が移転する時は、顧客が資産に対する支配を獲得したタイミングであるとされています。

> **収益認識基準35項**
>
> 　企業は約束した財又はサービス（本会計基準において、顧客との契約の対象となる財又はサービスについて、以下「資産」と記載することもある。）を顧客に移転することにより履行義務を充足した時に又は充足するにつれて、収益を認識する。資産が移転するのは、顧客が当該資産に対する支配を獲得した時又は獲得するにつれてである。

そして、資産に対する支配については、以下のように説明されています。

> **収益認識基準37項**
>
> 　資産に対する支配とは、当該資産の使用を指図し、当該資産からの残りの便益のほとんどすべてを享受する能力（他の企業が資産の使用を指図して資産から便益を享受することを妨げる能力を含む。）をいう。

請負契約では、納品又は検収完了時点で収益を認識することが前提とされている契約もあれば、工事進行基準のように進捗に応じて（支配を獲得するにつれて）収益を認識することが前提とされる取引も存在します（このような一定の期間にわたり収益を認識する場合につい

369

ては、374頁をご参照ください)。

　以下では、納品又は検収完了時点という一時点で収益を認識することが前提とされている請負契約について説明を行います。

　資産に対する支配の移転を検討する具体例として、以下のような事項を指標として考える旨説明されています。

収益認識基準40項

　資産に対する支配を顧客に移転した時点を決定するにあたっては、第37項の定めを考慮する。また、支配の移転を検討する際には、例えば、次の⑴から⑸の指標を考慮する。

　⑴　企業が顧客に提供した資産に関する対価を収受する現在の権利を有していること
　⑵　顧客が資産に対する法的所有権を有していること
　⑶　企業が資産の物理的占有を移転したこと
　⑷　顧客が資産の所有に伴う重大なリスクを負い、経済価値を享受していること
　⑸　顧客が資産を検収したこと

　このように、企業が収益を認識するタイミングを検討する指標として、「⑵　顧客が資産に対する法的所有権を有していること」があげられています。

　目的物の所有権移転は、当事者間の意思表示によって行われます（民法176条）。そのため、所有権移転条項などによりそのタイミングを明らかにすることができます。

　一方で、不動産売買の場合には、「登記」が対抗要件とされており（民法177条）、動産売買の場合には、原則として「引渡」が対抗要件とされています（民法178条）。そのため、第三者に対しても所有者であると主張できるためには、対抗要件を具備しておく必要がありま

第4章　契約書　雛形及び解説
雛形5　ソフトウェア開発委託契約書

す。

　したがって、動産売買の場合には、どの時点で「引渡」を受けたのかという条項によって、収益認識の結論が相違する可能性があります。ソフトウェア開発委託契約書では、納期に納品されたことが「引渡」にあたるものと考えらえられます。

　また、企業が収益を認識するタイミングを検討する指標として、「⑶　企業が資産の物理的占有を移転したこと」もあげられています。
　「引渡」には、①現実の引渡、②簡易の引渡、③占有改定、④指図による占有移転の4種類の形式が認められていますが、この内の①現実の引渡の場合には、原則として企業が資産の物理的占有を移転したことになります。
　この意味からも、どの時点で「引渡」を受けたのかという条項によって、収益認識の結論が相違する可能性があります。

　以上のことから、企業が引渡時点で収益認識することを希望しているのであれば、引渡（納品）条項を明記しておく必要があります。もっとも、引渡（納品）条項は、収益認識を判断する一判断指標に過ぎませんので、引渡（納品）条項が存在すれば必ず引渡時点で収益認識されるというわけではないことには注意が必要です。

　ちなみに、多くの企業では、引渡時点で収益認識をするのではなく、出荷時点で収益を認識したいと考えているものと思われます。引渡時点を基準とする場合、目的物が到着したことを売主において把握しなければならず、煩雑になるからです。
　この点、出荷基準を採用することにつき、収益認識適用指針は以下のように説明しています。

> **収益認識適用指針98項**
>
> 　会計基準第39項及び第40項の定めにかかわらず、商品又は製品の国内の販売において、出荷時から当該商品又は製品の支配が顧客に移転される時（会計基準第35項から第37項、第39項及び第40項の定めに従って決定される時点、例えば顧客による検収時）までの期間が通常の期間である場合には、出荷時から当該商品又は製品の支配が顧客に移転される時までの間の一時点（例えば、出荷時や着荷時）に収益を認識することができる。
>
> 　商品又は製品の出荷時から当該商品又は製品の支配が顧客に移転される時までの期間が通常の期間である場合とは、当該期間が国内における出荷及び配送に要する日数に照らして取引慣行ごとに合理的と考えられる日数である場合をいう。

　このように、国内販売であり、目的物の出荷時から納品時までの期間が通常の期間である場合には、出荷基準を用いることを許容しています。そのため、契約書の体裁が引渡時点において支配が移転している内容となっていても、国内販売であり引渡までに要する日数が通常の期間であれば、出荷時に収益計上することが可能になります。

(3)　報酬（第3条）

・従来の一般的な条項

> 第〇条　（報酬）
> 　　甲は、乙に対して、本件業務の対価として、別に発行する請求書に基づき支払を行うこととする。

　請負契約では、納品又は検収完了時点で収益を認識することが前提とされている契約もあれば、工事進行基準のように進捗に応じて（支配を獲得するにつれて）収益を認識することが前提とされる取引も存在します。

第4章　契約書　雛形及び解説

雛形5　ソフトウェア開発委託契約書

　このような進捗に応じて（支配を獲得するにつれて）収益を認識することを前提としている契約書では、収益認識基準の以下のいずれかの要件を満たす必要があります。

収益認識基準38項

　次の(1)から(3)の要件のいずれかを満たす場合、資産に対する支配を顧客に一定の期間にわたり移転することにより、一定の期間にわたり履行義務を充足し収益を認識する（適用指針［設例7］）。

(1)　企業が顧客との契約における義務を履行するにつれて、顧客が便益を享受すること

(2)　企業が顧客との契約における義務を履行することにより、資産が生じる又は資産の価値が増加し、当該資産が生じる又は当該資産の価値が増加するにつれて、顧客が当該資産を支配すること（適用指針［設例4］）

(3)　次の要件のいずれも満たすこと（適用指針［設例8］）

　①　企業が顧客との契約における義務を履行することにより、別の用途に転用することができない資産が生じること

　②　企業が顧客との契約における義務の履行を完了した部分について、対価を収受する強制力のある権利を有していること

　まず、(1)の要件は、清掃サービス契約のように、一定の期間が経過するとともに便益を享受することができるケースを想定しているものと考えられます。そのため、請負契約には、通常適用されないものと考えられます。

　次に、(2)の要件は、資産が生じる又は資産価値が増加するにつれて、顧客が当該資産を支配することが要件とされています。「支配」とは、当該資産の使用を指図し、当該資産からの残りの便益のほとんどすべてを享受する能力（他の企業が資産の使用を指図して資産から便益を享受することを妨げる能力を含む。）をいいますので（基準37）、一般的には請負契約の納品物の所有権を有しているケースを想

373

定しているものと考えられます。

　しかし、多くの請負契約では、最終的に仕事が完成した後に所有権を移転することが前提とされているため、(2)の要件を満たすケースは少ないものと考えられます。

　したがって、一般的な請負契約では、(3)の要件を満たすか否かにより、一定の期間にわたり収益認識できるか否かの判断がされることになります。

　まず、「① 企業が顧客との契約における義務を履行することにより、別の用途に転用することができない資産が生じること」の要件について、適用指針では、以下のように解説を行っています。

収益認識適用指針10項

　会計基準第38項(3)①に定める資産を別の用途に転用することができるかどうかの判定は、契約における取引開始日に行う。契約における取引開始日後は、履行義務を著しく変更する契約変更がある場合を除き、当該判定を見直さない。

　資産を別の用途に転用することができない場合とは、企業が履行するにつれて生じる資産又は価値が増加する資産を別の用途に容易に使用することが契約上制限されている場合、あるいは完成した資産を別の用途に容易に使用することが実務上制約されている場合である（［設例7］及び［設例8－2］）

　また、「② 企業が顧客との契約における義務の履行を完了した部分について、対価を収受する強制力のある権利を有していること」の要件について、適用指針では、以下のように解説を行っています。

収益認識適用指針11項

　会計基準第38項(3)②に定める履行を完了した部分について対価を収受

第4章 契約書 雛形及び解説

雛形5 ソフトウェア開発委託契約書

する強制力のある権利を有しているかどうかの判定は、契約条件及び当該契約に関連する法律を考慮して行う。

履行を完了した部分について対価を収受する強制力のある権利を有している場合とは、契約期間にわたり、企業が履行しなかったこと以外の理由で契約が解約される際に、少なくとも履行を完了した部分についての補償を受ける権利を有している場合である（[設例7]及び[設例8]）。

つまり、納品物を契約外の用途に利用することが難しく、契約が中途解約された場合などに、それまでの補償を受け取る権利を有している場合には、一定の期間にわたり収益認識を行うことが可能になるのです。この補償は、合理的な利益相当額を含む販売価格相当額であることが必要となります（適用指針12）。

ちなみに、収益認識基準38項が掲げる3つの要件のいずれにも該当しない場合には、目的物の引渡時等の一時点で収益認識せざるを得なくなることには注意が必要です（基準39）。

この点、改正民法では、以下のとおり途中解約された場合にも、可分な部分の給付により注文者が利益を受ける場合には、請負人が割合的報酬を受ける権利を認めています。

（注文者が受ける利益の割合に応じた報酬）

改正第634条 次に掲げる場合において、請負人が既にした仕事の結果のうち可分な部分の給付によって注文者が利益を受けるときは、その部分を仕事の完成とみなす。この場合において、請負人は、注文者が受ける利益の割合に応じて報酬を請求することができる。

一 注文者の責めに帰することができない事由によって仕事を完成することができなくなったとき。

二 請負が仕事の完成前に解除されたとき。

375

そのため、納品物を契約外の用途に利用することが難しく、可分な部分について報酬を受ける権利を有していると認められれば、一定の期間にわたり収益認識を行うことが認められる余地があります。

　具体的には、以下のような規定を設けることが考えられます。

【途中解約の場合の補償を定める場合】

第○条　（報酬）
　⑴　甲は、乙に対して、本件業務の対価として、別に発行する請求書に基づき支払を行うこととする。
　⑵　甲は、乙に対し、1ヶ月以上の予告期間をおいて、書面をもって通知することにより本契約を終了することができる。この場合、甲は、乙に対し、これによって乙に生じる損害（契約の履行によって得られた逸失利益を含む）を賠償しなければならない。

　もっとも、請負契約において、具体的な補償額や、可分な部分についていくらの報酬を受け取ることができるのかを見積ることは通常困難です。

　この点、収益認識基準も以下のように、進捗度を合理的に見積ることができる場合にのみ一定の期間にわたり収益認識すると規定しています。

収益認識基準44項
　履行義務の充足に係る進捗度を合理的に見積ることができる場合にのみ、一定の期間にわたり充足される履行義務について収益を認識する。

　そのため、一定の期間にわたり収益認識を行いたいと考える場合には、以下のように、契約書においても報酬の支払につき、明確な基準を設けておくことが好ましいでしょう。

376

第4章　契約書　雛形及び解説
雛形5　ソフトウェア開発委託契約書

　仮に、各フェーズの報酬支払が前払いである場合には、一旦支払われた報酬が返還されることはないと規定しておかないと、「補償を受ける権利を有している」（適用指針11）と認められず、一定の期間にわたり収益認識されなくなるおそれがあるため注意が必要です。

【明確な中間報酬を定める場合】

第○条　（報酬）
(1)　甲は、乙に対して、本件業務の対価として、それぞれの成果物の検収合格後10営業日以内に、以下のとおり対価を支払うものとする。なお、金額はいずれも消費税別のものとする。
　　①要件定義　　　成果物：要件定義書
　　　　　　　　　　報　酬：○○円
　　②基本設計　　　成果物：基本設計書
　　　　　　　　　　報　酬：○○円
　　③詳細設計　　　成果物：詳細設計書
　　　　　　　　　　報　酬：○○円
　　④コーディング　成果物：ソースコード一式
　　　　　　　　　　報　酬：○○円
　　⑤稼働テスト　　成果物：テスト報告書
　　　　　　　　　　報　酬：○○円
(2)　支払期限は、前項の各成果物の納品後○日以内とし、以下の口座に銀行振込の方法により支払う（振込手数料は甲負担）。
　　○銀行○支店　普通預金
　　口座番号　○○○○○○　口座名義　○○○○○○

　なお、上記のように一定のフェーズごとに報酬を定める方法以外にも、進捗度に応じて報酬を定めることも可能です。いずれの場合であっても、その報酬は原価相当額では足りず、合理的な利益相当額を含むものである必要があります（適用指針12）。

377

収益認識基準も以下のように、進捗度を見積り収益認識する方法を規定しています。

収益認識基準41項

　一定の期間にわたり充足される履行義務については、履行義務の充足に係る進捗度を見積り、当該進捗度に基づき収益を一定の期間にわたり認識する。

そのため、履行義務の充足に係る進捗度の見積りとして合理性が認められるのであれば、以下のようにアウトプット（外形的な物量等による指標）やインプット（投入された物量等による指標）に基づき、報酬及び収益認識を行うことも可能です。

【アウトプット法により報酬を定める場合】

第○条　（報酬）
　　甲は、乙に対して、本件業務の対価として、以下の計算式に基づき対価を算定し、毎月末日締め、翌月末日払いの方法により支払うものとする。
　　総作業期間：○年○月○日〜○年○月○日　合計○○○日
　　対価計算方法：総報酬額×当月の作業日数／総作業期間

【インプット法により報酬を定める場合】

第○条　（報酬）
　　甲は、乙に対して、本件業務の対価として、以下の計算式に基づき対価を算定し、毎月末日締め、翌月末日払いの方法により支払うものとする。
　　予定人日：合計○○○人日（作業員1人が1日労働することを1人日とする。）

> 対価計算方法：総報酬額×当月発生した人日 ／ 総人日

　このようなアウトプット法やインプット法で収益認識を行うために
は、これらの基準により算定された金額に合理性が認められる必要が
あります。そのため、単に契約書の規定を上記のような記載にするだ
けではなく、実態と整合する基準であるか、十分専門家を交えて検討
する必要があります。

(4)　仕様（第4条）

ア）　従来の一般的な条項

> 第○条　（仕様）
> 　　甲及び乙は、本件業務が業界水準を満たした品質に適合するレ
> 　ベルで実施されることを確認する。

　現行民法下においても、業務の仕様条項などが設けられることがあ
ります。しかし、多くの仕様条項は、「一定の水準」や「水準の確保
に善管注意義務を負う」などというように、その水準の内容が明確で
ない傾向にあります。

　改正民法下では、これまで以上に仕様の規定が重視されることにな
ります。その際に、上記のように抽象的な内容を規定していたとして
も、特に意味はありません。仕様条項を設ける場合には、具体的な内
容を記載する必要があります。

イ）　改正民法を踏まえた修正案

【本件業務の仕様を明確にする場合】

> 第○条　（仕様）
> 　　甲及び乙は、本件業務が次に定める仕様に適合するものである
> 　ことを確認する。

379

①

　　②

　　③

第○条　（仕様）

　(1)　甲は、本件業務の内容（仕様、納期等）を特定するための委託
　　　仕様書（以下「仕様書」という。）を作成することができる。

　(2)　甲はやむを得ない事情がある場合、仕様書の全部又は一部の作
　　　成を乙に委託することができる。

　(3)　甲及び乙は、原則として相手方の承諾なくして仕様書の内容を
　　　変更することはできない。但し、甲にやむを得ない事情がある場
　　　合、甲は乙と協議し必要な範囲内において仕様書の内容を変更す
　　　ることができる。

第○条　（仕様）

　(1)　本件ソフトの仕様は、次の各号に準拠していなければならない。

　　①　甲乙協議により定めた、要件定義書、基本設計書、詳細設計
　　　書に準じていること

　　②　法令、条例等に定められた基準

　　③　前各号のほか、甲が乙と協議して決定した事項

　(2)　乙は、乙又は乙の制作者の仕様書等について、甲から発注され
　　　た本件ソフト開発の着手前に、甲から受領印を受けなければなら
　　　ない。仕様書等の変更若しくは追加の場合も同様とする。

　(3)　甲又は乙は、第1項各号の内容に関して疑義又は異議を有する
　　　ときは、遅滞なく相手方にその旨申し出て、甲乙協議のうえ解決
　　　を図るものとする。

　これらの具体的に規定された仕様内容は、目的条項と同様に損害賠
償請求を行う際の帰責事由の判断に役立つことになります。

第4章　契約書　雛形及び解説
雛形5　ソフトウェア開発委託契約書

　目的条項では詳細な内容を規定することができない場合には、仕様書などを設けることによって、契約の内容を具体化しておく必要があります。

　なお、報酬の項目で説明しましたが（374頁参照）、一定の期間にわたり収益認識を行うためには、原則として「別の用途に転用することができない資産」であることが必要となります。そのため、汎用性がない仕様であることを仕様書等で明らかにすることも、収益認識の観点から重要です。

(5)　検査及び検収（第12条）
・従来の一般的な条項

第○条　（検査及び検収）

(1)　乙は、本件ソフトを完成した場合、納品書その他必要な書類を添付のうえ、甲の定める納入手続に従い甲の指定する場所へ納入するものとする。乙は、甲の検査基準に従って、甲又は甲が指定する責任者の検査を受けるものとする。

(2)　甲は、前項の規定による検査を本件ソフト納品後○日以内に行うものとし、必要があれば乙の立会いを求めることができるものとする。

(3)　前各項の検査に合格したときをもって本件業務の完了とし、検収とする。但し、本件ソフトが分割されて納入されるときは、格別の合意のない限り、全ての本件ソフトが検査に合格したときに本件業務の完了とする。

(4)　本件ソフトを梱包及び輸送等を行う場合については、甲の定めるところによる。この場合、梱包及び輸送等にかかる費用は、乙の負担とする。

(5)　乙は、第1項の規定による検査の結果、本件ソフトが不合格となった場合、検査期限内又は別途甲乙協議して定める期限内に、

381

本件ソフトを修正のうえ、甲の再検査を受けるものとする。

⑹　再検査の手続きについては、第１項から第４項の規定を準用するものとする。

⑺　甲は、本件ソフトについて所定の検査を完了することが困難になった場合、自己の判断で相当程度、検査期限の延長を行うことができるものとする。

　369頁のとおり、収益は原則として資産の支配を移転した時点で行われます。そして、一時点で充足される履行義務については、資産の移転を検討する際の指標として、顧客が資産を検収したことが考慮すべき例としてあげられています（基準40）。

　もっとも、検収された時点で必ず収益認識を行うというわけではありません。収益認識適用指針では、以下のように説明されています。

収益認識適用指針80項

　顧客による財又はサービスの検収は、顧客が当該財又はサービスの支配を獲得したことを示す可能性がある。

　契約において合意された仕様に従っていることにより財又はサービスに対する支配が顧客に移転されたことを客観的に判断できる場合には、顧客の検収は、形式的なものであり、顧客による財又はサービスに対する支配の時点に関する判断に影響を与えない。例えば、顧客の検収が、所定の大きさや重量を確認するものである場合には、それらの大きさや重量は顧客の検収前に企業が判断できる。

　このように、仕様に従っていることが検収を行う前に客観的に判断できる場合は、顧客における検収は形式的なものであり、特に検収完了時に収益認識を認める根拠とならないことが示されています。

　一方で、顧客において検査しないと仕様に従っているかわからないという状況下においては、顧客の検収が完了するまでは支配の移転は

行われていないと判断されます。この場合、目的物を引渡しただけでは収益認識はできないことになります。

> **収益認識適用指針82項**
> 　顧客に移転する財又はサービスが契約において合意された仕様に従っていると客観的に判断することができない場合には、顧客の検収が完了するまで、顧客は当該財又はサービスに対する支配を獲得しない。

　上記の収益認識適用指針のとおり、売主において仕様に従っていると客観的に判断できず、顧客において検収完了するまでは仕様に従っていると判断できない場合には、引渡時において収益認識することが困難になります。

　そこで、企業としては、仕様書を充実させるなどして、売主において客観的に仕様に従っていることを判断できる体制を整えておく必要があります。また、顧客において行われる検査工程が形式的なものであることを明らかにするため、検査期間を短縮するなどの工夫も必要になると考えます。さらに、実務的には、検査不合格の割合が多い場合には、売主において客観的に仕様に従っているか確認できていないと判断されるおそれがあります。そのため、可能な限り検査不合格にならないよう、売主において配慮する必要があるでしょう。

(6) 危険負担 (第17条)

・従来の一般的な条項

第○条　（危険負担）
　　本件物品の乙への引渡前に、乙の責めに帰さない事由により、本件物品に生じた滅失、毀損及び価値減少等の損害は、甲の負担とする。

369頁のとおり、収益は原則として資産の支配を移転した時点で行われます。そして、一時点で充足される履行義務については、資産の移転を検討する際の指標として、顧客が資産の所有に伴う重大なリスクを負うことが考慮すべき例としてあげられています（基準40）。

そのため、検収完了時点ではなく、引渡時点（もしくは出荷時点、指針98参照）で収益認識を行いたいと考える場合には、危険の移転時期を引渡時にしておいた方がよいでしょう。

⑺ 知的財産権（18条）

・従来の一般的な条項

第○条　（知的財産権）

⑴　本件業務の遂行過程で生じた発明、考案、意匠、改良、その他の技術的成果及びこれに基づく特許権、実用新案権等の産業財産権（特許、実用新案等を受ける権利を含む。）は、該当する成果物にかかる報酬を支払ったときに甲に移転する。

⑵　乙は、本件ソフトにかかわる著作権（著作権法第27条及び第28条を含む。）その他占有し得る全ての権利を該当する成果物にかかる報酬を支払ったときに甲に譲渡し、甲に帰属せしめることに同意する。また、乙は、本件ソフトについて著作者人格権を行使しないことに同意する。但し、本件ソフトの中に乙が既にその権利を有するルーチン、モジュール等が含まれる場合は、乙はその旨を事前に書面により甲に通知し、甲の承諾を得るものとする。この場合、当該ルーチン、モジュール等にかかわる著作権は乙に留保されるものとし、当該ルーチン、モジュール等にかかわる編集著作物又は二次的著作物の著作権は甲に帰属するものとする。この場合において、甲は、乙が有する当該ルーチン、モジュール等を本件ソフトの中で自ら使用（自動公衆送信権及び送信可能化権を含む。）又は改変し、もしくは甲の顧客に使用（自動公衆送信権及び送信可能化権を含む。）させることができるものとする。

第4章　契約書　雛形及び解説

雛形5　ソフトウェア開発委託契約書

乙は、当該ルーチン、モジュール等について著作者人格権を行使しないものとし、かつ、当該編集著作物又は二次的著作物について原著作者の権利を行使しないものとする。

(3)　本件ソフトの中に第三者が既にその権利を有するルーチン、モジュール等が含まれる場合は、乙はその旨を事前に書面により甲に通知し、甲の承諾を得るものとする。この場合、当該ルーチン、モジュール等にかかわる著作権は、当該第三者に留保されるものとし、当該ルーチン、モジュール等にかかわる編集著作物又は二次的著作物の著作権は甲に帰属するものとする。この場合において、甲は、第三者が有する当該ルーチン、モジュール等を本件ソフトの中で自ら使用（自動公衆送信権及び送信可能化権を含む。）又は改変し、もしくは甲の顧客に使用（自動公衆送信権及び送信可能化権を含む。）させることができるものとする。乙は、当該第三者に、当該ルーチン、モジュール等について著作者人格権を行使させないものとし、かつ、当該編集著作物又は二次的著作物について原著作者の権利を行使させないものとする。

(4)　甲及び乙は、本条の定めに基づく権利の帰属及び譲渡等の対価について、本契約に定める委託料に含まれることを確認する。

(5)　前各項の定めは、甲及び乙が協議し、別途書面で定めた場合はこの限りではない。

　369頁のとおり、収益は原則として資産の支配を移転した時点で行われます。そして、一時点で充足される履行義務については、資産の移転を検討する際の指標として、顧客が資産の法的所有権を有していることが考慮すべき例としてあげられています（基準40）。

　この点、建物や物品の製造などを目的とする請負契約では、最終的には成果物の所有権を取得することになるでしょう。一方で、ソフトウェアの製作などを目的とする請負契約では、最終的に成果物の著作

385

権等の知的財産権を取得することが目的となることも考えられます。この場合、知的財産権の取得時期が収益認識の判断に影響を与えることになるものと考えられます。

　そのため、検収完了時点ではなく、引渡時点（もしくは出荷時点、指針98参照）で収益認識を行いたいと考える場合には、検収完了前であっても知的財産権の移転を行うよう、工夫した方がよいでしょう。

(8)　権利の譲渡禁止等（第21条）

ア）　従来の一般的な条項

第○条　（権利の譲渡禁止等）

　　甲及び乙は、あらかじめ相手方の書面による承諾を得ないで、本契約に基づく権利、義務又は財産の全部もしくは一部を第三者に譲渡し、承継させ又は担保に供してはならない。

　現行民法下における債権譲渡に関する条項は、契約当事者双方が債権の譲渡を禁止する内容となっていることが一般的です。しかしながら改正民法では、譲渡禁止特約に違反した債権譲渡であっても有効である旨、変更されることになりました。そのため、従来の債権譲渡禁止条項についても、見直す余地があるといえます。

イ）　改正民法を踏まえた修正案

【一方当事者のみ債権譲渡を禁止する場合】

第○条　（権利の譲渡禁止等）

　　甲は、あらかじめ乙の書面による承諾を得ないで、本契約に基づく権利、義務又は財産の全部もしくは一部を第三者に譲渡し、承継させ又は担保に供してはならない。

　現行民法では、債権の譲渡は原則として自由であるものの、債権譲渡を禁止する旨の特約（譲渡禁止特約）を行う場合、譲渡禁止特約に

第4章　契約書　雛形及び解説
雛形5　ソフトウェア開発委託契約書

違反して行われた債権譲渡は、原則として無効とされています（現行民法466条2項）。

　これに対し、現代社会では、ファクタリングのような債権の買取による資金調達が活発化した一方で、原則として譲渡禁止特約に違反した債権譲渡が無効とされていることが、資金調達の支障となっています。そこで、仮に当事者間で譲渡禁止特約が存在し、それに違反した債権譲渡があった場合でも、以下のように当該債権の譲渡は有効であるとされました。

（債権の譲渡性）

改正第466条　（略）

2　当事者が債権の譲渡を禁止し、又は制限する旨の意思表示（以下「譲渡制限の意思表示」という。）をしたときであっても、債権の譲渡は、その効力を妨げられない。

3　前項に規定する場合には、譲渡制限の意思表示がされたことを知り、又は重大な過失によって知らなかった譲受人その他の第三者に対しては、債務者は、その債務の履行を拒むことができ、かつ、譲渡人に対する弁済その他の債務を消滅させる事由をもってその第三者に対抗することができる。

　もっとも、譲渡制限の意思表示について、悪意又は重過失がある譲受人、その他の第三者に対しては、債務者はその債務の履行を拒むことができ、譲渡人に対する弁済その他の当該債務を消滅させる事由をもって第三者に対抗することができるとされています。

　このように、ファクタリング等による資金調達を活性化させるために民法改正が行われたことからすれば、今後、自社の債権を早期資金化する事態は多くみられることになると考えられます。

　したがって、特に考えもなく、当事者双方の債権譲渡を禁止する特約を設けておくのではなく、自社の債権については特に譲渡禁止特約

387

を設けず、将来起こり得るファクタリングに備えても良いでしょう。

(9)　相殺（第22条）

ア）　従来の一般的な条項

第○条　（相殺）
　　乙は、本契約又は本契約に限らないその他の契約等に基づき乙が甲に対して負担する債務と、本契約又は本契約に限らないその他の契約等に基づき乙が甲に対し有する債権とを、その債権債務の期限如何にかかわらず、いつでもこれを対等額において相殺することができる。

　このように、一方当事者の債権回収を容易にするため相殺の規定が設けられることがあり、改正民法施行後も同様の規定がみられることが予測されます。

　この規定でも特段問題はないのですが、改正民法では、悪意による不法行為に基づく賠償請求権や人の生命身体等の侵害に基づく賠償請求権を受働債権（相殺されることで消滅する債権）として相殺することが原則としてできないことが規定されました。

　そのため、この規定に対応する条項を設けることも考えられます。

イ）　改正民法を踏まえた修正案

【相殺禁止対象を明記する場合】

第○条　（相殺）
　　乙は、本契約又は本契約に限らないその他の契約等に基づき乙が甲に対して負担する債務と、本契約又は本契約に限らないその他の契約等に基づき乙が甲に対し有する債権とを、その債権債務の期限如何にかかわらず、いつでもこれを対当額において相殺することができる。但し、悪意による不法行為に基づく損害賠償の

> 債務及び人の生命又は身体の侵害による損害賠償の債務を受働債
> 権とすることは、この限りでない。

　現行民法でも、被害者に現実の給付を受けさせる必要があること、債権者の不法行為の誘発を防止する必要があることから、不法行為により生じた債権を受働債権とする相殺を禁止していました（現行509条）。

　この点、改正民法では以下のように規定されたため、このことを注意的に契約書に明記することも考えられます。

（不法行為等により生じた債権を受働債権とする相殺の禁止）

改正第509条　次に掲げる債務の債務者は、相殺をもって債権者に対抗することができない。ただし、その債権者がその債務に係る債権を他人から譲り受けたときは、この限りでない。

一　悪意による不法行為に基づく損害賠償の債務

二　人の生命又は身体の侵害による損害賠償の債務（前号に掲げるものを除く。）

---

⑩　不具合〔瑕疵担保責任〕（第23条）

ア）　従来の一般的な条項

第○条　（瑕疵担保責任）
　　　本件ソフトの引渡後、引渡後の検査においては容易に発見することができなかった瑕疵が発見されたときは、引渡時から6ヶ月以内に限り、乙は甲に対して、無償の修理又は報酬の全部もしくは一部の返還を請求することができる。

　現行民法では瑕疵担保責任という、目的物に隠れた瑕疵があった場合の処理が、改正民法では契約不適合責任という形で大きく変化しています。契約不適合責任は、以下のように規定されています。

（買主の追完請求権）

改正第562条　引き渡された目的物が種類、品質又は数量に関して契約の内容に適合しないものであるときは、買主は、売主に対し、目的物の修補、代替物の引渡し又は不足分の引渡しによる履行の追完を請求することができる。ただし、売主は、買主に不相当な負担を課するものでないときは、買主が請求した方法と異なる方法による履行の追完をすることができる。

2　前項の不適合が買主の責めに帰すべき事由によるものであるときは、買主は、同項の規定による履行の追完の請求をすることができない。

（買主の代金減額請求権）

改正第563条　前条第一項本文に規定する場合において、買主が相当の期間を定めて履行の追完の催告をし、その期間内に履行の追完がないときは、買主は、その不適合の程度に応じて代金の減額を請求することができる。

2　前項の規定にかかわらず、次に掲げる場合には、買主は、同項の催告をすることなく、直ちに代金の減額を請求することができる。

一　履行の追完が不能であるとき。

二　売主が履行の追完を拒絶する意思を明確に表示したとき。

三　契約の性質又は当事者の意思表示により、特定の日時又は一定の期間内に履行をしなければ契約をした目的を達することができない場合において、売主が履行の追完をしないでその時期を経過したとき。

四　前三号に掲げる場合のほか、買主が前項の催告をしても履行の追完を受ける見込みがないことが明らかであるとき。

3　第1項の不適合が買主の責めに帰すべき事由によるものであるときは、買主は、前二項の規定による代金の減額の請求をすることができない。

第4章　契約書　雛形及び解説
雛形5　ソフトウェア開発委託契約書

　現行民法の瑕疵担保責任と改正民法の契約不適合責任の相違点は以下のとおりです。

①　契約の内容を重視

　契約不適合責任の追及の可否は、「契約の内容に適合しないものであるとき」というように、契約の内容が重視されることになります。そのため、目的物の種類や品質という要素を可能な限り明確にしておく必要があります。

②　債務不履行責任と解釈

　現行民法では、瑕疵担保責任を法律によって特別に定めた法定責任であるという考えが主流でした。しかし、改正民法では、契約不適合責任を債務不履行の1つとして整理しています。そのため、債務不履行の一般原則どおり、損害賠償請求や契約解除も認められています（改正564条）。

③　追完請求

　契約不適合責任が債務不履行責任とされたことに伴い、追完請求の規定が新設されています。このことにより、買主は、契約の内容に適合するように、目的物の修補、代替物の引渡し、不足分の引渡しを請求できるようになりました。これらの追完請求は、現行民法下では、契約書の瑕疵担保責任条項に通常盛り込まれていましたが、法律上でも認められたことになります。

イ）　改正民法を踏まえた修正案

【権利行使期間を短縮する場合】

第○条　（不具合）
　(1)　乙は、本件ソフトに不具合（隠れた瑕疵を含む。）がある場合又は仕様に反する場合など、本件ソフトが本契約の内容に適合しない場合（以下「不具合」という。）は、自ら指定した方法により、甲に対して、本件ソフトの修補、代替物の引渡又は不足分の引渡

391

による追完を請求することができるものとする。

(2) 乙は、本件ソフトに不具合があることにより、本契約の目的が達成できないと判断する場合、甲に対して前項に定める追完の催告を行うことなく、自らの選択により、直ちに報酬の減額請求又は本契約の解除を行うことができるものとする。

(3) 乙が不具合を知ったときから6ヶ月以内にその不具合を甲に通知しないときは、乙は、その不具合に基づく追完請求権、解除権、損害賠償請求権及び代金減額請求権を行使することができない。但し、甲が本件ソフト引渡時において、その不具合を知り又は重大な過失により知らなかったときはこの限りでない。

改正民法の施行日（2020年4月1日）以前に契約の改定作業を行う場合、その契約書は、現行民法下においても有効に機能する必要があります。そのため、当該契約書に改正民法に特有な「契約不適合責任」等の用語を使うことは、好ましくないといえるでしょう。

そこで、修正案では「不具合」という一般的な用語を使うとともに、隠れた瑕疵も不具合に含むことも明記しています。

また、契約不適合責任の追及を行うためには、以下のとおり、不適合を知った時から1年以内にその旨を売主に通知しなければならないとされています。

（目的物の種類又は品質に関する担保責任の期間の制限）

改正第566条 売主が種類又は品質に関して契約の内容に適合しない目的物を買主に引き渡した場合において、買主がその不適合を知った時から1年以内にその旨を売主に通知しないときは、買主は、その不適合を理由として、履行の追完の請求、代金の減額の請求、損害賠償の請求及び契約の解除をすることができない。ただし、売主が引渡しの時にその不適合を知り、又は重大な過失によって知らなかったときは、この限りでない。

第4章　契約書　雛形及び解説

雛形5　ソフトウェア開発委託契約書

　しかし、売主としては、長期にわたって契約不適合責任を追及され得ることは好ましくないため、早期に権利関係を確定したいと考える場合には、修正案のように権利主張される期間を短縮することが考えられます。

【買主（乙）を有利にする場合】

第○条　（不具合）

　(1)　乙は、本件ソフトに不具合（隠れた瑕疵を含む。）がある場合又は仕様に反する場合など、本件ソフトが本契約の内容に適合しない場合（以下「不具合」という。）は、自ら指定した方法により、甲に対して、本件ソフトの修補、代替物の引渡又は不足分の引渡による追完を請求することができ、甲は異なる方法による履行の追完をすることができない。

　(2)　乙は、本件ソフトに不具合がある場合、甲に対して前項に定める追完の催告を行うことなく、自らの選択により、直ちに報酬の減額請求又は本契約の解除を行うことができるものとする。

　改正民法では、一次的に買主に追完請求権の選択権を認めていますが、二次的に「売主は、買主に不相当な負担を課するものでないときは、買主が請求した方法と異なる方法による履行の追完をすることができる」として、売主にも買主に不相当な負担を課さないことを条件として、選択権を認めています（改正562条1項）。

　もっとも、追完請求の方法につき買主がイニシアチブを取れないことは、買主にとって好ましくありません。そこで、上記のように、買主が選択した追完請求権の方法が最終的な方法であるとすることにより、買主の立場を有利にすることが考えられます。

　また、買主が代金減額請求を行う場合には、原則として追完の催告を行うことが条件とされています（改正563条1項）。しかし、これも買主にとって制約となるため、追完の催告を行わなくても直ちに代金

393

減額請求を認めることになれば、買主に有利になります。

【売主（甲）を有利にする場合】

> 第○条　（不具合）
> (1)　乙は、本件ソフトに不具合（隠れた瑕疵を含む。）がある場合又は、仕様に反する場合など、本件ソフトが本契約の内容に適合しない場合（以下「不具合」という。）は、甲に対して、本件ソフトの修補、代替物の引渡又は不足分の引渡による追完を請求することができるものとする。<u>但し、不具合にかかわらず、乙は、甲に対して、本件ソフトの報酬減額を請求することはできないものとする。</u>
> (2)　前項の定めにかかわらず、乙は、不具合により、契約締結の目的を達することが<u>著しく困難となる場合に限り</u>、本契約を解除することができる。

　売主としては、目的物の修補や代替物の引渡などによる方法で対処できる方が、代金を減額されるよりも、通常は多くの利益が見込まれます。そのため、代金減額請求を行うことができないとすることで、売主に有利になります。

　また、契約を解除できる場合を「契約締結の目的を達することが著しく困難となる場合」と限定することにより、契約解除により大きな損失を生じさせることを回避することが可能になります。

⑪　セキュリティ（第24条）

・従来の一般的な条項

> 第○条　（セキュリティ）
> 　　乙が納入した本件ソフトにセキュリティ対策を実施する必要がある場合、甲及び乙は、その対策につき、協議の上その対応を取

第4章　契約書　雛形及び解説

雛形5　ソフトウェア開発委託契約書

> り決めるものとする。この場合の費用は、別途協議する。

　収益認識基準によれば、契約において複数の履行義務を識別することがあります。履行義務の識別基準は、以下のとおりです。

収益認識基準32項

　契約における取引開始日に、顧客との契約において約束した財又はサービスを評価し、次の(1)又は(2)のいずれかを顧客に移転する約束のそれぞれについて履行義務として識別する（第7項参照）。

(1)　別個の財又はサービス（第34項参照）（あるいは別個の財又はサービスの束）

(2)　一連の別個の財又はサービス（特性が実質的に同じであり、顧客への移転のパターンが同じである複数の財又はサービス）（第33項参照）

　このように、別個の財又はサービスとして識別される場合には、各々が別の履行義務として識別され、別のタイミングで収益認識される可能性があります。なお、別個の財又はサービスの要件については、以下のように定められています。

収益認識基準34項

　顧客に約束した財又はサービスは、次の(1)及び(2)の要件のいずれも満たす場合には、別個のものとする（適用指針［設例5］、［設例6］、［設例16］、［設例24］及び［設例25］）。

(1)　当該財又はサービスから単独で顧客が便益を享受することができること、あるいは、当該財又はサービスと顧客が容易に利用できる他の資源を組み合わせて顧客が便益を享受することができること（すなわち、当該財又はサービスが別個のものとなる可能性があること）

395

> (2) 当該財又はサービスを顧客に移転する約束が、契約に含まれる他
> の約束と区分して識別できること（すなわち、当該財又はサービス
> を顧客に移転する約束が契約の観点において別個のものとなるこ
> と）

　つまり、原則として単独で便益を享受することができ、他のサービ
ス等と区分できる場合には、別の履行義務と識別されることになりま
す。

　契約書に記載されているセキュリティ条項も、別個独立したサービ
スであると考えられる場合には、本体の請負契約とは別に収益認識を
せざるを得なくなることに注意が必要です。

⑿　保守（第25条）

> 第○条　（保守）
> 　甲は、乙に対し、保守費用及び保守範囲につき協議のうえ、次
> の各号に規定される保守等を行わせることができる。
> ①　本件ソフトの運用又は使用に関する技術サービス
> ②　機能追加、その他本件ソフトの改良のための技術サービス
> ③　保証期間経過後の本件ソフトの稼働不良に対する対処

　保守条項も、セキュリティ条項（24条）と同様に、内容次第では、
別個独立したサービスとして、本体の請負契約とは別に収益認識する
ことになります。

⒀　解除及び期限の利益喪失（第27条）

ア）　従来の一般的な条項

> 第○条　（解除及び期限の利益喪失）
> 　(1)　甲又は乙が以下の各号のいずれかに該当したときは、相手方は

第4章　契約書　雛形及び解説

雛形5　ソフトウェア開発委託契約書

催告及び自己の債務の履行の提供をしないで直ちに本契約又は個別契約の全部又は一部を解除することができる。この場合でも損害賠償の請求を妨げない。但し、第1号の場合には、相手方に対し書面による催告をしたにもかかわらず、その行為が10日以内に是正されなかった場合に本契約の全部又は一部を解除することができる。

① 本契約の一つにでも違反したとき

② 監督官庁から営業停止又は営業免許もしくは営業登録の取消し等の処分を受けたとき

③ 差押、仮差押、仮処分、強制執行、担保権の実行としての競売、租税滞納処分その他これらに準じる手続きが開始されたとき

④ 破産、民事再生、会社更生又は特別清算の手続開始決定等の申立がなされたとき

⑤ 自ら振り出し又は引き受けた手形もしくは小切手が1回でも不渡りとなったとき、又は支払停止状態に至ったとき

⑥ 合併による消滅、資本の減少、営業の廃止・変更又は解散決議がなされたとき

⑦ 災害、労働争議等、本契約の履行を困難にする事項が生じたとき

⑧ その他、資産、信用又は支払能力に重大な変更を生じたとき

⑨ 相手方に対する詐術その他の背信的行為があったとき

(2) 甲が前項各号のいずれかに該当した場合、甲は当然に本契約及びその他甲との間で締結した契約から生じる一切の債務について期限の利益を失い、甲は乙に対して、その時点において甲が負担する一切の債務を直ちに一括して弁済しなければならない。

　一般的な契約書では、民法上の解除事由に加えて、信用不安を疑わせるような事由がある場合に早期にリスク回避するため、詳細な解除事由を設けています。

　なお、同様の事象が生じたときに、早期に債権回収を図るため、期

397

限の利益喪失条項がセットで設けられることが一般的です。なお、解除条項と期限の利益喪失条項を別条で規定する契約書例もみられますが、間に条文が入ると、引用条文がずれてしまうという問題が生じかねないので、上記の例では1つの条文にまとめています。

イ）　改正民法を踏まえた修正案
【軽微な解除にあたりにくくする場合】

第○条　（解除及び期限の利益喪失）

(1)　甲又は乙が以下の各号のいずれかに該当したときは、相手方は催告及び自己の債務の履行の提供をしないで直ちに本契約又は個別契約の全部又は一部を解除することができる。この場合でも損害賠償の請求を妨げない。但し、第1号の場合には、相手方に対し書面による催告をしたにもかかわらず、その行為が10日以内に是正されなかった場合に本契約の全部又は一部を解除することができる。

①　本契約の一つにでも違反したとき（なお、甲及び乙は、本契約が甲乙間の高度な信頼関係を基礎としていることから、仮に軽微な違反であっても本号に該当することを確認する。）

（略）

　改正民法では、以下のとおり「債務の不履行がその契約及び取引上の社会通念に照らして軽微であるとき」には、解除できないことが明記されました。

（催告による解除）

改正第541条　当事者の一方がその債務を履行しない場合において、相手方が相当の期間を定めてその履行の催告をし、その期間内に履行がないときは、相手方は、契約の解除をすることができる。ただし、その期間を経過した時における債務の不履行がその契約及び取引上の社

> 会通念に照らして軽微であるときは、この限りでない。

　現行民法においても、債務不履行の程度が軽微である場合（不履行が僅かな数量である場合）や、主たる債務の不履行でない場合（重要でない付随義務違反である場合）などでは、判例上解除が認められない運用がなされてきました。

　しかし、今回の民法改正により軽微な解除が許されないと明文化されたことにより、債務不履行をされた債権者が解除通知を送ったとしても、軽微な債務不履行であることを理由として、解除は無効であると反論される可能性が高まることが予測されます。

　そのため、可能な限り軽微な債務不履行でないと反論できる契約書が求められることになります。

　対応方法としては、修正案のように軽微な違反であっても解除事由に該当すると記載することが考えられます。

　修正案では、「本契約が甲乙間の高度な信頼関係を基礎としていることから」という事情をもって軽微な債務不履行にあたらないと規定していますが、より具体的な事情を示すことができるのであれば、それだけ軽微と判断されるおそれは減ることになると考えられます。

⑭　遅延損害金（第28条）

・従来の一般的な条項（改正民法を踏まえても同様）

> 第○条　（遅延損害金）
> 　　　乙が本契約又は個別契約に基づく金銭債務の支払を遅延したときは、支払期日の翌日から支払済みに至るまで、年14.6％の割合による遅延損害金を支払うものとする。

　現行民法では、遅延損害金の法定利率を年５％と定めています（現行404条）。また、商取引における商事法定利率は、年６％と定められています（商法514条）。

もっとも、遅延損害金が高い方が履行遅滞になりにくいということもあり、現行民法下であっても契約書の規定により、遅延損害金の利率を上げることが一般化されています。その際に用いられる利率として、消費者契約法9条2号に規定される上限利率である、年14.6％が多く見られます。

　この点、改正民法においては、年5％の法定利率が市場金利と比べて高額過ぎることから、以下のように年3％から変動する利率に変更されることになりました。

（法定利率）

改正第404条　利息を生ずべき債権について別段の意思表示がないときは、その利率は、その利息が生じた最初の時点における法定利率による。

2　法定利率は、年3パーセントとする。

3　前項の規定にかかわらず、法定利率は、法務省令で定めるところにより、3年を一期とし、一期ごとに、次項の規定により変動するものとする。

（金銭債務の特則）

改正第419条　金銭の給付を目的とする債務の不履行については、その損害賠償の額は、債務者が遅滞の責任を負った最初の時点における法定利率によって定める。ただし、約定利率が法定利率を超えるときは、約定利率による。

　また、商行為に利率を上乗せする合理性が認められないことから、商事法定利率を定める商法514条が削除されることになり、上記法定利率に統一されることになります。

第4章　契約書　雛形及び解説

雛形5　ソフトウェア開発委託契約書

　以上のように、法定利率が年5又は6％から年3％（変動制）に下落することから、より高い遅延損害金利率を定める契約書の規定が重要になります。そのため、もし契約書に遅延損害金規定が存在していないようでしたら、従来の一般的な条項でかまわないので、遅延損害金条項を設けることをお勧めします。

⑮　損害賠償責任（第29条）

ア）　従来の一般的な条項

第○条　（損害賠償責任）
　　甲又は乙は、解除、解約又は本契約に違反することにより、相手方に損害を与えたときは、その損害の全て（弁護士費用及びその他の実費を含む。）を賠償しなければならない。

　改正民法により、帰責事由の判断基準が明確化されたこと、特別損害の意義について規範的評価により判断されることになったこと、損害賠償の予定について裁判所が額を増減することができない旨の規定が削除されたことなどの点で相違しますが、損害賠償の条項自体はそれほど変化することはないと考えられます。

　もっとも、これらの改正民法における変更点を踏まえ、損害賠償条項を変更する例はみられるだろうと考えます。

　帰責事由の判断基準が明確化されたことや、特別損害の意義について規範的評価により判断されることになった点については、目的条項（363頁）において対応することが一般的だと考えられます。そのため、詳細については、目的条項の項目をご参照ください。

401

イ）　改正民法を踏まえた修正案

【違約金を減額することができないと明記する場合】

第○条　（違約金）
⑴　乙が本契約に違反した場合には、乙は、甲に対し、損害の立証を要することなく金100万円を違約金として支払うものとする。
⑵　甲が被った損害が前項の違約金に満たない場合であっても、当該違約金の減額を請求することはできないものとする。
⑶　甲が被った損害が前項の違約金を超えるときは、乙は、甲に対し、その超過額についても賠償しなければならない。

現行民法では、以下のように、違約金（違約金は賠償額の予定と推定される。現行民法420条３項）を定めた場合には、その額を裁判所が増減することはできない旨の規定が設けられています。

（賠償額の予定）
現行第420条　当事者は、債務の不履行について損害賠償の額を予定することができる。この場合において、裁判所は、その額を増減することができない。

もっとも、現行民法下においても、違約金額が公序良俗等に違反する場合には、裁判所が額を減額することなどが認められていました。そのため、改正民法では、この規定を削除することとしました。

（賠償額の予定）
改正第420条　当事者は、債務の不履行について損害賠償の額を予定することができる。

このように、これまでは裁判所が違約金額を増減することができないと明記されていましたが、この規定が削除されたことにより、実質

第4章　契約書　雛形及び解説
雛形5　ソフトウェア開発委託契約書

的に違約金額を増減させる裁判例が多くなることが予測されます。

　また、裁判に至る前段階における当事者間の違約金請求においても、違約金額が不当であるとして支払に応じないケースが増加することが予測されます。

　そのため、改正民法下においては、修正案のように違約金額を減額させることはできない旨の規定を設けておくことも意味があると考えます。なお、このような規定を設けたとしても、実際の損害額と違約金額とが極端にかけ離れている場合などは、違約金額が増減されることがある点については、注意が必要です。

【損害賠償の上限を設ける場合】

> 第○条　（損害賠償責任）
> 　　甲又は乙は、解除、解約又は本契約に違反することにより、相手方に損害を与えたときは、既払い済みの委託料額を上限として、損害を賠償しなければならない。

　このように、損害賠償の上限を設けることも可能であり、頻繁に契約書で用いられている条項です。もっとも、このように損害賠償の上限を設ける場合であっても、実際の損害額とかけ離れている場合などは、裁判所がこの条項の効力を否定することが考えられるため、注意が必要です。

⒃　改正民法適用時期（第35条）

　現行民法下において締結された契約書に改正民法が適用されるのかという点については、実務上非常に重要なポイントとなります。

　この点、改正民法附則は経過措置を制定しており、時効を除く民法総則の改正後の規定は、原則として改正施行日以降に法律行為や意思表示がされた場合に限り適用され、施行前になされた場合には現行民法が適用されることになります[3]。

403

なお、改正民法においては、賃貸借期間が20年から50年に延長されることになり（改正604条2項）、改正民法施行後に賃貸借契約の更新がなされた場合には、更新後においては改正民法が適用されることとされています。

　このように、仮に改正民法施行日より前に契約が締結されていたとしても、その後に訪れる契約更新時において、更新契約書のような契約書を締結する場合には、改正民法施行日後に法律行為や意思表示がなされたとして、更新後の契約書に改正民法が適用されるものと考えられます。

　しかし、改正民法施行日より前に締結した契約書に以下のような自動更新条項が存在し、特段契約更新時に当事者の意思表示がない場合には、当該契約書に現行民法が適用されるのか、改正民法が適用されるのかにつき、判然としない状況にあります。

> 第○条　（契約期間）
> 　　　本契約の有効期間は、○年○月○日から○年○月○日までとし、期間満了の1ヶ月前までに甲乙いずれからも書面による異議がなされないときには、本契約は期間満了の翌日から起算して、同一内容にて更に1年間延長されるものとし、それ以後も同様とする。

　通常、自動更新時に新たな法律行為や意思表示は行わないことからすれば、自動更新が行われたとしても、改正民法適用の契機にならないとも考えられます。

　この点については、附則37条において「この附則に規定するもののほか、この法律の施行に関し必要な経過措置は、政令で定める。」と規定していることから、今後政令により指針が示される可能性もあります。

3　法制審議会民法（債権関係）部会第97回会議の部会資料85「民法（債権関係）の改正に関する要綱案の取りまとめに向けた検討（18）」

404

第4章　契約書　雛形及び解説

雛形5　ソフトウェア開発委託契約書

　しかし、この点に関する政令がいつ発令されるか定かでありません
し、発令されない可能性もあります。一方で、民法改正に伴う契約書
改定作業は、かなりの時間を要するプロジェクトであるため、政令を
待たずして進めておく必要があります。

　改正民法に伴う契約書改定は、改正民法施行日前に行う会社が多い
と考えられます。上記のとおり、改正民法施行日より前に契約を締結
してしまうと、その契約書には現行民法が適用されることになってし
まいます。せっかく改正民法に対応するように契約書の内容を改定し
たにもかかわらず、現行民法が適用されてしまうのであれば、改定し
た意義が損なわれてしまうことになりかねません。

　また、契約書ごとに、現行民法適用の契約書と改正民法適用の契約
書として管理することは、非常に煩雑で好ましくない状態といえま
す。

　そこで、改正民法対応の契約書には、以下のように改正民法施行日
以後は、改正民法を適用する旨の条文を入れておき、施行日を境とし
て全ての契約書が統一的に改正民法の適用を受けることにすることが
考えられます。

　第○条　（改正民法）
　　　甲及び乙は、民法の一部を改正する法律（平成29年法律第44
　　号、以下「改正民法」という。）の施行日以後は、本契約及び本
　　契約に付随する全ての合意につき、改正民法を適用する。但し、
　　改正民法の性質上許されないものはこの限りでない。

　なお、この条項は、政令等により上記問題が解決するのであれば設
ける必要はありませんし、改正民法施行日以後に契約を締結する場合
にも設ける必要はない規定となります。

405

雛形6

基本約款

契約書

基本約款

　利用者は、株式会社●●（以下「当社」といいます）が提供する以下のサービスを基本約款（以下「本約款」といいます）が適用されることを前提として、利用することができます。なお、本約款記載の以下の条項に同意しない場合は、利用者はサービスを使用することはできません。

第1条　（約款の構成及び適用）
　(1)　当社は、以下のとおり構成される本約款に基づき契約（以下、その契約を「利用契約」といい、当社と利用契約を締結した者を「利用者」といいます）を締結したうえ、●●サービス（以下、「本サービス」といいます）を提供します。
　　①　基本約款：利用契約の締結手続及び本サービスに共通して適用される事項を規定するもの。
　　②　サービス別約款
　　・サービス基本約款：本サービスの基本サービスごとに、その本サービスの基本サービス及びオプションサービスについてのみ適用される事項を規定するもの。
　　・●●約款：●●
　(2)　利用契約には、本約款及び利用者が利用するサービスに対応するサービス別約款が適用され、これらにより利用契約の内容が規律されるものとします。
　(3)　本約款とサービス別約款に矛盾又は抵触する規定がある場合、サービス別約款の規定が優先して適用されるも

【改正民法】
定型約款では、みなし合意によって契約の内容が補充されます（改正548の2I）。

第4章　契約書　雛形及び解説

雛形6　基本約款

のとします。

(4) 利用契約の締結は、本サービスの基本サービス又はオプションサービスごとに行われるものとします。

(5) 本約款のいずれかにおいて定義された用語は、別段の定めがない限り、他の当社約款においても同一の意義を有するものとします。

第2条　(約款の変更)

(1) 当社は、本約款(別紙、サービス別約款を含みます)を利用者の一般の利益に適合する場合又は本約款の目的に反しない場合に変更することがあります。この場合、利用者は、料金その他提供条件において変更後の約款の適用を受けることに合意します。変更例は以下のとおりとなりますが、これらに限られません。

(変更例)

• 新サービスの追加
• 旧サービスの陳腐化に伴う廃止
• 違法又は不当行為を防止するための禁止項目の追加
• 違法又は不当行為を防止するための権利の制限
• サービスの品質を維持するための料金増加

(2) 本約款を変更するときは、当社ホームページ、その他当社が別に定める方法により通知します。

第3条　(用語の定義)

本約款において使用する用語は、それぞれ次の意味で使用します。

本サービス：●●サービスの総称

利用者：当社と利用契約を締結した者

●●：●●

第4条　(本サービスの概要)

(1) 「本サービス」は、「●●」のサービス名称に基づき提供されるサービスを総称するものとします。

(2) 本サービスの詳細は、別途、「サービスの仕様」にて定めるものとします。なお、本サービスの仕様の変更は、当社ホームページ上に掲示するか、又は利用者へ電子メールで送信通知することにより、利用者の認識の有無にかかわらず、本サービスの仕様が変更されるものと

【改正民法】
定型約款の変更は、相手方の一般の利益に適合し、契約をした目的に反しないなど、一定の要件を満たす場合には、個別に合意することなく行うことができます(改正548の4)。

【改正民法】
サービスの仕様は、契約不適合判断等に影響を与えます(379頁解説参照)。

407

します。

第5条 （利用契約の申込）
(1) 本サービスの利用申込は、当社所定の申込書又は当社ホームページに表示している申込画面（以下、併せて「申込書」といい、利用申込を行う者を「申込者」といいます）に必要事項を記入の上、当該申込書を当社に提出又は送信することにより行われるものとします。
(2) 継続して提供される本サービスの提供は、利用契約が有効に締結され、当社が申込者に対して通知した利用開始日から開始されます。

第6条 （利用契約の成立）
(1) 利用契約は、利用申込に対し、当社所定の方法により当社が申込者に対して承諾を通知したときに成立します。ただし、次の各号に該当する場合には、当社は、利用申込を承諾しないことがあります。
  ① 当社が申込に係る本サービスの提供又は本サービスに係る装置の手配・保守が困難と判断した場合
  ② 以前に当社との契約上の義務の履行を怠ったことがある等、申込者が当社との契約上の義務の履行を怠るおそれがあると当社が判断した場合
  ③ 申込書の内容に虚偽記載があった場合
  ④ 申込者が日本国内に在住していない場合
  ⑤ 本サービスの利用料金の決済に用いるとして申込者が指定するクレジットカード又は預金口座が決済に適切に用いることのできるものではない場合
  ⑥ 申込者が未成年者、成年被後見人、被保佐人又は民法第17条第1項の審判を受けた被補助人のいずれかであり、申込につき法定代理人、後見人、保佐人又は補助人の同意等を得ていない場合
  ⑦ 申込者に対する本サービスの提供に関し、業務用又は技術上の著しい困難が認められると当社が判断した場合
  ⑧ 申込者が当社の社会的信用を失墜させる態様で本サービスを利用するおそれがあると当社が判断した場合
  ⑨ 申込者が暴力団関係者その他反社会的団体に属する者と当社が判断した場合

第4章　契約書　雛形及び解説

雛形6　基本約款

⑩　その他、当社が申込を承諾することが不相当である
　　と認める場合

(2)　前項の規定により本サービスの申込を拒絶した場合、
　　当社は、速やかに申込者へ通知するものとします。な
　　お、当社は、申込を拒絶した理由を開示する義務を負わ
　　ないものとします。

第7条　（利用契約の契約期間・中途解約・更新）
(1)　利用契約の契約期間は、契約期間を年単位とする年間
　　契約（以下、「年間契約プラン」といいます。）又は契約
　　期間を月間単位とする月間契約（以下、「月間契約プラ
　　ン」といいます。）の選択制とし、具体的な契約期間は
　　本申込書記載のとおりとします。
(2)　年間契約プランは、初回最低契約期間を１年とし、利
　　用者当社いずれも契約期間満了の３ヶ月前までに相手方
　　に対して契約を更新しない旨の通知を行わない場合、自
　　動的に１年単位で当該契約は更新され、以後、同様に毎
　　年自動的に契約更新されるものとします。
(3)　月間契約プランは、初回最低契約期間を６ヶ月とし、
　　利用者当社いずれも本サービスの契約期間満了の7営業
　　日前までに相手方に対して契約を更新しない旨の通知を
　　行わない場合、自動的に１ヶ月単位で当該契約は更新さ
　　れ、以後、同様に毎月自動的に契約更新されるものとし
　　ます。
(4)　年間契約プランは、次年度以降、解約希望日の３ヶ月
　　前までに当社に書面で解約の旨を通知することにより、
　　年間契約プランにおける利用契約の全部又は一部を中途
　　解約することができます。当該中途解約の効力発生日
　　は、解約希望日の属する月の末日とします。なお、利用
　　者の都合による契約期間中の中途解約の場合、残契約期
　　間分の利用料金は返金いたしません。また月払いの場合
　　であっても残契約期間分の利用料金の支払い義務は存続
　　します。
(5)　月間契約プランは、初回最低契約期間後でも、１ヶ月
　　単位での契約となるため、１ヶ月未満の途中解約はでき
　　ません。
(6)　年間契約プランと月間契約プランとの変更は、各プラ
　　ンの契約更新時に行うことができるものとします。

【改正民法】
定型約款におい
ては、不当条項
についてみなし
合意が成立しな
かったとされる
おそれがありま
す（改正548の2
Ⅱ）。

第8条 （本サービスのID・パスワード）

(1) 当社は、利用者に対して、利用契約の成立を前提として、申込書を当社が受領した日から5営業日以内に本サービスの利用に必要なID及びパスワード等の必要事項を、申込書記載の申込者又は窓口担当者に対して、電子メールにて通知するものとします。

(2) 当社が利用者に対して発行したID及びパスワードについては、利用者の責任において適切に管理するものとします。

(3) 当社は、第三者が何らかの手段で利用者のID及びパスワードを入手して、これを不正に使用したために利用者又は第三者に生じた損害について、一切の責任を負わないものとします。

> 【改正民法】
> 定型約款においては、不当条項についてみなし合意が成立しなかったとされるおそれがあります（改正548の2Ⅱ）。

第9条 （利用料金）

(1) 利用者が当社に支払うべき金額は、利用料金及び当該利用料金支払に対して課される消費税ならびに地方消費税相当額（以下、「消費税等」といいます）の合計額（以下、「利用料金」といいます）とします。法改正により、消費税等に関する税率の変更があった場合の当該利用料金支払に対して課される消費税等相当額の算定は、変更後の税率によるものとします。

(2) 本サービスの利用料金は、以下のとおり構成されるものとします。

　① 定期払い：継続して提供される本サービスにつき、月ごとに一定の利用料金が発生する支払形態をいい、以下の内訳で構成されます。

　・初期費用：本サービス実施の準備（設定等）の対価

　・定額利用料（毎月払い（月額））：月額利用料金を毎月支払う場合

　・定額利用料（年間一括払い（年額））：年額利用料金を年に1回支払う場合

　② 1回払い（スポット利用料）：1回で提供が完了する本サービスの利用料金を一括して支払う形態をいいます。

(3) 利用料金額又は各料金額は、本サービスのホームページ又は当社作成資料に掲載します。

(4) 本サービスの利用料金額は、利用契約にて別途定めな

第4章　契約書　雛形及び解説
雛形6　基本約款

い限り、利用契約締結時の利用料金に従うものとします。ただし、物価又は当社の施設に係る維持管理運営費の変動により、当社が本サービスの利用料金を不相当と認めるに至ったときは、利用者に通知することにより、契約期間内でも利用料金を変更することができるものとします。

(5)　第1項による税率の変更があった場合、当社は、年間一括払いにより既に利用料金の支払いがあった利用者に対し、当該税率の変更が適用される日から、当該既払い利用料金の残余期間における消費税等相当額の差額を請求するものとします。この場合、利用者は、当社が当該請求において提示した支払方法及び期限により、当該差額を支払うものとします。

第10条　（支払方法）

(1)　利用者は、当社に対し、利用料金をその支払期限までに、次項に定める支払方法のうち利用者が申込時に選択した方法により支払うこととします。

(2)　利用料金の支払方法は、特別の定めがない限り次の方法から選択することとします。ただし、「クレジットカード払い」は、特別の定めがない限り、月額料金●万円以上の本サービスについては対象外とします。

①　振込：銀行等からの現金振込（振込手数料は利用者の負担とします）

②　クレジットカード払い：当社が承認したクレジットカード会社と利用者との契約に基づくクレジットカードによる支払

(3)　利用者が本サービスの支払方法に「クレジットカード払い」を選択した場合、当社は、当社が利用者から提供を受けた利用者のクレジットカードに関する情報について、クレジットカード会社との間で随時情報交換を行うことができるものとし、当社が必要と認める場合は、当社は利用者に対して支払方法の変更等の措置をとるよう求めることができるものとします。

第11条　（支払期限）

(1)　利用料金の支払形態が毎月払いの場合、利用者は、毎月1日から末日までの利用に関する料金を、その翌月の

【改正民法】
送金時に弁済の効力を認める規定も可能です（233頁解説参照）。

411

末日までに支払うものとします。（初期費用が発生する場合、初期費用も同時に支払うものとします）。

(2) 利用料金の支払形態が年間一括払いの場合、利用者は、利用開始日から翌年の同日の前日までの料金を利用開始日の7日前までに支払うものとします（初期費用が発生する場合、初期費用も同時に支払うものとします）。ただし、契約期間が延長される場合、2年目の支払については利用開始日の翌年の同日の属する月の前月末日までに、3年目の支払については利用開始日の翌々年の同日の属する月の前月末日までに当該料金を支払うものとし、以後も同様とします。

第12条　（遅延損害金）
利用者は、利用料金等の支払を遅延した場合、年14.6%の割合による遅延損害金を支払うものとします。

> 【改正民法】
> 遅延損害金条項が存在しないと3％等の低い遅延損害利率しか認められません（改正404Ⅱ、258頁解説参照）。

第13条　（通知・報告）
(1) 当社から利用者に対する通知及び報告は、利用者の指定した電子メールアドレスへの電子メールの送信、書面の送付、当社ホームページへの掲載等、当社が適当と判断する方法により行います。

(2) 当社が前項記載の方法のうち電子メールの送信又は当社ホームページへの掲載により通知又は報告を行う場合には、当該通知又は報告は、当社がその発信又は送信可能化に必要な処理を完了した日に行われたものとします。

(3) 当社が利用者に対して第1項記載の方法により通知又は報告した場合において、当該通知又は報告が利用者に到達しなかったとしても、当該不到達に起因して発生した損害について、当社は一切責任を負わないものとします。

> 【改正民法】
> 定型約款においては、不当条項についてみなし合意が成立しなかったとされるおそれがあります（改正548の2Ⅱ）。

第14条　（通知義務）
利用者は、申込書に記載した組織名、所在地、代表者氏名、電話番号、支払口座又は本サービスに必要とされる情報について変更がある場合、速やかに当社又は当社が指定する者に通知するものとします。

第4章　契約書　雛形及び解説

雛形6　基本約款

第15条　（本サービスの適正利用）
(1)　利用者は、本サービスの利用にあたって、当社が発行
した ID、パスワード、サーバ設備、通信設備、その他
本サービスに関し利用者において維持管理を要する情
報、機器、ソフトウェア及びシステム等につき、自己の
責任において適切に管理するものとし、当該管理により
生じた結果（当社が発行した ID 又はパスワードを第三
者に開示し、漏洩し又は推知されたことにより生じた結
果を含みます）につき当社に対し全責任を負うものとし
ます。
(2)　利用者は、本サービスに関し当社が利用者の利用に供
した機器（本サービスの利用において、当社データセン
ター内に利用者が設置した、利用者が所有するサーバ機
器等を含み、以下、「本件機器」といいます）に保存し
たデータ（個人情報、機密情報その他当該本サービスの
提供開始以降に本件機器の利用者用の領域上に保存され
たすべてのデータをいい、以下、「利用者データ」とい
います）を、自己の責任と費用負担において管理し、
バックアップを行うものとします。当社は、利用者デー
タに対して何ら関与及び関知するものではなく、事由の
如何にかかわらず、次の各号に該当する事項について、
何ら責任を負うものではありません。
①　利用者データの漏洩、滅失等に関する発生
②　利用者データの漏洩、滅失等に対する当社での予防
③　利用者データの漏洩、滅失等が発生した場合の当社
での対応
④　利用者データの復旧
(3)　利用者は、事由の如何にかかわらず、解約又は解除に
より、本サービスの利用契約が終了する場合、当該利用
契約の終了の日までに、本サービスに関する本件機器か
ら利用者データを削除するものとします。利用契約が終
了したにもかかわらず、本サービスに関する本件機器に
利用者データが残置されていた場合、当社は利用者デー
タを削除することができ、当該削除に関し何らの責任も
負わないものとします。

第16条　（知的財産）
本サービスの提供に際して、当社が利用者に提供する

413

ソフトウェア等のプログラム及び利用者が本サービスに提供した著作物に関する著作権その他一切の知的財産権は、当社に独占的に帰属します。利用者は、当社の許諾する範囲でこれを使用することができるものとし、利用者に譲渡又は利用契約に定める以上に使用を許諾するものではありません。

第17条 （本サービスの停止・中止等）
(1) 次の各号に該当する場合は、当社は本サービスの提供を停止又は中止する場合があります。この場合、当社は一切の賠償責任を負いません。
① 利用者が本約款に違反した場合
② 利用者が支払期限超過後、当社の催促にもかかわらず、合理的な期間内に支払を行わない場合
③ 利用者が申込書に虚偽の内容を記載したことが判明した場合
④ 利用者が当社の信用を毀損する事実が判明した場合
⑤ 利用者が本サービスを違法、信用毀損、公序良俗に反する態様で利用した場合
⑥ 本サービスに関する電気通信設備等の保守、工事の必要がある場合
⑦ 本サービスに関する電気通信設備等の障害によりやむを得ない場合
⑧ 自然災害、テロ、暴動等の不可抗力による場合
⑨ その他、客観的にやむを得ない事情がある場合
(2) 当社は、本サービスの提供を停止又は中止する場合、緊急やむを得ない場合を除き、事前に利用者に通知するものとします。

第18条 （本サービス提供の廃止）
(1) 当社は、当社の都合により、本サービスの提供の全部又は一部を廃止する場合があります。
(2) 当社は、本サービスの提供を廃止する場合、原則として廃止の３ヶ月前までに事前に利用者に通知するものとします。
(3) 当社は、本サービスの提供を廃止する場合、残期間分の利用料金相当額を月割（日割分切捨）で利用者に払い戻すものとします。

414

第4章　契約書　雛形及び解説
雛形6　基本約款

第19条　(禁止事項)
　(1)　利用者は、次の各号に該当する行為を行ってはなりません。
　　①　当社もしくは第三者の著作権・商標権等の知的財産権を侵害する行為
　　②　当社もしくは第三者の財産、プライバシーもしくは肖像権を侵害する行為
　　③　当社もしくは第三者を差別もしくは誹謗中傷・侮辱し、当社もしくは第三者への差別を助長し、又はその名誉もしくは信用を毀損する行為
　　④　詐欺、規制薬物の濫用、児童売買春、預貯金口座及び携帯電話の違法な売買等の犯罪に結びつく行為
　　⑤　わいせつ、児童ポルノ又は児童虐待に当たる画像、文書等を送信又は掲載する行為
　　⑥　無限連鎖講（ネズミ講）を開設し、又はこれにつき勧誘する行為
　　⑦　本サービスにより利用し得る情報を改ざん又は消去する行為
　　⑧　ウイルス等の有害なコンピュータプログラム等を送信又は掲載する行為
　　⑨　利用者が直接操作可能となるサーバ、ネットワーク機器の設備等に不正にアクセスする行為
　　⑩　第三者に対し、無断で広告・宣伝・勧誘等を目的とした電子メール（スパムメール等）や第三者が嫌悪感を抱く、又はそのおそれのある電子メール（嫌がらせメール）等を送信する行為、他者のメール受信を妨害する行為、連鎖的な電子メールの転送を依頼する行為(チェーンメール)及び当該依頼に応じて電子メールを転送する行為
　　⑪　当社もしくは第三者の設備等又はサーバ設備もしくは電気通信設備等の利用もしくは運営に支障を与える行為、その他本サービスの提供を妨害する行為
　　⑫　賭博・ギャンブルを行い、又は勧誘する行為
　　⑬　違法行為（けん銃等の譲渡、児童ポルノの提供、公文書偽造、殺人、脅迫等）を直接的かつ明示的に請負い、仲介し、又は誘引（他人に依頼することを含みます）する行為
　　⑭　人の殺害現場等の残虐な情報、動物を虐待する画像

等の情報、その他社会通念上他者に著しく嫌悪感を抱かせる、又はそのおそれのある情報を掲載し、又は第三者にあてて送信する行為

⑮ 犯罪や違法行為に結びつく、又はそのおそれの高い情報や、第三者を不当に誹謗中傷・侮辱したり、プライバシーを侵害したりする情報又はこれらのおそれのある情報を不特定の者をしてウェブページに掲載等させることを助長する行為

⑯ 第三者に著しく迷惑をかける行為及び公序良俗に反する行為

⑰ その行為が前各号のいずれかに該当することを知りつつ、その行為を助長する態様又は目的でリンクを貼る行為

⑱ 前各号のおそれがあると当社が認める行為

⑲ その他、当社が本サービスの利用者として相応しくないと判断する行為

(2) 前項各号のほか、当社は必要に応じ当社ホームページ上において禁止事項及び注意事項等を別途定めることができ、利用者はこれを遵守するものとします。

第20条 （権利譲渡の禁止・本サービス再販売の禁止）

利用者は、当社の事前の承諾なく、本約款上の地位その他利用契約に基づく権利もしくは義務の全部又は一部を他に譲渡し、又は本サービスを第三者に再販売することはできません。

第21条 （情報等の保管及び消去）

(1) 当社は、利用者が本サービスを利用して登録した情報について、本サービス提供設備等の故障等により滅失した場合に復元する目的で、これを別に記録して一定期間保管することがありますが、その義務を負うものではありません。

(2) 当社は、利用者が本サービスを利用することによって生ずる通信記録を一定期間保管することがありますが、その義務を負うものではありません。また、当社は、当該情報の開示請求を受けるものではありません。

(3) 当社は、利用者が本サービスを利用して登録した情報のうち、登録時の目的を達成し、当社において本サービ

【改正民法】
定型約款においては、不当条項についてみなし合意が成立しなかったとされるおそれがあります（改正548の2 II）。

【改正民法】
会社の売掛金については、民法の原則に沿って債権譲渡自由にしています（改正466、332頁 解説参照）。

第4章　契約書　雛形及び解説

雛形6　基本約款

スの提供に不要と判断したものについては、利用者に通知を要しないで、これを消去できるものとします。

(4)　当社は、利用者が本サービスを利用して登録した情報について、利用契約が解除された場合には、解除の日の翌日以降にすべての情報を消去できるものとします。

(5)　当社は、本条による登録情報の消去により利用者及び第三者に生じた損害について一切の責任を負わないものとします。

【改正民法】
定型約款においては、不当条項についてみなし合意が成立しなかったとされるおそれがあります（改正548の2Ⅱ）。

第22条　（損害賠償責任の制限）

(1)　当社は、利用者に対して、本サービスの使用に伴い、当社の責めに帰するべき事由の直接的結果として現実に発生した通常損害についてのみ賠償します。

(2)　前項に基づく賠償を含む当社の利用者に対する損害賠償責任は、損害発生の直接的な原因となった本サービスの全部又は一部の対価として、利用者が現実に支払った直近1ヶ月分の本サービスの全部又は一部の利用料金を上限額とします。

(3)　前項の損害賠償の上限は、以下の場合には適用されません。

①　当社の故意又は重過失による場合

②　当社の利用契約に定めた反社会的勢力の排除義務違反による場合

【改正民法】
定型約款においては、不当条項についてみなし合意が成立しなかったとされるおそれがあります（改正548の2Ⅱ）。

第23条　（当社の免責）

(1)　当社は、以下の場合につき、利用料金の返金・減額・免除は行いません。

①　本サービスが停止又は中止された場合（停止又は中止期間中の本利用料金）

②　利用者の責に帰するべき事由（利用契約違反等）に基づき、当社が利用契約を解除した場合

③　利用者が利用者の都合により利用契約を解除又は解約した場合（当社の責に帰すべき事由がない場合）

(2)　当社は、以下の場合において、利用者への通知及び補償無しに、利用者の登録した情報、コンテンツ、データ及びソフトウェア等を削除することができます。

①　本サービスが停止された場合

②　利用契約が終了した場合

【改正民法】
定型約款においては、不当条項についてみなし合意が成立しなかったとされるおそれがあります（改正548の2Ⅱ）。

417

⑶　当社は、以下の場合において、利用契約に明記されている範囲を除き、一切の保証・補償を行わず、損害賠償及びその他の責任を負いません。
　①　本サービスが停止、中止又は廃止された場合
　②　利用者による各種の情報、コンテンツ、データ又はソフトウェア等のバックアップに不具合がある場合
　③　利用者が用意した本サービス利用に必要な設備・機器、インターネット接続環境が本サービスに適合しない場合又は不具合がある場合
　④　利用者の利用目的が本サービスに適合しない場合
　⑤　利用者が申込書に虚偽の内容を記載した場合
　⑥　利用者が申込書記載の内容の変更の通知を怠った場合
　⑦　利用者が無償で本サービスを試使用している場合
⑷　その他、本サービスに関する当社の責任は、利用契約に規定する範囲に限られ、直接又は間接を問わず、法律上の請求原因の如何を問わず、利用者又は第三者に対し、一切の補償及び責任を負いません。

第24条　（秘密情報の取扱い）
⑴　以下のいずれかの条件に該当するものを利用契約における秘密情報とします。
　①　書面上秘密である旨を明示して相手方に開示された情報
　②　記録媒体もしくは電子データ上で秘密である旨を明示して相手方に開示された情報
　③　口頭で秘密である旨を明示して開示された情報のうち、開示の時から30日以内に書面上又は電子データ上秘密である旨を明示して相手方に送付された情報
⑵　前条にかかわらず、以下のいずれかの条件に該当する場合は秘密情報とみなさないものとします。
　①　開示を受けた当事者が秘密保持義務を負うことなく既に保有している情報
　②　第三者から秘密保持義務を負わず正当に入手した情報
　③　開示を受けた当事者が独自に開発した情報
　④　開示を受けた当事者の故意・過失によらず公知となった情報

第4章　契約書　雛形及び解説

雛形6　基本約款

(3)　秘密情報を利用する場合は、以下の取扱いを行うものとします。
　　①　利用者及び当社は、利用契約を締結するに至った遂行目的以外の目的で秘密情報を利用、複製、持ち出し（社外への電子メールによる送信を含む）を行わず、秘密として保持するものとします。
　　②　利用者及び当社は、事前に相手方の承諾なく、第三者に対して秘密情報を開示せず、秘密として保持するものとします。
　　③　利用者又は当社が、それぞれ過半数の株式を保持しもしくは保持される関係にある会社（以下「関連会社」といいます）は、前項の第三者に該当せず、遂行目的の範囲内において、秘密情報を開示し利用させることができるものとします。但し、利用者又は当社は、当該関連会社に対して、自己と同等以上の秘密保持義務を負わせることを条件とします。また、当該関連会社の義務違反につき全責任を負うものとします。
(4)　利用者及び当社は、秘密情報を、善良なる管理者としての注意義務をもって適切に管理するものとします。
(5)　利用者及び当社は、それぞれ自己の従業員、退職者、派遣社員及び常駐する協力会社の社員に対して秘密保持義務を遵守するよう適切に教育、指導及び管理監督するものとします。
(6)　利用者及び当社は、事前に相手方の承諾を得て、秘密情報を第三者に開示する場合は、当該第三者に対して自己と同等以上の秘密保持義務を負わせるものとし、当該第三者の義務違反につき全責任を負うものとします。

第25条　（個人情報の取扱い）
(1)　本条各項において、利用者及び当社は、業務を遂行するために開示を受けた個人情報の適切な保護を目的として個人情報の取扱いに関する事項を定めるものとします。
(2)　利用契約において、「個人情報」とは、個人情報の保護に関する法律第2条第1項に規定する個人情報であり、全ての個人に関する氏名、住所、生年月日、メールアドレス等の記述、画像又は音声等により特定の個人を識別できる情報（当該情報のみでは識別できないが、他

419

の情報と容易に照合することができ、それにより当該個人を識別できるものを含む）、及びこれに付随して取り扱われる個人に関する全ての情報をいうものとします。

(3) 利用者及び当社は、業務を遂行するために相手方から開示され、知り得た個人情報を、事前に相手方の同意を得た場合を除き、業務の実施のために必要な最小限の範囲を超えて、複写、複製、加工し、又は第三者に開示又は漏洩しないものとします。また、業務の実施のために必要な最小限の範囲を超えて、個人情報にアクセスし、又は使用しないものとします。

(4) 利用者及び当社は、個人情報を、善良なる管理者の注意義務をもって適切に管理するものとします。

(5) 利用者及び当社は、個人情報を破損・損失のないよう十分注意して取り扱い、個人情報に対して、不正なアクセス、漏洩、盗用、滅失又は毀損等がない様に安全管理のために必要かつ合理的な措置を講じるものとします。

(6) 利用者及び当社は、それぞれ自己の従業員・退職者・派遣社員・常駐する協力会社の社員に対して個人情報を保護するように適切に教育・指導・管理監督するものとします。

(7) 利用者及び当社は、必要な業務が終了した場合、及び個人情報が不要となった場合、又は相手方からの要求があった場合には、すみやかに個人情報を消去するか、又は相手方に返還するものとし、ファイル又は個人情報書類等媒体物が存在する場合には、相手方の責任において個人情報が判別できないよう必要な処置を施した上で廃棄するものとします。

(8) 利用者及び当社は、相手方又は再委託先において相手方から開示された個人情報を漏洩、盗用、流出、紛失する等の事故発生の事実、又は発生のおそれがあると認められる時は、速やかに相手方に報告し、相手方の指示に従い、被害の拡大及び再発を防止するために必要な措置を講じるものとします。

第26条 （反社会的勢力の排除）

(1) 利用者は、当社に対し、反社会的勢力の排除に関する次の各号を表明し保証するものとします。万が一、自己の違反を発見した場合は、直ちに当社にその事実を報告

第4章　契約書　雛形及び解説
雛形6　基本約款

するものとします。

① 自ら又は役員、実質的に経営に関与する者、従業員等（以下「役員等」といいます）が、「反社会的勢力」（暴力、威力と詐欺的手法を駆使して経済的利益を追求する集団又は個人をいいます）でないこと

② 自ら又は役員等が、反社会的勢力との間で、反社会的勢力であることを知りながら資金もしくは役務提供等何らかの取引をしていないこと、及び、反社会的勢力と交友関係にないこと

③ 自ら又は役員等が第三者を利用して、相手方及び相手方の従業員に対して、暴行、傷害、脅迫、恐喝、威圧等の暴力的行為又は詐欺的手法等を用いて不当な要求行為、業務の妨害及び信用の毀損をする行為等を行わないこと

(2) 当社は、利用者について前項の表明ないし保証に反する事実が判明したとき、その他、次の各号に該当する場合には、相手方に対して催告することなく、全ての契約（利用契約を含みますがそれに限りません）の全部又は一部を解除することができます。

① 暴力団、暴力団員、暴力団関係団体、当該団体関係者、その他の反社会的勢力（以下「暴力団等」といいます。）である場合、又は暴力団等であった場合

② 自ら又は第三者を利用して、他方当事者に対して、詐術、暴力的行為、及び脅迫的言辞を用いるなどした場合

③ 殊更に、自身が暴力団等である旨を伝え、関係団体もしくは関係者が暴力団等である旨を伝える等した場合

④ 自ら又は第三者を利用して、他方当事者の名誉や信用等を毀損した場合、もしくは毀損するおそれのある行為をした場合

⑤自ら又は第三者を利用して、他方当事者の業務を妨害した場合、もしくは妨害するおそれのある行為をした場合

第27条　（解除）

当社は、利用者が次の各号に該当した場合、何ら催告なくして、本サービスを停止して利用契約を解除できるものとします。

① 利用契約に基づき発生した債務の全部、又は一部について不履行があり、相当の期間を定めた催告を受けたにも関わらず当該期間内に履行しない場合（なお、当社及び利用者は、本契約が当事者間の高度な信頼関係を基礎としていることから、仮に軽微な違反であっても本号に該当することを確認します。）

【改正民法】
軽微な解除にあたりにくくなるよう規定しています（257頁 解 説 参照）。

② 当社に届け出た事項に変更があり、その変更の届け出を速やかに行わない場合、また変更後の内容が本約款に違反する場合
③ 自己の振出した手形、又は小切手が不渡りとなった場合
④ 監督官庁より営業の取消、停止等の処分を受けた場合
⑤ 第三者より仮差押、仮処分、又は強制執行を受けた場合
⑥ 破産、特別清算、民事再生手続開始、会社更生手続開始の申立があった場合
⑦ 解散の決議をした場合
⑧ その他信用状況が悪化、又はそのおそれがある場合に、担保の差入要請に応じなかった場合
⑨ その他本約款に違反した場合

第28条 （協議解決）
　本約款に定めのない事項、又は本約款の解釈について疑義が生じたときは、誠意をもって協議のうえ解決します。

第29条 （合意管轄）
　本約款及び利用契約に関する訴訟については、訴額に応じ、東京地方裁判所もしくは東京簡易裁判所をもって第一審の専属的合意管轄裁判所とします。

第30条 （準拠法）
　本約款及び利用契約は、効力、解釈及び履行を含む全ての事項について、日本国法に準拠します。

附　則
（実施期日）　本約款は、●年●月●日から実施します。

422

第4章　契約書　雛形及び解説

雛形6　基本約款

1 概　　要

　基本約款は、ある一定のサービス等を多数の消費者等に提供する際に、一律に規律するために予め定型化して定められた契約条項をいいます。基本約款には、継続的売買取引基本契約の内実を有するものや、業務委託契約の内実を有するものも存在します。

　多数の顧客が想定される画一的なサービス等を提供する場合、顧客との間で個別に契約締結作業を行うことになれば、多大な時間とコストを要することになります。そこで、予め約款という形で契約条件の詳細を定めておき、約款の条件に従って個別の契約を締結することになります。

2 収入印紙

　基本約款が定めている内容が課税文書（請負契約等）である場合には、その文書の内容に応じて収入印紙が必要になります。

3 改正民法の影響

　改正民法が継続的売買取引基本契約書の各条文に影響を与える箇所は、以下のとおりです。

◼ 改正民法の影響 ◼

条　文	項　目	内　容	重要度
2条	約款の変更	約款の変更例を明記する	★★★
6条1項10条 8条2項 13条3項 19条1項18号、19号 21条5項	不当条項	不当条項に該当しないか	★★★

423

22条			
23条			

④ 収益認識基準の影響

　基本約款は、その内実が継続的売買取引基本契約書であるか、請負契約書であるかにより、収益認識基準の影響を受けることになります。各契約における収益認識基準の影響については、個別の契約書の解説をご参照ください。

⑤ 各条項の修正ポイント

(1) 前　文

・従来の一般的な条項

　利用者は、株式会社●●（以下「当社」といいます）が提供する以下のサービスを基本約款（以下「本約款」といいます）が適用されることを前提として、利用することができます。なお、本約款記載の以下の条項に同意しない場合は、利用者はサービスを使用することはできません。

　約款は、企業が一方的に作成しており、契約の相手方である消費者等は、約款の詳細や個々の条項を把握していないことが往々にしてみられます。このように約款の内容を把握していない当事者を約款の内容で拘束してよいのか議論が行われていました。

　改正民法では、以下のように一定の要件を満たす「定型約款」について、法的にその拘束力を認める明文規定を設けました。

（定型約款の合意）

改正第548条の２　定型取引（ある特定の者が不特定多数の者を相手方

第4章　契約書　雛形及び解説
雛形6　基本約款

として行う取引であって、その内容の全部又は一部が画一的であることがその双方にとって合理的なものをいう。以下同じ。）を行うことの合意（次条において「定型取引合意」という。）をした者は、次に掲げる場合には、定型約款（定型取引において、契約の内容とすることを目的としてその特定の者により準備された条項の総体をいう。以下同じ。）の個別の条項についても合意をしたものとみなす。

一　定型約款を契約の内容とする旨の合意をしたとき。

二　定型約款を準備した者（以下「定型約款準備者」という。）があらかじめその定型約款を契約の内容とする旨を相手方に表示していたとき。

定型約款とは、以下の要件を満たした約款となります。

◪ 定型約款の要件 ◪

① ある特定の者が、不特定多数を相手方とする取引
② 取引内容の全部又は一部が画一的であることが双方にとって合理的
③ 取引契約の内容とすることを目的としてその特定の者により準備された条項の総体

定型約款に該当する例としては、保険、銀行、運送、インターネット経由のサービスなどが考えられます。もっとも、契約締結ごとに内容の修正等を検討する各種契約書については、各社において雛形等を設けていたとしても、上記②の要件を満たさず、定型約款に該当しないものと考えられています。

定型約款について、以下の要件を満たす場合には、定型約款の個別の条項を把握していなくても、定型約款の各条項につき合意したものとみなされます（みなし合意）。

425

■ みなし合意の要件 ■

① 定型約款を契約の内容とする旨の合意をしたとき
② 定型約款を準備した者があらかじめその定型約款を契約の内容とする旨を相手方に表示していたとき

そのため、定型約款を用いる場合には、個別の契約において、定型約款を契約の内容とする旨が規定されているか確認する必要があります。

あわせて、定型約款を契約の内容とする旨を相手方に表示している必要があります。この表示の対象は、「定型約款を契約の内容とする旨」の表示となりますので、定型約款自体を表示する必要はありません。もっとも、相手方から定型約款の内容開示請求がなされたときには、遅滞なく定型約款の内容を示す必要があります（改正548の3）。

(2)　約款の変更（第2条）

ア）従来の一般的な条項

第○条　（約款の変更）
　　当社は、本約款（別紙、サービス別約款を含みます）を利用者の一般の利益に適合する場合又は本約款の目的に反しない場合に変更することがあります。この場合、利用者は、料金その他提供条件において変更後の約款の適用を受けることに合意します。

企業においては、一度定めた約款を変更せざるを得ないことが往々にしてみられます。このような場合、従来の約款における条項では、約款を変更することがあること、変更後の約款に当事者は拘束されることのみが規定されることが一般的でした。

しかし、このような約款変更が行われた場合に、変更後の約款に当事者が拘束されるかは定かでありませんでした。

改正民法では、以下のとおり定型約款に該当するのであれば、相手

第4章 契約書 雛形及び解説

雛形6 基本約款

方の同意なくして一方的に約款の内容を変更することができると明記
されました。

（定型約款の変更）

改正第548条の4 定型約款準備者は、次に掲げる場合には、定型約款
の変更をすることにより、変更後の定型約款の条項について合意が
あったものとみなし、個別に相手方と合意をすることなく契約の内容
を変更することができる。

一 定型約款の変更が、相手方の一般の利益に適合するとき。

二 定型約款の変更が、契約をした目的に反せず、かつ、変更の必要
性、変更後の内容の相当性、この条の規定により定型約款の変更を
することがある旨の定めの有無及びその内容その他の変更に係る事
情に照らして合理的なものであるとき。

2 定型約款準備者は、前項の規定による定型約款の変更をするときは、
その効力発生時期を定め、かつ、定型約款を変更する旨及び変更後の
定型約款の内容並びにその効力発生時期をインターネットの利用その
他の適切な方法により周知しなければならない。

3 第1項第2号の規定による定型約款の変更は、前項の効力発生時期
が到来するまでに同項の規定による周知をしなければ、その効力を生
じない。

4 第548条の2第2項の規定は、第1項の規定による定型約款の変更
については、適用しない。

定型約款を変更することができる場合を整理すると、以下のいずれ
かの要件を満たしていればよいことになります。

◪ **定型約款を変更できる要件** ◪

① 定型約款の変更が、相手方の一般の利益に適合するとき
② 定型約款の変更が、契約をした目的に反せず、かつ、変更の必要性、変

更後の内容の相当性、この条の規定により定型約款の変更をすることがある旨の定めの有無及びその内容その他の変更に係る事情に照らして合理的なものであるとき

上記のように、定型約款の変更が有効と認められるための要件として、「定型約款の変更をすることがある旨の定めの有無及びその内容」が判断材料とされることが規定されています。そのため、従来の約款変更の規定に留まらず、積極的に約款の変更例などを記載することにより、変更の合理性があることを訴える必要があります。

イ）改正民法を踏まえた修正案
【約款の変更例を明記する場合】

第○条 （約款の変更）

(1) 当社は、本約款（別紙、サービス別約款を含みます）を利用者の一般の利益に適合する場合又は本約款の目的に反しない場合に変更することがあります。この場合、利用者は、料金その他提供条件において変更後の約款の適用を受けることに合意します。変更例は以下のとおりとなりますが、これらに限られません。

（変更例）

・新サービスの追加

・旧サービスの陳腐化に伴う廃止

・違法又は不当行為を防止するための禁止項目の追加

・違法又は不当行為を防止するための権利の制限

・サービスの品質を維持するための料金増加

(2) 本約款を変更するときは、当社ホームページ、その他当社が別に定める方法により通知します。

なお、定型約款の変更を行う場合には、企業は効力発生時期を定め、①定型約款を変更する旨、②変更後の定型約款の内容、③その効

第4章　契約書　雛形及び解説

雛形6　基本約款

力発生時期をインターネットその他の適切な方法により周知しなければなりません。その周知方法についても、約款に記載しておいた方がよいでしょう。

(3)　不当条項（雛形コメント参照）

　定型約款は、約款の内容を把握していなかったとしても、みなし合意により当事者を拘束することになります。しかし、定型約款の中に当事者の一方を不当に害するような条項が存在していた場合、その条項についてもみなし合意が成立することは不合理です。

　そのため、改正民法では以下のように、一定の不当条項についてはみなし合意が成立しないことを定めています。

（定型約款の合意）

改正第548条の2　（略）

2　前項の規定にかかわらず、同項の条項のうち、相手方の権利を制限し、又は相手方の義務を加重する条項であって、その定型取引の態様及びその実情並びに取引上の社会通念に照らして第1条第2項に規定する基本原則に反して相手方の利益を一方的に害すると認められるものについては、合意をしなかったものとみなす。

不当条項の要件を整理すると以下のようになります。

■ 不当条項の要件 ■

---

①　相手方の権利を制限し又は相手方の義務を加重する条項
②　定型取引の態様及びその実情並びに取引上の社会通念に照らして、信義則に反して相手方の利益を一方的に害すると認められるもの

　定型約款において、どの程度の内容であれば不当条項に該当し、みなし合意が否定されるかは、現段階では明らかではありません。しか

しながら、不当条項という概念が設けられたことから、今後は不当と考えられる条項については不当条項として争われることが予測されます。

そのため、現在約款を用いて取引を行っている会社では、いま一度、不当条項として争われるおそれのある条項が存在しないか洗い出し作業を行う必要があります。

(4) 改正民法適用時期

定型約款は、改正民法により新設された内容となりますが、改正民法施行日前から定型約款を内容とする契約が締結されていた場合にも、定型約款に関する改正民法の規定が適用されることになります（附則33条1項）。

改正民法が適用される取扱いに異議がある場合には、改正民法施行日前に定型約款を提供する相手方に対して、定型約款の規定に反対する旨を書面（電子メール含む）により相手方に通知する必要があります。

もっとも、当該通知を行うことは煩雑であるうえ、不当条項を存続させる目的でこのような通知を行うのではないかと疑われることから、実際に当該通知を利用するケースは少ないものと考えられます。

著者略歴

横張 清威 （弁護士・公認会計士）

平成12年明治大学法学部卒業。平成13年司法試験合格後、みらい総合法律事務所入所（東京弁護士会所属）。平成24年公認会計士試験合格。平成30年弁護士法人L&A開設。M&A・契約書・労働問題を専門とし、法務財務両面から一括してデュー・デリジェンスを実施するサービスを多数の上場・非上場会社に提供している。著書に『ビジネス契約書の見方・つくり方・結び方』（同文舘出版）、共著に『「専門家を使いこなす」ためのM&Aの知識と実務の勘所』（日本法令）、ほか多数。

伊勢田 篤史 （同上）

平成16年公認会計士試験（旧第2次試験）合格。平成17年あずさ監査法人入所。平成18年慶應義塾大学経済学部卒業。平成25年中央大学法科大学院終了。平成25年司法試験合格。平成26年弁護士登録（東京弁護士会）。みらい総合法律事務所入所。平成30年弁護士法人L&A開設。共著に『契約審査のベストプラクティス ビジネス・リスクに備える契約類型別の勘所』（レクシスネクシス・ジャパン）、『応用自在！覚書・合意書作成のテクニック』（日本法令）、ほか多数。

和田 雄太 （同上）

平成20年公認会計士試験（旧第2次試験）合格。平成28年司法試験合格。平成30年弁護士法人L&A入所。

| 改正民法と新収益認識基準に基づく | 2018年11月20日　初版発行 |
| 契約書作成・見直しの実務 | 2020年 3 月 1 日　初版 4 刷 |

検印省略

共著者	横	張	清	威
	伊 勢 田		篤	史
	和	田	雄	太
発行者	青	木	健	次
編集者	岩	倉	春	光
印刷所	東 光 整 版 印 刷
製本所	国	宝	社

〒101-0032
東京都千代田区岩本町 1 丁目 2 番19号
https://www.horei.co.jp/

（営 業）　TEL　03-6858-6967　　Eメール　syuppan@horei.co.jp
（通 販）　TEL　03-6858-6966　　Eメール　book.order@horei.co.jp
（編 集）　FAX　03-6858-6957　　Eメール　tankoubon@horei.co.jp

（バーチャルショップ）https://www.horei.co.jp/iec/
（お 詫 び と 訂 正）https://www.horei.co.jp/book/owabi.shtml

※万一、本書の内容に誤記等が判明した場合には、上記「お詫びと訂正」に最新情報を掲載しております。ホームページに掲載されていない内容につきましては、FAXまたはEメールで編集までお問合せください。

- 乱丁、落丁本は直接弊社出版部へお送りくださればお取替えいたします。
- [JCOPY]〈出版者著作権管理機構 委託出版物〉
本書の無断複製は著作権法上での例外を除き禁じられています。複製される場合は、そのつど事前に、出版者著作権管理機構（電話03-5244-5088、FAX 03-5244-5089、e-mail: info@jcopy.or.jp）の許諾を得てください。また、本書を代行業者等の第三者に依頼してスキャンやデジタル化することは、たとえ個人や家庭内での利用であっても一切認められておりません。

Ⓒ K. Yokohari, A. Iseda, Y. Wada, 2018. Printed in JAPAN
ISBN 978-4-539-72633-4

◎　日本法令の実務図書　◎

公認会計士と弁護士が教える
「専門家を使いこなす」ためのM＆Aの知識と実務の勘所

木村直人、横張清威　共著

Ａ５判・320頁　定価（本体2,400円＋税）

近時、ビジネス環境が急激に変化する中で、企業のさらなる発展を目指す方法として、M&Aを検討する企業が増えている。
しかしながら、多くのビジネスパーソンにとってM&Aに関する業務は、通常のルーティンワークとは異なり、担当となって初めて直面する業務が多く、専門家に『丸投げ』してしまうケースもあるのではないだろうか。
本書では、公認会計士、弁護士それぞれがM&Aに関する一連の流れ・ポイントを解説するだけではなく、自社内で対応すべき業務と専門家（法律事務所・監査法人・税理士事務所・FAなど）に依頼すべき業務の切り分け、また依頼する際の留意点や勘所を「専門家を使いこなす」目線で解説する。

応用自在！　覚書・合意書作成のテクニック

みらい総合法律事務所　編著（横張清威、伊勢田篤史ほか共著）

Ａ５判・1536頁　定価（本体7,600円＋税）

一般的に覚書・合意書を作成する場合、インターネットで探したものや既存のものを流用するケースが多いが、入手できるひな形はかなり限られているのが現状である。また、自らの希望どおりにアレンジする過程にも非常に困難を伴うものだ。さらに、覚書・合意書の文言は法的な裏付けが存在しているため、自分で文言を作成してしまうことはそれなりのリスクが伴ってしまう。
本書は、多数の覚書・合意書を扱う著者陣がこれらの問題を解消するために、契約におけるあらゆる可能性や場面を想定し、文例・書換パターン例を豊富に掲載したもの。

お求めは、お近くの大型書店またはWeb書店、もしくは弊社通信販売係（TEL：03-6858-6966
FAX：03-3862-5045　e-mail:book.order@horei.co.jp）へ。